LES

LA TRÉMOILLE

PENDANT CINQ SIÈCLES

TOME SECOND

LOUIS I, LOUIS II, JEAN ET JACQUES

1431-1525

NANTES
ÉMILE GRIMAUD, IMPRIMEUR-ÉDITEUR
4, PLACE DU COMMERCE, 4

MDCCCXCII

LES

LA TRÉMOILLE

PENDANT CINQ SIÈCLES

TOME SECOND

LES

LA TRÉMOILLE

PENDANT CINQ SIÈCLES

TOME SECOND

LOUIS I, LOUIS II, JEAN ET JACQUES

1431-1525

NANTES

ÉMILE GRIMAUD, IMPRIMEUR-ÉDITEUR

4, PLACE DU COMMERCE, 4

MDCCCXCII

LOUIS I DE LA TRÉMOILLE

Louis I de La Trémoille, fils aîné de Georges de La Trémoille et de Catherine de l'Isle-Bouchard, naquit vers 1431. Il fut comte de Guines et de Benon, vicomte de Thouars, prince de Talmont, baron de Craon, de Selles, de l'Isle-Bouchard, de Doué, de Gençay, de Mauléon, de Saint-Loup, de Donzenac, de Courcelles, de Château-Guillaume, de Lussac, de Bommiers, de Conflans, de Saint-Just, de Puy-Beliard, de Luçon, d'Olonne, de Marans, de Berrie, de Montrichard et de Bléré, et grand chambellan héréditaire de Bourgogne.

Le 22 janvier 1440 (v. s.), Isabeau de La Trémoille, veuve de Charles, seigneur de La Rivière, institua pour son héritier son neveu Louis I, en « considération des grands biens, amictiez et courtoisies » qu'elle en avait reçus [1].

[1]. Chartrier de Thouars; mss. Orig. parch. Sceau perdu.

Le sire de La Trémoille accompagna Charles VII au siège de Rouen en 1449, et à la conquête de Harfleur, de Caen et de Falaise.

Il partagea les biens de sa maison, le 14 octobre 1457, avec Georges, son frère puîné, en présence de Catherine de l'Isle-Bouchard, leur mère, de Bertrand de Beauveau, seigneur de Précigny, d'Amaury d'Estissac et de plusieurs autres chevaliers.

Louis I ne prit aucun parti dans la guerre dite du Bien public. Il fut un de ceux qui ratifièrent le traité d'Ancenis, suivit l'armée de Louis XI en Picardie et assista au traité de Picquigny entre le roi de France et Edouard, roi d'Angleterre.

Depuis, le sire de La Trémoille quitta la cour pour finir ses jours dans ses terres où il mourut dans les premiers jours de l'année 1483, avant la tenue des Etats du royaume à Tours [1].

Il avait épousé, par contrat du 22 août 1446, Marguerite d'Amboise, sœur puînée de la bienheureuse Françoise d'Amboise, duchesse de Bretagne, et fille de Louis, sire d'Amboise, vicomte de Thouars, prince de Talmont, et de Marie de Rieux. Marguerite eut en dot la principauté de Talmont, les terres de Bran, Olonnes, Curzon, Château-Gaultier, La Chaume, les Sables et Marans [2]. Dans la suite, elle hérita de la vicomté de Touars, des seigneuries de Mauléon, de Ré, de Montrichard et de plusieurs autres terres.

Marguerite d'Amboise mourut en 1475, ayant eu de son mariage :

1º Louis II de La Trémoille ;

---

[1]. Voir p. 5, *Dépenses pour les obsèques de Louis I de La Trémoille.* — Sainte-Marthe et autres se sont trompés en disant que Louis I de La Trémoille assista aux états de Tours qui ne s'ouvrirent qu'en 1484.

[2]. Voir p. 13, nº II.

2º Jean, archevêque d'Auch, évêque de Poitiers et cardinal du titre de Saint-Martin-aux-Monts ;

3º Jacques, seigneur de Mauléon, de Bommiers, marié avec Avoye de Chabannes ;

4º Georges, seigneur de Jonvelle, mari de Madeleine d'Azay, d'où Jacqueline de La Trémoille unie à Claude Gouffier ;

5º Anne, mariée en 1464 avec Louis d'Anjou, bâtard du Maine ;

6º Antoinette, alliée en 1473 avec Charles de Husson, comte de Tonnerre ;

7º Catherine, abbesse du Ronceray, près d'Angers.

Louis Ier de La Trémoille laissa un fils bâtard de Jeanne de La Rue. Ce fils, nommé Jean, fut seigneur de Brèche et de Sully-sur-Loire et épousa Charlotte d'Autry qui laissa postérité.

Quelques mois avant sa mort, Louis Ier se remaria par contrat passé à Issoudun, le 14 septembre 1482, avec « Annete Maincet », fille de « feu Macé Maincet, en son vivant escuier, seigneur du Breul » et de « damoiselle Huguecte de Montfouloux », sa veuve. Le sire de La Trémoille donnait à sa future femme « la seigneurie, terre et justice de Veraix, près de Tours, et de Lussac-lèz-Esglise, vallant chacun an de rente la somme de » 300 livres tournois [1].

Louis Ier étant mort au commencement de 1483, sa jeune veuve accorda sa main, le 4 mai 1484, à « noble homme messire Jehan de Garguesalle, chevalier, seigneur de Coullaines et de Bossé ».

Le 5 mai, « lendemain des nopces, » Jean de Garguesalle et « dame Anne du Breul, par avant femme de feu noble et puissant seigneur Loys, en son vivant, seigneur de La Trémoille, » recon-

---

1. Chartrier de Thouars. Mss. Orig. parch. Sceau perdu.

nurent avoir reçu de Louis II de La Trémoille la somme de 2250 écus d'or, à laquelle ils avaient transigé par contrat du 22 avril après Pâques, au sujet des seigneuries de Veraix et de Lussac-lès-Eglise [1].

[1]. Chartrier de Thouars. Mss. Orig. parch. — Voir *Histoire généalogique de la maison de La Trémoille*, par MM. de Sainte-Marthe, p. 203 et suiv. — *Généalogie de la maison de La Trémoille*, par le chevalier de Courcelles. — *Chartrier de Thouars*.

LOUIS II DE LA TRÉMOILLE

Louis II de La Trémoille, fils aîné de Louis I et de Marguerite d'Amboise, naquit le 20 septembre 1460. Sa haute valeur, ses vertus politiques et privées lui ont mérité de ses contemporains et de la postérité le glorieux surnom de *Chevalier sans reproches*. Guichardin lui donne le titre de *premier capitaine du monde* et Paul Jove dit qu'il fut *la gloire de son siècle et l'ornement de la monarchie française*. Il se signala particulièrement à l'âge de vingt-huit ans, en 1488, en battant les troupes du duc d'Orléans, futur Louis XII, et des princes ligués contre Charles VIII, à Saint-Aubin-du-Cormier.

Mon intention n'est pas de retracer ici la vie de Louis II de La Trémoille. C'est un sujet trop connu. Je me contenterai de résumer en quelques lignes les événements qui sont mentionnés dans les documents publiés au chapitre II de ce présent volume.

Le Chevalier sans reproches possédait comme ses ancêtres une fortune territoriale considérable qu'il dépensait facilement, même au jeu où d'ailleurs il perdait presque toujours. On rencontre souvent des mandements signés de sa main dans le genre de celui-ci : « Gens de noz comptes, allouhez à Jehan Billard, nostre appoticaire, la somme de cincquante escuz soulail qu'il a baillée à Estampes pour nous apporter, qu'avons receuz *pour jouer avec le roy* à Ardre, le premier jour de juing cincq cens vingt, et n'y faictes difficulté [1]. »

Au mois de décembre 1518, une ambassade d'Angleterre arriva à Paris. Les ambassadeurs anglais furent festoyés par le roi, la reine, les princes, les grands seigneurs et les échevins de l'Hôtel-de-Ville. Louis II de La Trémoille ouvrit aux étrangers les portes de son hôtel des Creneaux à Paris et leur donna à dîner le 1er janvier 1519. La dépense totale du repas s'éleva à la somme de 676 livres tournois [2], plus de 12,000 francs en monnaie moderne.

Il est inutile d'insister longuement sur ces dépenses, un coup d'œil jeté sur le § II du chapitre II de ce volume indiquera suffisamment les nombreuses occasions qui sollicitaient le seigneur de La Trémoille et sa femme d'ouvrir leur bourse. Tantôt, c'était un vaisseau à équiper [3], tantôt c'était un pauvre métayer ruiné par la grêle qu'il fallait secourir [4]. Quand il s'agissait surtout d'une œuvre charitable, jamais le Chevalier sans reproches et sa femme, la bonne Gabrielle de Bourbon, ne se récusaient. Ils y mettaient autant de cœur que pour la confection d'accoutrements pour le tournoi dArdres [5].

Louis II de La Trémoille épousa, par contrat de mariage du 28

---

1. Voir, p. 93, mandement du 27 janvier 1520 (v. s.).
2. Voir, pp. 81 à 90.
3. Pp. 45, 59, 62, 65.
4. P. 51.
5. Pp. 91 et 92.

juillet 1484, noble damoiselle Gabrielle de Bourbon, fille de Louis de Bourbon, comte de Montpensier, et de Gabrielle de La Tour[1], dont il eut Charles de La Trémoille, prince de Talmont. Après la mort de Gabrielle, arrivée en 1516, il prit en secondes noces par contrat du 17 avril 1517, damoiselle Louise de Borgia, duchesse de Valentinois, fille de César Borgia, duc d'Urbin, gonfalonier de l'Eglise, et de Charlotte d'Albret, sœur de Jean, roi de Navarre[2].

Le seigneur de La Trémoille fut nommé lieutenant-général du roi en Bretagne le 11 mars 1487 (v. s.)[3]; capitaine de Fougères, 20 septembre 1488[4]; lieutenant-général sur le fait de la guerre en Poitou, Saintonge, Angoumois et Anjou, 5 octobre 1490[5]; capitaine de Nantes, 25 juillet 1491[6]; premier chambellan du roi Charles VIII, 9 novembre 1495[7]; confirmé capitaine de Fougères et de Nantes en 1498, par Louis XII[8]; institué lieutenant-général de la gendarmerie dans le duché de Milan, en 1499[9]; amiral de Guyenne et de Bretagne, 26 avril 1502[10], 7 janvier 1514 (v. s.)[11]; et capitaine du château de Vergy en Bourgogne, 28 octobre 1515[12].

Une mort glorieuse devait couronner la carrière de celui qui avait servi fidèlement Louis XI, Charles VIII, Louis XII et François Ier.

1. P. 107, n° II.
2. P. 130, n° XXIII.
3. P. 110, n° IV.
4. P. 113, n° VI.
5. P. 114, n° VIII.
6. P. 115, n° X.
7. P. 124, n° XIII.
8. P. 127, n°° XV et XVI.
9. P. 128, n° XVII.
10. P. 128, n°° XVIII et XIX.
11. P. 129, n°° XX et XXI.
12. P. 130, n° XXII.

Louis II de La Trémoille fut tué sous les yeux de son roi à la bataille de Pavie, le 24 février 1525. Son corps fut transporté en France et inhumé dans l'église collégiale de Notre-Dame-de-Thouars. Les frais de cette translation s'élevèrent, paraît-il, à la somme incroyable de 10,000 livres au moins [1].

Louis II laissait un petit-fils, François, sire de La Trémoille, vicomte de Thouars. Son fils Charles, prince de Talmont, avait péri à la bataille de Marignan livrée contre les Suisses, le 14 septembre 1515 ; la veuve de ce dernier, Louise de Coetivy, ne mourut qu'en 1553.

Louise Borgia, duchesse de Valentinois, n'eut pas d'enfants de Louis II de La Trémoille. Elle se remaria le 3 février 1530, avec Philippe de Bourbon, seigneur et baron de Busset [2].

1. P. 103.
2. Pour les sources à consulter sur Louis II de La Trémoille, voir *Répertoire des sources historiques du moyen âge,* par Ulysse Chevalier.

LE CARDINAL JEAN DE LA TRÉMOILLE

Jean de La Trémoille était le second fils de Louis I et de Marguerite d'Amboise. Il devint protonotaire du Saint-Siège [1], archevêque d'Auch en 1490 [2] malgré son jeune âge, évêque de Poitiers en 1505 [3] et cardinal du titre de Saint-Martin-aux-Monts par bulle de Jules II, donnée à Boulogne le 4 janvier 1506. Dès le 9 novembre 1505, le pape assurait Louis II de La Trémoille de ses bonnes dispositions pour le cardinalat de son frère Jean [4].

Il ressort d'un document du *Chartrier de Thouars* que Jean de La Trémoille eut successivement ou simultanément de nombreux bénéfices. Il posséda les abbayes de Noirmoutier (400 livres tournois de revenu), de Celles (340 liv. tour.), de Saint-Benoît-sur-Loire (3000 liv. tour.), de Jard (1200 liv. tour.), de Saint-Michel-en-l'Herm (1500 liv. tour.), de Tallemont (800 liv. tour.), de la Grenetière (600 liv. tour.), de Saint-Laon de Thouars (400 liv. tour.), le prieuré de La Riole, membre de Saint-Benoît (2000 liv. tourn.), et la moitié de l'évêché d'Agen (2500 liv.) pendant deux années avant d'être pourvu de l'archevêché d'Auch.

Au moment de sa plus haute fortune, le cardinal eut dans ses

1. P. 149, n° I.
2. P. 149, n° II.
3. P. 151, n° IV.
4. P. 152, n° V.

écuries jusqu'à cinquante chevaux alors qu'au début de sa carrière il n'en possédait que trois. Comme tous les grands seigneurs, il avait des fauconniers parmi lesquels on distinguait Grand-Jehan, avec qui il fit un marché le 31 mars 1506 (v. s.), au sujet de ses faucons [1].

Jean de La Trémoille accompagna Louis XII dans son expédition d'Italie contre les Génois, avec le cardinal d'Amboise, son oncle, les cardinaux de Ferrare et de Saint-Sever, et assista à l'entrée solennelle que le roi de France fit à Milan. Il mourut dans cette ville chez « dame Marie de Pusterre, vefve de feu noble homme Bourgonce Botte », dans la maison de laquelle il logeait, après avoir fait son testament le 16 juin 1507. Son corps fut d'abord déposé dans l'église des frères mineurs de Milan, devant l'autel de Saint-Bernardin « ouquel lieu le dit testateur avoit acoustumé de ouyr messe [2] ». Dans la suite on le ramena en France dans l'église collégiale de Notre-Dame du château de Thouars où on lisait cette épitaphe :

« Cy gist le corps de très haut et illustre prince Jean de La Trémoille, cardinal du S. Siège apostolicque, archevesque d'Auch qui mourut à Milan, l'an 1507. Priez Dieu pour le repos de son âme. »

En 1514, Louis II de La Trémoille était en procès, au sujet des biens de l'archevêché d'Auch, contre « très révérend père en Dieu messire Francoys de Clermont, archevesque d'Aulx », successeur du cardinal Jean [3].

1. P. 143.
2. Pp. 153, 156, n⁰˙ VI et VII.
3. *Chartrier de Thouars*, ms. — Voir *Chartrier de Thouars*, pp. 215 à 217. Sainte-Marthe, *Histoire généalogique de la maison de La Trémoille*, etc.

JACQUES DE LA TRÉMOILLE

SEIGNEUR DE BOMMIERS

Jacques de La Trémoille, troisième fils de Louis I et de Marguerite d'Amboise, chevalier, seigneur de Bommiers, Mauléon, Conflans, Sainte-Honorine, Gençay, Château-Renard, Marcy, Neuvy-Pailloux, accompagna, en 1494, le roi Charles VIII en Italie, et en 1499, le roi Louis XII en Lombardie où il se distingua spécialement en faisant prisonnier de guerre le général Merillane qui commandait trois mille hommes de pied et quatre cents chevaux. Au siège de Capoue, il prit Fabrice Calonne, connétable du royaume de Naples, qui lui paya 14,000 ducats de rançon. Il suivit aussi le seigneur de La Palisse, général de l'armée française, contre les Espagnols. Pendant l'année 1515, il conduisit en France Maximilien Sforce, duc de Milan, avec le comte de Pontremoli, et combattit à Marignan contre les Suisses le 14 septembre de la même année.

Le seigneur de Bommiers avait épousé par contrat de mariage

passé à Chinon, le 3 septembre 1511, Avoye de Chabannes [1], fille de Jean de Chabannes, comte de Dampmartin, et de Suzanne de Bourbon-Roussillon. Avoye, alors veuve d'Aimon de Prie, baron de Busançois, qui avait eu, d'un premier mariage avec Jeanne de Beauveau, Gabriel et René de Prie [2], n'avait guère que dix-huit ans. Le ménage ne fut pas heureux ; dès 1513, les époux étaient en instance de divorce sous prétexte de parenté. C'est à ce propos que François d'Azay, seigneur d'Entragues en Berry, fit le 9 novembre 1513, les curieuses déclarations que je publie au chapitre IV de ce volume [3].

Jacques de La Trémoille mourut à Bommiers pendant ces débats, en 1515. Avoye de Chabannes était alors à Moulins « en l'hostel et maison de la duchesse de Bourbonnoys et d'Auvergne ». Avertie de la mort de son mari, elle vint à Bommiers « pour faire son devoir et honneur qu'elle estoit tenu faire au service de son corps et aussi pour garder le transport et ravissement des biens meubles delaissez par le deceps et trespas dudit feu de la Trémoille [4]. »

Ayoye de Chabannes se maria en troisièmes noces avec Jacques de Brizay, chevalier, capitaine de cinquante lances des ordonnances, sénéchal de la haute et basse Marche et l'un des lieutenants-généraux du roi en Bourgogne. Avoye de Chabannes, qui n'avait pas eu d'enfants de Jacques de La Trémoille, vivait encore le 27 février 1542 [5].

1. P. 169, n° 1.
2. P. 169, n° 11.
3. P. 173, n° V.
4. *Inventaire de Jacques de La Trémoille, seigneur de Bommiers, 1515.* Ms. papier.
5. Voir *Chartrier de Thouars*, pp. 218, 214. Sainte-Marthe, *Histoire généalogique de la maison de La Trémoille*, p. 191.

Chapitre I

LOUIS I DE LA TRÉMOILLE

EXTRAITS DES COMPTES

EXTRAITS DES COMPTES

1473, 20 août. Sully. — Louis de La Trémoille mande à son procureur de La Trémoille de lui acheter une haquenée.

« A mon cher et bien amé Guillaume Bardin (procureur) de La Trémoille.

« Procureur de La Trémoille, l'on m'a rapporté que monsieur de la Maison-Dieu de Montmorillon a une hacquenée qui seroit bien cheval pour moy. Je en suis en grant néccessité et n'en puis finer ne pour or ne pour argent. Allez incontinent devers luy, vous et mon receveur, et luy portez les lettres que je luy escrips, lesquelles je vous envoie toutes ouvertes, affin que les voiez. Je luy escrips qu'il vous monstre la dicte hacquenée. Voiez-la, vous et mon dit receveur et Pignagnet, mon palfernier, lequel je envoie par delà pour ceste cause. Icelle veue, s'il vous semble que ce soit cheval pour moy, faictes tant avecques mondit sieur de la Maison-Dieu qu'il la me envoie par ung de ses gens et qu'il me mande combien elle me costera, et je luy envoieray son argent... Dictes bien audit sieur de la Maison-Dieu que je luy prie qu'il me face ce plaisir que j'aye la dite hacquenée pour mon argent, se vous voiez que ce soit cheval pour moy, et que une autre foys, se j'ay aucune chose en quoy il preigne plaisir, il en finera comme du sien.

« Notre Seigneur soit garde de vous.

« Escript à Sully, le XXᵉ jour d'aoust (1473). »

« Loys de La Trémoille. »

Chartrier de Thouars. Orig. pap.

1473, 4 septembre. Sully. — Lettre de Louis de La Trémoille sur le même sujet.

« A mon très cher et bien-amé Guillaume Bardin, procureur de La Trémoille. »

« Procureur de La Trémoille, j'ay reçeu voz lettres avecques la hacquenée du maistre de la Maison-Dieu de Montmorilhon, pour laquelle lui estes respondant de la somme de cinquante escuz d'or à laquelle l'avez achaptée, qui est bien cher[1]. Vous ne la deviés pas ainsi achapter sans savoir se c'estoit cheval pour moy, et deviés bien congnoistre que non, car elle se taille devant et derrière, et si est petite beste. Toutesvoyes en ce qui est fait n'a point de remède. Je suis seur que avez cuidé bien faire. Je vous envoye ung mandant de la dite somme pour la recouvrer de mon receveur de La Trémoille.....

« Notre Seigneur vous ait en sa garde.

« Escript à Sully le IIIIᵉ jour de septembre (1473). »

« Loys de la Trémoille. »

Chartrier de Thouars. Orig. pap.

---

[1]. 50 écus d'or : environ 1445 francs en monnaie moderne.

1474, 4 mars. Selles en Berry. — Louis de La Trémoille mande à son receveur de Châteauguillaume de payer « messire Loys « Savary, » son « chappelain et serviteur ordinaire », qui « en a « bien besoing tant pour son père que pour son nepveu qu'il tient « à l'escolle par dellà. »

<small>Chartrier de Thouars. Orig. pap. signé.</small>

1482 (v. s.), 12-21 février. — *Dépenses pour les obsèques de Louis I de La Trémoille.*

« Aujourduy, XIIe jour de février, l'an mil IIII^c IIII^{xx} et deux, a esté prins et marchandé par messieurs de Saint-Martin et du Croiset chez Jehan Lalement, receveur général de Normandie, pour l'obsèque de feu monseigneur de La Trémoille les parties qui s'ensuivent.

Premier.

« Pour cincq aulnes de fin noir de Rouan, à IIII livres X sous l'aulne pour faire manteau à mons^r le prothonotaire, pour ce.................................... 22 l. 10 s.

« Item, en deux pièces de noir contenant dix sept aulnes et demye, à L s. l'aulne, vallent................................... 18 l. 15 s.

« Item, en deux autres pièces noir, dix sept aulnes et demye, au pris de XL s. l'aulne, vallent........................ 35 l.

« Item, en deux autres pièces, dix huit aulnes de noir, à XXXV s. l'aune, vallent.. 36 l. 10 s.

« Item, en une autre pièce, contenant huit aulnes trois quars, à XLV s. l'aune, vallent............................... 19 l. 13 s. 9 d.

« Item, une autre pièce contenant sept aulnes et demye, à XXX s. l'aune, vallent.. 11 l. 5 s.

« Item, en deux autres pièces de noir contenant douze aulnes et demye, à L s. l'aune, vallent........................ 31 l. 5 s.

« Item, une autre pièce de noir, contenant trois aulnes, à XXXV s. l'aune, vallent............................... 5 l. 5 s.

« Item, pour les pouvres quatre-vings aulnes et demye, à XXV s. vallent.... 100 l. 12 s. 6 d.

« Item, pour doubleures, douze aulnes et demye, à XV s. l'aulne, vallent..... 9 l. 7 s. 6 d.

« Item, pour troys aulnes et demye et la moitié de demy tiers de drap d'or, à XV escuz l'aulne, vallent.................. 87 l. 6 s. 10 den. ob.

« Item, pour vingt quatre aulnes de veloux noir en deux pièces, à trois escuz et demy l'aulne, vallent................. 136 l. 10 s.

« Item, pour deux aulnes de veloux à faire cornettes, à IIII escuz l'aulne, vallent................................ 12 l.

« Item, pour quatre aulnes de taffetas
blanc, à L s. l'aulne, vallent............ 10 l.
« Item, pour cincq pièces de bougran,
à XXVII s. VI d., vallent.............. 6 l. 17 s. 6 d.

« Somme toute pour les parties dessus
dites .... 563 l. 18 s. 1 den. ob.

« Nous, Pierre de Salleignac, escuier, s^r de Saint-Martin, et Estienne Chenu, s^r du Croiset, certiffions avoir prins la marchandise cy-dessus déclarée de madame la trésorière, Marie Petite, qui se montent... la somme de 563 livres, 18 sous 1 denier ob. laquelle somme nous luy promectons faire alouer et payer à mons^r de Craon, ainsi qu'il est contenu par une cédulle adroissante à mons^r le trésorier, laquelle mondit Seigneur luy a escripte, icelle receue par madame la trésorière, pour l'obsèque de feu monseigneur de La Trémoille. En tesmoing de ce nous avons signé ces présentes de noz mains, à Bommiers, le XVe jour de février, l'an mil IIII^c quatre-vings et deux.

« P. DE SALLEIGNAC. — CHENU.

« Item, confessons avoir eu et receu sur le nombre de soixante sept mars, de quatre onces et demye, de vaisselle d'argent, la somme de six cens soixante-dix livres, en trois cens cinquante-quatre escuz au solail, au pris de trente-cinq solz la pièce et en trois réaulx au pris de quarante solz la pièce, et le surplus en monnoie, de Marie Petite, femme de mons' le trésorier, Jehan Lalement..... Le XVe jour de février l'an 1482.

« P. DE SALLEIGNAC. — CHENU.

« Item, pour faire la lictre de l'esglise de Sully, quarente troys aulnes demy tiers et demy quart, comme il appert par les parties appreciées à deux cens soixante dix-sept livres ung solz dix deniers, en ce compris treze pièces de bougran pour faire la litre de la nef, à vingt-sept solz six deniers la pièce, que ladite Marie Petite a baillées, et pour ce............... 277 liv. 1 s. 10 d.

« Fait le XXIe jour du moys de février l'an mil CCCC quatre-vings et deux.

« Item, luy est deu d'autres parties prinses par mons' le prothonotaire la somme de deux cens livres, dont ladite Marie a la cédule, et pour ce.............................. 200 liv.

« Somme de toute la dépense........... 1.041 liv. »

Chartrier de Thouars. Orig. pap.

PIÈCES JUSTIFICATIVES

PIÈCES JUSTIFICATIVES

I

*1445, 5 avril. Thouars. — Refus par Marguerite d'Amboise
d'épouser le fils aîné du seigneur de Chaumont.*

« A touz ceulx qui ces présantes lettres voiront.
 « Par davent nous Loys Fumée, licencié en lays, juge ordinaire de la chastellenie de Thouars pour l'exersise de la juridiction dudit lieu pour très doubté et puissant seigneur monsgr Loys, seigneur d'Amboize, viconte dudit lieu de Thouars, et aussi ès présances de nous nottaires si desoubz nommés, aujourduy, cincquesme jour d'avril l'an mil cccc quarante et cincq, sont venuz ou chasteau de Thouars, en la grant salle dudit lieu, les gens de noble et puissant seigneur le sire de Chaumont, et mesmement ung sien procureur, par devers la personne monsgr le viconte, qu'ilz ont trouvé en sa personne en ladicte salle, auquel ilz ont présanté unes lettres réaulx qui fasoient mencion, entre autres chouses, de sommer et requérir mondit seigneur le viconte de acomplir et faire acomplir à noble et puissante damoizelle Marguerite d'Amboise, sa fille, le mariage promis estre fait et acompli du filz aysné dudit de Chaumont et de ladicte damoizelle, ainsi et par la forme et manière que portoient les lettres faictes et passées, sur le fait dudit mariage, entre monsgr de Thouars et ledit seigneur de Chaumont ; et que mondit seigneur de Thouars

volist tenir et acomplir sa promese et convenance pour la forme et manière contenues èsdictes lettres obligatoires.

« Lequel mondit seigneur le viconte fist responce ausdictes gens et procureur dudit sire de Chaumont que èsdictes lettres de mariage estoient contenuz pluseurs poins que ledit de Chaumont n'avoit tenu ne accompli, et mesmement que ledit sire de Chaumont, qui pour lors estoit on service du Roy et soy disoit avoir grant [et] seur accès avecques ly, luy avoit promis qu'il feroit tant envers le Roy et pourchaseroit à son povoir qu'il lui feroit restituer le chasteau et seigneurie d'Amboize et y feroit toutes diligances qui à luy seroient posibles ; et aussi luy feroit randre le chasteau terre et seigneurie de Thallemont et feroit tant que le Roy, qui tenoit et occupoit lesdictes seigneuries, les randroit et restitueroit à monsgr le viconte, et pluseurs aultres promesses contenuez en certaines lettres sur ce acordées entre eulx. De quoy ledit sire de Chaumont n'avoit riens fait ne porchasé envers le Roy que il eust lesdictes seigneuries, qu'il eust bien peu faire s'il eust volu ; et avoit convenu à mondit seigneur le viconte de délivrer ladicte seigneurie de Thallemont à ses deniers, ançoys a ledit de Chaumont tenu la main contraire à mondit seigneur afin que il n'eust lesdictes seigneuries ; més que néantmoins il estoit contant de faire acomplir à sadicte fille ledit mariage, par la manière qu'il avoit promis et convenancé èsdictes lettres, si elle le vouloit faire et acomplir, de luy en faire faire tout ce qu'il pourroit et à ly possible seroit.

« Et incontinant, sans parler à ladicte damoizelle sa fille, l'envoya quérir pour venir illec davant eulx pour en savoir sa volunté. Et icelle venue, nous ledit Fumée, juge susdit, parlis à ladicte Marguerite et luy dis que les gens et procureur dudit sire de Chaumont, illecq présens, estoient venuz par devers mondit seigneur le viconte, son père, pour le sommer et requerre de acomplir le mariage du filz aysné dudit de Chaumont et de ladicte Marguerite, et qu'il estoit tenu de faire faire et acomplir à ladicte Marguerite, venue à eage, aux paines et par la manière contenu ès lettres sur ce faictes ; et qu'elle en volist dire et déclérer sa volunté. Lequel mondit seigneur le viconte, avant que ladicte Marguerite fist responce, dist : « Ma fille, je ay promis et convenancé « de vous faire acomplir ledit mariage. Je veuz et vous commande que vous « le facez et que vous prangés espoux ledit fils aysné dudit de Chaumont, quar

« il est bel enfant et de bonne maison et est bien séant le mariage de vous et
« de luy ; car ainsi l'ay promis, et je vœulx que vous teignés et acomplisez ma
« promese et ce que je ay promis faire par lesdictes lettres. »

« Laquelle Marguerite, de soy mesmes, fist responce, elle estant à genoux :
« *Monsg^r mon père, je voudroye faire et acomplir ce que il vous plairoit me*
« *commander, et sçay bien que ledit fils dudit seigneur de Chaumont est de*
« *bonne maison ; més au regart du mariage de luy et de moy je ne le veulx*
« *acomplir ne consentir, quelque promese que vous ayés fait, et ne seray point*
« *marié avecques luy. Et veu la maison dont je suis, o l'aide de mes seigneurs*
« *parens et amis, je pouray mieulx estre avensé et marié en plus haulte lignée*
« *et plus profitablement que ou ledit filz dudit de Chomont, et aussi que nous*
« *sommes prouches parens. Et vous desclaire ma volunté telle, quar je seroye*
« *jamés à marier avant quar* [1] *je le feuse avecques luy.* »

« De la quelle responce mondit seigneur le viconte dist n'estre pas content ; més ce non obstant ladicte damoiselle persévéroit en son opinion, en disant que jamés ne y consentiroit pour les causes que dessus, et aussy que de sa personne y ne ly estoit pas agréable.

« De quelles responces, somasion et requestes mondit seigneur le viconte, à nous juge ordinaire dessusdit et à nousdiz nottaires, nous en demanda acte et certificacion, pour luy valoir et servir ce que estre devra par raison, ce que luy octréames. En tesmoign de ce, nous juge et nottaires si desoubz nommés, en avons signé ces présentes de nous seigns manuelx et sellé de nous, juge susdit, de nostre séel ; et a plus grant confirmacion, fait seller des selx establiz aux contractz audit lieu de Thouars. »

Chartrier de Thouars.

II

1446, 22 août. — Contrat de mariage de Louis I de La Trémoille, fils de Georges de La Trémoille, avec Marguerite d'Amboise, fille de Louis

---

1. Sic pour *que*.

d'Amboise, vicomte de Thouars, par lequel celui-ci transporte à sa fille « les
« chastellenies, terres et seigneuries, chasteaulx et places de Thalemond, Bran,
« Aulonne, Ourzon, Chasteaugaultier, La Chaulne, les Sables et Marant »,
avec réserve d'usufruit. « Fait et donné présens nobles personnes le Galloys
« de Villiers, maistres Jehan de Gernerlay, grant archediacre de Narbonne
« Pierre Hannelle, maistre Jehan Chauvin, Jehan Malescot, baillif de La
« Trémoille, messire Jacques d'Appellevoysin, chevalier, maistres Loys Fumé,
« licencié en loys et chastellain de Thouars, Jehan Jarrouceau, licencié en
« loix, Jehan Chambret, Guy Pilet, et plusieurs autres... »

Chartrier de Thouars. Pièces parch. et pap.

III

1453, (v. s.) 24 janvier. — « Pierre Prevost, licencié en loix, sénéchal de
« l'isle de Nermoustier, Jehan Saleignac, escuier, lieutenant et garde du chastel
« du dit isle, et Louys Bastart, procureur du dit isle, pour très doubté et
« puissant seigneur, monseigneur de La Trémoille et dudit isle », permettent
« à Révérend Charle » de prendre « quinze pipez de vin bordeloys,... lequel
« vin est du nauffrage, naguères advenu à la couste du dit isle, moyennant que
« le dit Révérend a promis en rendre à mon dit Seigneur... de la somme de »
145 écus d'or « quelle somme par inquisition... faite avecques les bourgeois et
« habitans du dit isle » ils ont « trouvé estre souffisant pour le poyement du
« dit vin... »

« Prevoust. — L. Bastart. »

Chartrier de Thouars. Orig. parch.

IV

Vers 1453, 3 mai. Bommiers. — Mandement de Louis de La Trémoille « au receveur de Noirmoustier » pour lui demander de l'argent.

« Receveur de Noirmoustier, pour aucunes choses dont j'ay à parler à vous, gardez que soyez devers moy à Champigné auprés de l'Isle-Bouchart au jour que Loys Bastart vous fera savoir, et me apportez tout le plus d'argent que vous pourrez pour faire mon voiage, *car je veuil aller en la guerre en la compaignie du roy, ou autre part plus loing pour le bon commandement et ordonnance du roy.* Et pour ce n'y faites faulte. Et vous estre devers moy vous diray ce que aurez affaire.

« Notre Seigneur soit garde de vous.

« Escript à Bommiers, ce IIIe jour de may.

« Loys de la Trémoille. »

Chartrier de Thouars. Orig. pap.

V

1455, 16 décembre. — Mandement de Louis de La Trémoille au sujet de la réparation des canaux de Luçon.

« A Pierre Girauld, mon receveur à Saint-Hermine,

« Receveur de Saint-Hermine, j'ay receu lettres de mons^r le sénéschal de Poictou, par lesquelles il m'escript que le 11e jour de janvier prouchain il sera assemblé avecques aucuns prélaz, le procureur du Roy et autres, à Fontenay, pour donner provision à la réparacion des eschenaux de Luxonnois et païs d'environ, et m'escript que pour mon interest je y envoie. Ceste matière m'est nouvelle et ne sçay que c'est. Toutes voies j'escripz au sénéchal de Marueil qu'il aille à ladicte assemblée pour moy, et qu'il mène avecques lui de mes autres officiers ceulx qu'il avisera.

« Si lui baillez et délivrez de l'argent pour le fait de sa despence ce que vous et lui aviserez qui lui fera besoing, et n'y faictes [faulte].

« Et en rapportant ces présentes, avecques recognoissance dudit séneschal, ce que lui aurez baillé pour ledit voïage vous sera alloué en voz comptes et rabatu de vostre recepte partout où il appartiendra, sans contredit ; et vueil que ainsi soit fait par les audicteurs de vos diz comptes.

« Nostre Seigneur soit garde de vous.

« Escript à Bommiers, le XVIe jour de décembre mil CCCC cinquante cinq.

« LOYS DE LA TRÉMOILLE. »

Chartrier de Thouars. Original cacheté en cire rouge.

VI

[1] *1461 (v. s.), 25 janvier. Nantes. — Contre-lettre de Louis XI au sujet des don et transport de Thouars, à lui faits par Louis d'Amboise.*

« Nous, Loys, par la grâce de Dieu roy de France, confessons que combien que nostre très chier et féal cousin Loys d'Amboise, seigneur de Talemont et de Marent, se soit aujourd'huy tenu pour content et paié, par devant deux notaires, de la somme de dix mille escuz d'or, en nous faisant le délais, don et transport de la ville, chastellenie, terre et seigneurie de Touars et ses appartenances, si ne lui avons nous aucune chose paié ne fait paier, mais icelle somme de x mille escuz d'or lui avons promise et promettons par ces présentes rendre et paier : c'est assavoir la moitié dedans la feste de la Pentecouste prouchain venant, et l'autre moitié dedans la feste de la Penthecouste après ensuivant.

« En tesmoing de ce, nous avons signé ces présentes de nostre main et fait séeller de nostre séel de secret, en ceste ville de Nantes, le xxv⁰ jour de janvier, l'an de grace mil cccc soixante et ung, et de nostre règne le premier.

« Loys. »

Original en parchemin.

VII

Vers 1463, 13 novembre. Bommiers. — Lettre de Louis de La Trémoille à son « chier et bien aimé Guillaume Bardin », son « procureur de La Trémoille et de Chastelguillaume, pour lui « demander du gibier. »

« Procureur de La Trémoille, aucunes gens me doivent venir veoir en la sepmaine prouchaine d'après ceste-cy, pourquoy m'est besoing nécessairement de recouvrer des viandes. Et pour ce, se vous cognoisses personnes par delà qui saichent prandre perdris soit à la touuelle ou autrement, faictes avecques eulx qu'ilz en preignent le plus qu'ilz pourront. Et aussy, se savez nulz gentilzhommes qui ayent guarennes allez devers eulx et leur requerez de par moy qu'ilz me donnent des cognilz, et le plus que pourrez recouvrez des dites perdriz et cognilz m'envoiez d'aujourdhuy ou de demain en huit jours; et en ce ne faictes poit de faulte sur tant que me désirez faire service, car je en ay néccessairement à bésongner, ainsy que vous dira le porteur de cestes, que j'envoye à cette cause devers vous, lequel croiez de ce qu'il vous dira de par moy, et faictes toute diligence.

« Nostre-Seigneur vous ayt en sa garde.

« Escript à Bomiers, le XIIIe jour de novembre.

« Depuys ces lettres escriptes j'ay avisé que je n'ay besoing des dictes viandes que jusques au vendredi XXVe jour de ce présent moys, mais que je les aye le dit jour au soir sans y faillir.

« Loys de La Trémoille. »

Chartrier de Thouars. Orig. pap.

VIII

1468, 24 mars. Au Bondon, près de Vannes. — Françoise d'Amboise, duchesse de Bretagne, veuve de feu Pierre, duc de Bretagne, « meue de bonne « et grande dévocion et entencion, o la grâce de Dieu..., de briefvement soy « faire religieuse professe en l'ordre de Nostre-Dame du Carme, ou couvent « des seurs religieuses dudit ordre, fondé au Bondon, près Vennes, » céde, transporte et délaisse à son neveu Louis II de La Trémoille, fils de Louis I et de Marguerite d'Amboise, « la poursuite du procès de interdiction, par elle « et le dit feu duc Pierre... intenté contre » son père Louis d'Amboise, vicomte de Thouars, qui faisait « vile distraction de ses terres et seigneuries ».

Chartrier de Thouars. Orig. parch.

IX

1470, 8 décembre. Château d'Amboise. — Contrat d'échange fait au château d'Amboise entre le roi Louis XI et Marguerite d'Amboise, femme de Louis de La Trémoille, par lequel la dite Marguerite transporte au roi et à ses successeurs « les terres et seigneuries de Marant et de l'isle de Ré ». Le roi donne en retour à Marguerite et à son mari, en héritage, « les terres, villes, chastel « et chastellenie de Vierzon et Xaincoins, séans ès pays et duchié de Berry, « avec les greniers à sel dudit lieu de Vierzon et de la ville de Celles ou dit pays « de Berry... ».

Chartrier de Thouars. Pièce parchemin.

X

1470, 23 décembre. Issoudun. — Marguerite d'Amboise cède à son mari, Louis I de La Trémoille, la terre et seigneurie de Vierzon avec le grenier du dit lieu, en récompense de « la terre et baronnie de l'Isle-Bouchart », appartenant audit Louis de La Trémoille ; laquelle terre et baronnie elle avait transportée « à monsgr de Craon, en recognoissance des services que le dit « seigneur luy a faiz et espère que plus face » auprès du roi dans les affaires de la succession du feu vicomte de Thouars.

Chartrier de Thouars. Orig. parch.

XI

1470 (v. s.), 3 janvier. Les Montilz. — *Louis XI ordonne de mettre Louis de La Trémoille et sa femme en possession de Vierzon et Xancoins*.

« Loys par la grâce de Dieu roy de France, au premier huissier, nostre sergent d'armes, huissier de nostre court de Parlement ou autre nostre sergent qui sur ce sera requis, salut.

« Comme nous aions puis naguères transporté, baillé et délaissé à nos chiers et bien amez cousin et cousine Loys, s^{gr} de La Trémoille et Marguerite d'Amboise, sa femme, pour estre propre héritage d'elle et de ses hoirs, les terres, chasteaulx, villes et seigneuries de Viesron [1] et Xancoins, avecques les greniers à sel estans audit lieu de Viesron et de Selles en Berry, pour en eschange et récompense des villes, terres, isles et seigneuries de Marant et de Ré, que semblablement ilz nous ont transporté et délaissé audit tiltre, selon et ainsi que tout appert par les lectres du contract sur ce fait entre nous et eulx, par lequel sommes tenuz leur baillez la wide et paisible possession et joyssance des terres et seigneuries dessusdictes et d'icelles les faire paisiblement joïr et user comme de leur propre chose ; voulans ainsi le faire et ledit contract fait entre nous et eulx sortir effect et vigueur : te mandons et commmectons, par ces présentes, que tu te transportes èsditz lieux de Viesron et Xancoins et Selles, et des demaines, seigneuries et greniers dessusditz, ensemble de tous les droiz d'iceulx, mectz de par nous nosditz cousin et cousine, ou leur procureur pour eulx, en possession et saisine réaument et de faict, non obstant opposition ou appellation quelconques, et les faiz obéyr et paisiblement joïr et user, tout selon les lectres du contract d'entre nous et eulx, en faisant commandement, tant en général que en particulier, et à son de trompe et cry public, se mestier est, aux manans et habitans desditz lieux de Viesron et Xan-

---

1. Sic pour *Vierson*.

coins, et aux officiers desditz greniers, que désormais à nosditz cousin et cousine ilz obéissent comme à leurs vrays seigneurs naturelz et directz, et leur paient, ou à leurs officiers, les droiz seigneuriaulx, droiz, prouffitz et esmolumens desditz greniers, comme ilz faisoient à noz officiers par avant ledit traicté et contract.

« Et par rapportant ces présentes, ou *Vidimus* d'icelles fait soubz séel auctentique, voulons les officiers desditz greniers estre et demourer deschargez envers nous, tant en nostre chambre des comptes à Paris que ailleurs partout où il appertiendra ; en contreignant à ce faire et souffrir réaument et de fait tout ce que dit est tous ceulx qui pour ce seront à contraindre, c'est assavoir les [gens] d'église par caption de leur temporel et les laiz par prinse de leurs corps et biens, et par toutes autres voyes et manières deues et raisonnables ; car ainsi nous plaist-il estre fait, non obstant comme dessus et quelzconques lectres sureptices impétrées ou à impétrer à ce contraires. Mandons et commandons à tous noz justiciers, officiers et subgectz que à toy, en ce faisant, obéissent et entendent diligemment, et te prestent et baillent conseil, confort, aide et prisons, se mestier est, et par toy requis en sont.

« Donné aux Montilz, le troiziesme jour de jenvier l'an de grace mil cccc soixante dix, et de nostre règne le dixiesme.

« Par le Roy, le sire du Lude et autres présens. »

.....

Chartrier de Thouars. Original en parchemin.

XII

1473, 5 août. Sully. — *Lettre concernant l'impôt que Guy de La Trémoille veut lever pour marier sa fille aînée.*

« A mes chiers et bien amez les procureur et receveur de La Trémoille.
« Procureur et receveur de La Trémoille, je me recommande à vous. Le

mariaige de ma fille aisnée et du fils de monsr de Tonnerre est accordé, et la journée des nopces et espousailles entreprise. J'ay trouvé, par conseil, que, de droit, pour cause dudit mariaige, je puis et doy demander à tous mes hommes et subgiz de mes terres et seignouries ung aide, et icelluy lever sus eulx pour me aider à supporter les fraiz et mises qu'il me convendra faire pour ledit mariaige. J'ay fait demander ledit aide aux subgiez de ma ville et baronnie de Sully et de mes villes et seignouries de Vierson et de Selles et de Bomiers, lesquelz le me ont libérallement octroié et en bonne et raisonnable somme pour chascun d'eulx. Je vueil ledit aide estre demandé à mes hommes et subgiez de mes terres et seignouries de La Trémoille, Chastel-Guillaume, Lussac, Voussoys et Sainct-Cyverain.

« J'escrips au bailly de La Trémoille que, pour celle cause, il aille sur les lieux et qu'il assemble les subgiez de chascune seignourie, et qu'il leur expose le cas du mariaige de madicte fille et le droit que j'ay de leur demander ledit aide. Acompaignez ledit bailly, et tenez la main envers lesdiz subgiez qu'ils me octroient ledit aide en la plus grant somme qu'ilz pourront, et y faictes ce que bons officiers et serviteurs doivent faire pour leur maistre. Et vous, receveur, faictes la despence dudit bailly et d'entre vous qui le acompaignerez en poursuivant l'octroy dudit aide, et vous en aurez vostre acquict tel qu'il vous sera néccessaire. Nostre Seigneur soit garde de vous.

« Escript à Sully, le cinquième jour d'aoust.

« Loys de la Trémoille. »

Chartrier de Thouars. Original signé.

XIII

1473, 18 septembre. Tours. — Pierre Anquetil, écuyer, maître d'hôtel de Louis de La Trémoille, et messire Louis Potin, prêtre, « chantre de l'église

« collégial de Saint-Ythier de Suly », procureurs de Louis I de La Trémoille et de Louis II, son fils, reconnaissent avoir reçu de maître Jean Le Clerc, procureur de « noble et puissant seigneur, monseigneur Jehan de Derval, de « Combour, de Châteaugiron et de Rogé », la somme de 5000 écus d'or due aux dits La Trémoille « pour raison des chastel, chastelenie, terre et sei-« gneurie de Fougère..., séans au duchié de Bretaigne, baillez... » à « tiltre « d'eschange, par mon dit seigneur de La Trémoille et par son dit filz... à « mondit seigneur de Derval... pour et à l'encontre des chastel, chastelenie, « terre et seigneurie de Saint-Mars-La-Pille, séant au païs de Touraine et de « certaines autres terres sises au dit pays [1], » par contrat passé à Orléans, le 1er septembre 1473.

Chartrier de Thouars. Pièce parch.

XV

15 novembre. Sully. — Lettre de Louis de La Trémoille au sujet de la donation par Louis XI à Philippe de Commynes des terres et seigneuries de Berrye et de Thalemond.

« A mes très chiers et espéciaulx amis maistres Jacques de Thou, advocat du roy en la court des généraulx, et Jehan de La Mote, procureur en la court de Parlement à Paris.

« Très chiers et espéciaulx amis, je me recommande à vous tant que je puis.... Aucun de mes amys m'ont fait savoir que, puisnaguères, le roy a

---

[1]. On lit dans une autre pièce qui a trait au même sujet : « Les terres et seigneuries de Saint-« Mars-La-Pille, La Quarte Persillière, La Voulte, Lislergier, le fief de Verron et de Cande « avecques les Creneaulx et autres terres ». Chartrier de Thouars. Pièce parch.

donné à ung sien mignon, duquel je ne scay le nom (Comimynes), la terre et seigneurie de Berye, menbre de la vicomté de Thouars, et la terre et seigneurie de Thalemond, qui est du mariage de feu ma femme, dont Dieu ait l'âme. Je vous prie que aiez le soing de vous donner garde quant on vouldra faire enterinez les lettres dudit don en la court de Parlement et ès chambres des comptes des généraulx et ailleurs où il est de costume de les faire enterinez, et que, à l'expédicion et enterinacion des dites lettres, vous vueillez opposez pour moy et en ce pour la conservacion de mon droit faire tout ce que vous savez mieulx qu'il est de faire en la matière. Et par ce dit porteur m'escripvez de tout bien au long, avecques se chose voullez que je puisse et je le feray de bon cueur, Dieu aidant, qui, très chiers et espéciaulx amis, vous doint voz désirs.

« Escript à Sulli, le XVe jour de novembre.

« Le votre. — Loys de La Trémoille. »

Chartrier de Thouars. Orig. pap.

XV

1476, 17 octobre.— « *Inventoire de certaines lectres trouvées au chas-*
« *teau de Thouars en ung des coffres d'icellui chasteau, commancé*
« *à faire ledit inventoire le XVIIe jour d'octobre mil IIII^c*
« *LXXVI.*

« Et premièrement,

« Une lettre passée en la court de Nantes et seellées du seel du duc Jehan de Bretaigne, de François, son filz aisné, conte de Monfort, de Artur, connestable, de Richart, comte d'Estampes, et du seel aux contractz de Nantes, aussi signées desdits seigneurs et de deux notaires, datées du XXIe jour de juillet mil IIIIc XXXI, contenant, comme comparant devant lesdits notaires lesdits duc Jehan, conte de Monfort, Artur, connestable de France, Richart, comte d'Estampes, d'une part, et dame Marie de Rieux, vicontesse de Thouars, femme lors messire Loys d'Amboise, viconte de Thouars, d'autre, traictèrent le mariage de feu monsr Pierre de Bretaigne, et de Françoise d'Amboise, fille desdits viconte de Thouars et Marie de Rieux, et par lequel ladite dame Marie de Rieux donne à sadite fille et audit monsr Pierre IIIIm livres de rente, et pour icelle rente luy baille la comté de Benon, l'isle et terre de Ré et la seigneurie de Montrichart, avecques certaines modifficacions et condicions déclarées esdictes lettres, et entre autres que lesdits princes pourchasseront la délivrance dudit viconte de Thouars, son mari, lors prisonnier.

« Item, unes lettres de procuracion dudit Loys, viconte de Thouars, datées du XVe jour d'octobre mil IIIIc XXXVI, signées de A. Chambret et J. Chambret, notaires, et signées du seel dudit vicomte, par laquelle ledit Loys, vicomte de Thouars, constitue ses procureurs, messire Geoffroy de Tresmeseret, Hucguet de Billy, Jehan Savary et maistre Jehan Labbé, espécialement pour adcomplir le mariage pourparlé, traicté et conclud de monsr Pierre de Bretaigne et de Françoise d'Amboise, sa fille,.... et veult qu'il se tieigne et acomplisse.

« Item, unes lettres dudit duc Jehan, datées du XVe de septembre mil IIIIc XXXVI, signées par le duc et scellées de son seel, par lesquelles il promet ausdits vicomte et vicomtesse faire et adcomplir le mariaige dudit Pierre, son filz, dedans la feste de Noel, lors enssuivant, ou leur rendre leur fille qu'il avoit.

« Item, une autre procuracion dudict vicomte, scellées de son seel et signée Le Bourcier, notaire, datée du IIe jour d'aougst mil IIIc XXXVII, par laquelle il constitue ses procureurs messires Geoffray de Tresmesnet, Hardi Savary, chevaliers, Jehan Savary et maistre Jehan Labbé, et chacun d'eulx, pour traicter le mariage de ladicte Françoise d'Amboise, sa fille, avec ledit monsr Pierre, second filz dudit duc Jehan, en prenant ladicte Françoise o tous ses droiz de succession et qui à icelle Françoise pourroient compecter et appartenir en la succession dudict vicomte, son père, et après sa mort, et aussi o telle condicion que s'il avoit masles que ledit Pierre se contenteroit des terres et seigneuries de Benon et de l'Isle de Ré pour tous ses droiz.

« Item, le *vidimus* d'une lettre, signée Jehanny, donnée à Tallemond, le pénultième jour de septembre mil iiic xliii, daté icellui *vidimus* du xve jour de décembre oudit an mil iiii^c xliiii, contenant comme ledit Loys, viconte de Thouars, confesse qu'il avoit promis bailler audit mons^r Pierre en mariage de sadite fille Marie (sic) faisant, la terre et seigneurie de Benon et de l'en faire joir paisiblement, ce qu'il a fait. Mais depuis, au moien de certain procès pendant en la court de Parlement entre icellui vicomte et le s^r de Jonvelle, a esté mise icelle comté de Benon en la main du roy, parquoy n'en a peu joir ledit mons^r Pierre ne sa femme; ledit vicomte de Thouars, jucques à ce qu'il a fait joir lesdits mons^r Pierre et Françoise, sa femme, d'icelle comté, luy bailla en recompense cent cinquante livres de rente sur aucunes de ses terres et promect dedans deux ans faire oster le dit empeschement mis sur la dite vicomté de Benon et en faire joir lesdits messire Pierre et sa femme, ainsi que promis leur avoit par le traicté de mariage.

« Item, certaines lettres royaulx, datées du VIe jour d'avril mil IIII° XXXIIII, contenant comme le roy Charles donna à feu mons^r de Thouars tout tel droit que la dame de Jonvelle, sa seur, povait avoir pour son droit de succession ès biens demourés du décès de ses père et mère et tous ses autres parens, appartenant icellui droit de succession au roy par confiscacion parce que ladite dame de Jonvelle estoit demourant et adhérant avecques les ennemys du roy, et ce non obstant certaines lettres qui luy avoit baillées par avant, vériffiées les dites lettres par les généraulx.

« Item, unes lettres pattentes du roy Charles, dont Dieu ait l'âme, signée J. Le Picquart, données à Tours, le Ve d'avril mil IIII^c XXXIIII, par lesquelles narracion faicte comme le vicomte de Thouars eust confisqué tous ses biens, comme apparoit par arrest donné à Poictiers au moys de may mil IIII^c XXXI, et que au moys de septembre XXXII enssuivant le roy eust restitué ledit vicomte en toutes ses terres et seigneuries, excepté des terres et seigneuries d'Anboise et de Thallemond et voulut qu'il en joist, néantmoins pluseurs ont prins des fruiz, prouffiz et revenues des dites terres ainsi à luy remises et restituées, le roy mande à ceulx qui ont prins lesdits fruiz à. les luy rendre et restituer et qu'ilz soient contrains ad ce.

« Item, une autre lettre donnée à Saumur, le derrenier jour de septembre mil IIII° LXII... par laquelle narracion faicte comme le vicomte de Thouars eust vendu au roy ladicte vicomté de Thouars, et les terres de Mauléon et et Berrye, pour le pris et somme de cent mil escuz, icellui vicomte confesse... avoir receu content la somme de dix mil escuz d'un cousté et quatre mille livres d'autre, et le surplus de ladite somme de x mil escus donné, quicté et délaissé au roy, pour les causes contenues en icelles lectres.

« Item, une coppie ou *vidimus* d'une lettre... faisant mention, sur certain procès meu en la court de Parlement, feu très noble et puissant seigneur monsr Jehan de La Trémoille, seigneur de Jonvelle, et dame Jacqueline d'Amboise, sa femme, demandeurs, à cause d'elle, contre messire Loys d'Amboise, vicomte de Thouars, à l'occasion du droit partie et porcion que la dite dame pretendoit ès biens immeubles et heritaiges demourez des successions de messrs Ingerger et Pierre d'Amboise, père et oncle de la dite dame et dudit vicomte, eussent par le dit accord, en la manière contenue en ung registre passé par Jehan Moulinet et Jehan Logier, notaires de Sully, le VII° jour de février l'an mil IIII° LXVIII, l'effect duquel registre contient que le dit messire Loys d'Amboise, vicomte sus dit, pour tant tel droit... qui porroit compecter à la dite dame ès dites successions, bailleroit et asseroit à la dite dame, la somme de mil livres tournois de rente en l'isle de Ré, qu'elle tiendroit en paraige du dit messire Loys, son frère, soubz l'hommage qu'il faisoit au roy à cause de la dite ysle de Ré, et porroit la dite dame mectre procureur et receveur ; et pour ce que les dites mil livres de rente n'estoit souffisant partaige pour le droit prétendu par la dite dame ès dites successions, le dit vicomte promis bailler et paier à la dite dame la somme de neuf mil neuf cens escuz d'or ayant cours, dedans la my caresme lors enssuivant, en la ville de Sully, et en baillant la dite somme seroit passé lectre du dit pourparlé... Et depuis, le lundi, dernier jour de mars emprès *Judica*, l'an mil IIII° LXVIII, entre (les procureurs de Louis d'Amboise) et la dite dame Jacqueline d'Amboise, en sa personne,... recongnurent et confessèrent avoir fait une autre » accord, par lequel le procureur de Louis d'Amboise promet « de bailler ladite assiecte des dits mil livres de rente audit ysle de Ré, et ladite dame (confesse) avoir eu et receu... ladite somme de neuf mil neuf cens escuz par les mains de messire Guillaume de Harecourt, chevalier, seigneur de Tancarville... »

« Item, une lectre non seellée et passée soubz les cours de Thouars, de Mauléon et de l'official de Poictiers,... le premier jour d'octobre l'an mil IIIIe LI, contenant que dame Jacqueline d'Amboise, vefve de feu messire Jehan de La Trémoille, seigneur de Jonvelle, vendi à messire Loys d'Amboise, viconte de Thouars, son frère, mil livres de rente qu'elle avoit acoustumé avoir... en la terre et seigneurie de Ré... pour le prix et somme de dix mil escuz d'or, dont fut payée content quatre mil, et les VI mil restant les promist paier ledit viconte dedans la feste de Noel enssuivant... »

« Lesquelles lectres dessus inventoriées ont, par ordonnance du roy, notre sire, esté baillées à mons^r messire Philippes de Commynes, chevalier, seigneur d'Argenton, par mons^r messire Jacques de Beaumont, chevalier, seigneur de Bressuire, et receues par moy Regnault du Noier, procureur du roy, notre dit seigneur, en Poitou, pour et ou nom de mondit seigneur d'Argenton, qui m'a commis à icelles recevoir de par luy, en la présence de mons^r maistre Jehan Chambon, conseiller et maistre des requestes de l'ostel du roy, notre sire, et lieutenant de par lui en Poictou (et autres), le XXVIIIe jour d'octobre l'an mil IIIIe LXXVI... »

Chartrier de Thouars. Pièce papier.

CHAPITRE II

LOUIS II DE LA TRÉMOILLE

REVENUS ET DÉPENSES

§ I

REVENUS

« Appoinctement fait entre haut et puissant seigneur monseigneur de La Trémoille, d'une part, et Jehan Motays, commis à tenir le compte de ses finances, d'aultre part, touchant l'estat de la maison dudit Seigneur et de madame, son espouze, pour ung an entier, commençant le premier jour de mars mil iiii^c iiii^{xx} et douze et finissant le derrenier jour de février ensuyvant mil quatre cens quatze-vingts et treize, l'an révolu.

« Donné et fait audit lieu de Thouars, le vingt septiesme jour de janvier, l'an mil iiii^c iiii^{xx} et treze. Ainsi signé, J. Guerry et Moysen, et scellé d'un scel en cire verte à double queuhe.

Compte de Jehan Motais.

Recepte

Mauléon.............................. 154 liv. 10 s.
Benon................................ 100

La Chèze-le-Viconte	31		
Curzon	70		
Marant	570		
Thouars	804	18	6 d.
L'isle de Ré	1400		
Saint-Hermyne	500	18	3
Mareil	375		
Thalemont	578	3	1
La forest dudit lieu de Thalemont	95		
Brandoys	néant		
Olonne		72	6
Rochefort	670		
Le Buron	néant		
Chasteauneuf	364	18	9
Craon	1809	34	4
La Trémoille	67		
La pencion ordinaire de Monseigneur	10000		
Bretaigne	5700		
Normandie	10000		
Total	31295 l. 6 s. 6 d.		

Recepte extraordinaire

« Fait le dit Motays icy recepte de la somme de dix mil livres tournois qu'il a receue par commandement de Monseigneur de monseigneur d'Argenton, ou moys de juign mil iiii^c iiii^{xx} treze, pour la composicion que mondit Seigneur avoit faicte avecques ledit seigneur d'Argenton, touchant les fruiz de Thalemont, pour ce cy   10.000

« Item, fait plus icy recepte icelluy Motays de la somme de six mil livres tournois qu'il a receue par le commandement de mondit Seigneur de monseigneur l'archevesque d'Aux, par les mains de Jehan de Lannoy, ou moys d'octobre mil iiii^c iiii^{xx} treze, pour ce cy en recepte....... 8.000

Total .... 18.000 liv.

Total général.............. 49.295 liv. 6 s. 6 d.

§ II

DÉPENSES

« Despence ordinaire et extraordinaire de mondit Seigneur pour lesdits douze moys entiers, commençans le premier jour de mars mil iiii^c iiii^{xx} douze et finissant le derrenier jour de février après ensuyvant mil iiii^c iiii^{xx} et treze, escheuz et passez durant le temps de ce présent compte.......................... 4.500 livres

« Autre despence faicte par ledit Motais pour la deppence ordinaire et extraordinaire de Madame pour lesdits douze moys, commençans et finissans comme dessus, dont ledit Motays ne doit pour la despence ordinaire de madite Dame par son appoinctement rendre ne fournir acquit que les papiers journaulx signéz de ses maistres d'oustelz de Monseigneur ou de Madame ou de l'un d'eulx. Et combien que la despence desdits moys excedde la somme de deux cens livres tournois, que icelluy Motais doit fournir par chacun moys, toutteffoiz il fait despence de tout ce que montent lesdits moys, et en temps que touche l'extraordinaire de madite Dame ledit Motays en fait despence par chacun moys par acquictz signéz de sa main.............................. 5.448 l. 3 s. 8 d. obole.

« Aultre despence faicte par ledit Motais selon son estat de l'année de ce présent compte touchant monseigneur le prince, qui prent sur ledit Motays par l'estat, dix livres tournoys par chacun moys de l'année dessus dite, dont icelluy Motais ne doit fournir autre acquict que ses quittances seullement...................... 120 livres

« Despence faicte par ledit Motais touchant les procès et autres affaires de mondit Seigneur durant l'an de ce présent compte et par les mandemens et quictances de mondit Seigneur et de Madame, qui est selon le contenu en l'appoinctement dudit Motais, 588 liv. 9 s. 10 d.

Gages et pensions

« Gaiges et pencions des gentilz hommes et officiers de la maison de mesdit Seigneur et Dame dont ledit Motays fait despence pour l'an de ce compte, paiables lesdites pencion et gaiges à deux termes, savoir est sainct Jehan Baptiste et Nouel, par moitié, cy pour lesdits deux termes escheuz et passez en l'an de ce compte et selon le rolle de mondit Seigneur et quictance de chacun particulier cy renduz.

« Et premièrement :

« A Adam de Ravenel, escuyer, seigneur de La Rivière, maistre d'ostel de mondit Seigneur, pour les gaiges et pencion qu'il a de mondit Seigneur, pour lesdits deux termes escheuz et passez durant l'an de ce compte, la somme de soixante livres tournoys, pour ce cy.. 60 liv.

« A Pierre de Salleignac, escuier, seigneur de Sainct-Martin, aussi maistre d'oustel, pour ses gaiges et pencion desdits deux termes, la somme de soixante livres tournoys, pour ce cy...................................... 60

« A Oudet de Chazerac, escuier, aussi maistre d'oustel, autre pareille somme de soixante livres tournois pour ses gaiges desdits deux termes pour ce cy, ladite somme de.. 60

« A Guyon de La Lande, escuier, aussi maistre d'oustel, autre pareille somme de soixante livres pour ses gaiges et pencion desdits deux termes, pour ce cy............ 60

« A Guillaume Ligaud, escuier, seigneur de Lage-Bernard, pour ses gaiges desdits deux termes aultre pareille somme de soixante livres, pour ce cy.................. 60

« A Guyot des Roches, escuier, pour semblable cause la somme de quarente livres tournois, pour ce cy...... 40

« A Marsezac, escuier, pour semblable cause autre pareille somme de quarente livres, pour ce cy........... 40

« A maistre Denis Le Prévost, médicin, pour semblable cause, la somme de soixante livres tournois, pour ce cy ladite somme de..................................... 60

« A messire Denis Meilloys, chappelain de mondit Seigneur, pour semblable cause la somme de quinze livres tournois, pour ce cy.................................. 15

« A messire Pierre Rigault, aumosnier de Madame, pour semblable cause la somme de vingt livres tournois, pour ce cy... 20

« A maistre Gabriel, magister de monseigneur le prince, pour semblable cause autre pareille somme de vingt livres tournois, pour ce cy.................................... 20

« A Pierre Lochet, secrétaire de mondit Seigneur, pour semblable cause la somme de quinze livres tournois, pour ce cy... 15

« A René Housset, barbier et varlet de chambre de Monseigneur, la somme de dix livres pour ses gaiges de demye année finie à la Sainct Jehan Baptiste mil iiii^c iiii^{xx} et xii qu'il a servy mondit Seigneur, pour ce cy ladite somme de.. 10

« A Mathurin Hameau, à présent varlet de chambre de mondit Seigneur, pour ses gaiges de l'autre demye année finie à Nouel ensuivant oudit an autre pareille somme de dix livres, pour ce cy.................................. 10

« A François Jusqueau, taillandier de mondit Seigneur, pour pareille cause, la somme de vingt livres, pour ce cy 20

« A Guillaume Tan, taillandier de Madame, pour semblable cause la somme de................................. 30

« A Loys Savoye, tabourin, pour pareille cause, la somme de douze livres tournois, pour ce cy ladite somme de.. 12

« A Jacques Teste, charretier, pour semblable cause autre pareille somme de douze livres, pour ce cy ladite somme de.. 12

« A Pierre Peronneut, mulletier, pour semblable cause la somme de vingt livres, pour ce cy ladite somme de... 20

« A Estienne Peronneut, aussi mulletier, pour semblable cause, autre pareille somme de vingt livres, pour ce cy. 20

« A Guillaume de La Rivière, cuysinier de Monseigneur, pour semblable cause autre pareille somme de vingt livres, pour ce cy.................................... 20

« A Simon Lecamus, queux de Madame, pour semblable cause, la somme de dix livres, pour ce cy....... 10

« A Jehan Vanerie, clerc d'offices, pour semblable cause la somme de huyt livres tournois, pour ce cy.......... 8

« A Jehan Rasflart, appothicaire, pour semblable cause autre pareille somme de huit livres, pour ce cy 8

« A Jacques Meillon, pour semblable cause, la somme de quinze livres tournois, pour ce cy..................... 15

« A Hannequin Lalemant, faulconnier de mondit Seigneur, la somme de quarente livres tournois, pour ce cy 40

« A Collinet Borderie, tapicier, pour semblable cause la somme de dix livres tournois, pour ce cy............. 10

« A Guillaume Le Roy, paticier, autre pareille somme de dix livres tournois pour semblable cause, pour ce.... 10

« A Guillaume Georges, charretier, pour semblable cause la somme de douze livres tournois, pour ce cy ladite somme de.................................... 12

« A Nouel Martin, fourier, pour semblable cause la somme de quinze livres tournois, pour ce cy.......... 15

« A Pierre Courault, pallefranier, pour semblable cause la somme de dix livres tournois, pour ce cy par ledit rolle et quictance de luy................................ 10

« A Pierre Rigault dit Taupe, pour semblable cause, autre pareille somme de dix livres tournois, pour ce cy.. 10

812 liv.

Femmes

« A Laurence, femme de chambre de Madame, pour semblable cause la somme de huit livres tournois, pour ce cy.. 8

« A Annete, aussi femme de chambre de madite Dame, pour semblable cause la somme de quatre livres tournois, pour ce cy 4

« A Jehanne, femme de Loys Canier, nourrisse de monseigneur le prince, pour semblable cause, la somme de six livres tournois, pour ce cy...................... 6

18 liv.

« Audit Motays pour ses gaiges de l'année finie le derrenier jour de février mil iiiie iiii^{xx} treze, troys cens cinquante livres, pour ce cy........................... 350

« Grossa summarum .... 1.180 liv.

« *Deniers baillez et payez par ledit Motays selon l'estat et appoinctement faict entre mondit Seigneur et luy ainsi qu'il est déclaré par iceluy.*

« Et premièrement

« A baillé et paié ledit Motais à messire Jehan de Garguesalle, chevalier, la somme de troys cens livres tournoys pour sa récompence de Chasteau-Guillaume, comme appert par sa quictance escripte le deuxiesme jour de janvier mil quatre cens quatre vings treze, cy rendue, pour ce cy...................... 300 liv.

« Item, a baillé et paié ledit Motais à Charlot Becdelièvre, esleu de Chinon, autre pareille somme de trois cens livres tournois, comme il est contenu en son appoinctement et ainsi qu'il appert par icelluy et par quictance dudit Becdelièvre, cy rendue, escripte le deuxiesme jour de janvier oudit an, cy rendue, pour ce cy. 300

« Item, a baillé à Guillaume d'Auvergne, armeurier, demourant à Tours, la somme de cent livres tournois sur ce que mondit Seigneur luy peut devoir, comme appert par sa quictance escripte le vingt neufiesme jour de décembre l'an mil IIIIe IIII^{xx} treze, cy rendue, pour ce cy.. 100

« Item, a baillé ledit Motais à monseigneur de Jonvelle, frère de mondit Seigneur, autre pareille somme de cent livres tournois, comme appert par sa quictance escripte le [...] jour de [.....] quatre vings treze, cy rendue, pour ce cy ladite somme de.................. 100

« Item, a baillé et paié ledit Motais à madame de Tonnerre, sœur de mondit Seigneur, la somme de sept cens livres tournoys, pour ce cy en despence ladite somme de 700

« Item plus, a baillé et paié ledit Motais à monsieur de Baudricourt, la somme de deux cens livres tournois pour la ferme de la Basse-Guierche du terme de Nouel mil quatre cens IIII^{xx} treze, pour ce cy ladite somme de 200

« Item, a baillé et paié ledit Motays à monseigneur de Bommiers la somme de troys cens livres tournois pour sa récompense de Verretz de l'année finie le derrenier jour de décembre mil quatre cens quatre vings treze, pour ce cy ladite somme de........................ 300

« Item, plus, a baillé et paié ledit Motays aux fabricqueurs du Puy-Nostre-Dame la somme de deux mil livres tournoys sur ce que mondit Seigneur leur doit, pour ce cy en despence............................ 2.000

« Grossa summarum............... 4.000

« *Autres deniers baillez par mandemens de mondit Seigneur oultre et par dessus les parties couchées oudit estat, fait entre mondit Seigneur et ledit Motays.*

« A paié icelluy Motais par mandement de mondit Seigneur à Henry, paintre, demourant à Tours, la somme de vingt-quatre escuz d'or pour avoir painct les estandars et banières des trompectes de la compaignie de mondit Seigneur, et aussi a baillé ledit Motais à Jehan Hullot la somme de six livres tournois pour avoir fait les franges à mectre ausdits estandars et trompectes, montant le tout ensemble quarante huyt livres, pour ce cy, ladite somme de... 48 liv.

« Item, a paié ledit Motays par le commandement de Madame à Loys Mousson la somme de quinze livres tournois pour sa despence à aller à Bourdeaux où il a esté envoyé pour essayez à vendre la nef ou pour la freter, pour ce cy........................ 15 liv.

« Veaiges faiz par ledit Motais qui ne sont des despendances de sa charge................................. 114 liv. 4 s. 8 d.

1485, 4 octobre. — *Gabrielle de Bourbon engage de la vaisselle d'argent aux armes du dauphin d'Auvergne.*

« Nous Gabrielle de Bourbon, vicontesse de Thouars, contesse de Benon, confessons avoir eu et receu de Jehan Questier, marchant de la ville de Tours, la somme de cinq cens cinquante quatre livres dix solz dix deniers tournois, en déduction de la somme de IIII^m V^c livres que le dit Questier nous doit bailher par appoinctement fait entre nous et lui, à cause de V^c LXXV mars II onzes III quars de vaisselle d'argent dimy dorée aux armes de mons^r nostre frère, le conte dauphin d'Auvergne, que lui devons bailler, à plain declairé oudit appoinctement. Laquelle somme de V^c LIIII livres X s. X d. tourn., le dit Questier a bailhé V^c livres que avons envoiez à deux foix à Monseigneur, et la reste montant LIII liv. X solz X deniers tournois le dit Questier a paié par nostre commandement à certains armeuriers de la dicte ville de Tours par le arnoys de mondit Seigneur. De laquelle somme de V^c LIIII livres X solz X deniers tournois quictons ledit Questier et luy promectons tenir compte sur la dite somme des dites IIII^m V^c livres. Et au cas que ne feissions délivrer la dicte vaisselle audit Questier, nous lui promectons paier et rendre la dicte somme des dictes V^c LIIII livres X s. X d. tournois, à sa seulle et simple requeste.

« En tesmoing de ce, nous avons signé ces présentes de notre main et seing manuel cy mis, le IIIIe jour d'octobre l'an mil IIII^c IIII^{xx} et cinq.

« GABRIELE DE BOURBON. — GARROT. »

Chartrier de Thouars. Orig. pap.

1486 (v. s.) 6 mars. — *Pierre Rideau reconnaît avoir reçu de Gabrielle de Bourbon différents bijoux en gages.*

« Je Pierre Rideau, filz de Jehan Rideau, de Poitiers, seigneur de Bernay et de Prés, près Poitiers, congnois... avoir eu et receu de très noble et puissante damoiselle Gabrielle de Bourbon, vicontesse de Thouars, contesse de Benon et princesse de Thallemond, ung tableau d'or ouquel il y a au dehors ung saint Paoul esmaillé de roge cler, le manteau et le dedans d'azur et le champ esmaillé de vert, de l'autre cousté ung saint Jehan l'Evangeliste esmaillé d'azeur, le manteau et le champ esmaillé de roge cler, et par le dedans une Annunciacion, pesant le dict tableau ung marc d'or ung groux moins ou environ, et ung fremaillet d'or où il y a ung ange qui tient devant soy ung grenat en table, au dessoubz dudict grenat ung safir dedans une fueille de chou par le derrière, pesant deux onces ou environ ung groux moins, pour lesquelles choses susdictes j'ai baillé à ma dicte damoiselle la somme de unze vings livres tournois, pour me rendre de Pasques qui viennent en ung an, par ainsi que je serai tenu luy rendre les bagues d'or susdictes, et, en cas de deffault, j'en pourray faire à ma guise.

« En tesmoing de ce, j'ai signé ces présentes de ma main.

« Fait le VIe jour de mars, l'an mil CCCC quatre vings et six.

« P. Rideau. »

Chartrier de Thouars. Orig. pap.

1488. — *Extrait d'un compte de Jean Prévost, trésorier de Louis II de La Trémoille.*

« Paié par ledit trésorier la somme de » 38 livres 15 sous tournois « pour l'achat de trois marcs, une once, sept gros et demy d'argent blanc que Jehan Gallant, orfèvre de Tours, a fourny du sien à parachever le bacin et cocquemart de mondit Seigneur (de la Trémoille)... »

Chartrier de Thouars. Cah. parch.

1489. — *Extrait d'un autre compte de Jean Prévost.*

« A payé contant à Balsarin, armusier de Tours, la somme de » 117 » livres tournois pour deux harnoys blancs tous complectz qu'il (Louis II de la Trémoille) a donnez à Georges et à Anthoine, et pour certaines colevrines de fonte... »

« Plus a payé ledit trésorier... pour une dague pour monseigneur le prince et une espée d'armes bien dorées et garnies de chacun ung fourreau, la somme de » 4 livres 7 sous 6 deniers.

« Plus a payé à Robineau et à ses clercs pour l'expédicion du don que le roy a fait à Madame (Gabrielle de Bourbon) d'un navyre et d'autres choses contenues oudit don et eschu par noffraige en la seigneurie de Talmont... » 8 liv. 15 s.

Chartrier de Thouars. Cah. parch.

1490, 16 avril après Pâques. — Reconnaissance de Gabrielle de Bourbon pour une somme payée en son nom.

« Nous, Gabrielle de Bourbon, vicontesse de Thouars, contesse de Benon, dame de La Trimoille, de Craon, de Suly et de Rochefort, confesse (sic) avoir eu et receu de Charlot Becdelièvre, esleu pour le roy, notre sire, à Chinon, la somme de sept vingts livres, cinq solz tournois, qu'il a paiez pour nous à Jehan Galant, orfèvre de Tours, pour deux bacins d'argent, poisant dix marcs, six onces, deux gros et demy, tant pour l'argent doreuse, que pour faczon ; de laquelle somme nous le promectons acquicter envers Monseigneur et icelle luy faire rabatre sur la somme de mil livres qu'il lui a promis et est obligé lui paier dedans la fin de ce présent moys d'avril.

« En tesmoing de ce, nous avons signé ces présentes de notre main, le XVIe jour d'avril mil IIII^c et dix, après Pasques.

« Gabriele de Borbon (sic). »

Chartrier de Thouars. Orig. pap.

1492. — Extrait du 3e compte de Jean Motais.

« A baillé et payé Jehan Motais à Jehan Hullot, brodeur, demourant à Tours, la somme de » 264 « liv. tourn. que Monseigneur (de La Trémoille) luy devoit pour la creue de vingt quatre hocquetons des archiers de sa compaignie... »

« A baillé et payé le dit Motais... la somme de » 94 « liv. 10 s. tourn. aux personnes qui s'ensuyvent, savoir est au cappitaine Chiroz pour le sillaige des compaignons estans en la nef de mondit seigneur (de La Trémoille), la somme de » 45 liv.; « à Jehan Clerjault, receveur d'Aulonne, pour employer en la mise que faire convenoit pour mectre ladite nef hors de la forme où elle estoit, » 36 livres 10 sous ; « et à Olivier de La Roussière pour recouvrer de luy le livre de Lucain et autres bagues qu'il avoit de la succession de feu monseigneur de Craon », 13 liv. tourn.

« Pour un veaige... ou moys de may » 1492, de Thouars « à Craon et à Laval, devers le seigneur de Vieucourt, pour recouvrer de luy le livre de Lucain, ung cadran d'argent et autres bagues », provenant de la succession de feu monseigneur de Craon, 52 sous 6 deniers.

« Pour ung autre veaige... ou moys de juing » de Thouars « à Thalemont et aux Sables d'Olonnes faire mectre la nef de mondit Seigneur en la mer... » 45 sous.

<small>Chartrier de Thouars. Cah. parch.</small>

1492. — Extrait du compte des dépenses faites en 1492 pour la réparation et l'équipement de la nef de Gabrielle de Bourbon, ainsi que pour le navire anglais, dont elle s'était emparée.

« C'est le compte des receptes et mises faictes par Jehan Clerjaud, receveur d'Olonne, commis de très noble et puissante dame madame de La Trémoille, vicontesse de Thouars, princesse de Thalemond et dame dudit lieu d'Olonne, pour le fait de la nef de ma dite Dame, faictes les dictes receptes et mises par ledict Clerjaud,.. pour la part de ma dite Dame, depuys le jeudi second jour de caresme, VIIIe jour du moys de mars l'an mil IIII^c IIII^{xx} unze, auquel jour Estienne Chiros, escuier, capitaine de ladicte nef, Jehan Bureau, sieur de l'Espinaye, Jehan Goland, receveur de Thalemond, et ledict Clerjaud, commis susdit, departirent de Thouars pour venir ès Sables d'Olonne pour le fait de la dicte nef, jusques au Xe jour du moys de juillet l'an mil IIII^c IIII^{xx} douze, desclairées lesdictes mises cy après par le mynu, ainsi qu'il s'ensuite, esquelles lesdits Bureau et Goland ont fourny pour une moitié et ledit Clerjaud, en nom de ma ditce Dame, pour l'autre moitié.

« Recepte de derniers faicte par ledict Clerjaud pour emploier au fait de ladicte nef, pour la part de ma dicte Dame, 107 liv. 10 s.

« Despense et mise de deniers faicte par lesdits Jehan Bureau, Jehan Goland et ledit Clerjaut, desquelles despense et mise ledit Clerjaut a payé la moitié pour ma dite Dame.. . 168 liv. 4 s. 6 d.

« Autre mise. . . 68 liv. 2 s; part de Madame. . . 34 liv. 1 s.

« Mise par ledict Clerjaud pour le bois à mectre à ladite nef, de laquelle mise lesdits Bureau et Goland ont remboursé ledit Clerjaud de la moitié, 11 liv. 11 s. 4 den.; part de Madame, 5 liv. 14 s. 2 d.

« Autre mise faite par ledit Clerjaud pour repparer et abiller les pippes pour mectre les febves, la chair des bœufs et layne pour ladite nef, monter l'artillerie et abiller le grenyer pour mectre le bien cuyt en ladite nef, de laquelle mise lesdits Bureau et Goland ont remboursé ledit Clerjaud de la moitié, 9 liv. 8 s. 9 d. ; part de Madame, 4 liv. 15 s. 4 d.

« Autre mise faite par ledit Clerjaud pour les cousturiers qui ont taillé, fait et coudu les tresez de ladite nef, de laquelle mise lesdits Bureau et Goland ont remboursé ledit Clerjaud de la moitié, 10 liv. 17 s. 6 d. ; part de Madame, 5 liv. 8 s. 6 d.

« Autre despence et mise faicte par ledit Clerjaud pour les despens en pictance des charpentiers, galefecteurs, charroieurs, seyeurs de bois, cousturiers, boulengiers qui ont fait le bien cuyt et autres qui ont esté à besoigner pour le fait de ladite nef, de laquelle mise lesdits Bureau et Goland ont remboursé ledit Clerjaud de la moitié, 41 liv. 15 s. 7 den. ; part de Madame, 20 liv. 17 s.

« Autre mise... pour le fait de ladite nef, 38 livres 17 s. 7 d. ; part de Madame, 19 liv. 8 s. 9 d. ob.

« Autre mise... pour le bois à faire cuyre le bien cuyt, 14 liv. 15 s. ; part de Madame, 7 liv. 17 s. 6 d.

« Autre mise » où l'on remarque cet article : « Baillé à deux hommes qui allèrent de Thalemond jusques en Brouage, par commandement du capitaine de la nef et desdits Bureau et Goland pour cuyder vendre la nef de la prinse d'Engleterre », 42 liv. 15 s. 1 den. ob.

« Autre mise, 70 liv. 16 s. 1 d. ob.

« Mise faicte par Jehan Clerjaud, recevveur d'Olonne, pour le fait de la nef de ma dite Dame, depuis la venue de ladite nef, laquelle vint en moys de novembre l'an mil IIII^c IIII^{xx} douze et demeura en l'isle de Ré, 4 liv. 12 s. 2 d. ob. ; part de Madame, 46 s. 1 d.

« S'ensuyvent les mises... pour la nef d'Angleterre, tant pour la partie de ma dite Dame, qui est pour la moytié, et aussi pour mons^r de l'Espinaye et Jehan Golant, recepveur de Thalemond, 14 liv. 15 s. 8 d. ; part de Madame, 11 liv. 1 s. 9 d. »

Chartrier de Thouars. Cah. pap.

1493, (v. s.), 30 janvier. L'Ile-Bouchard. — Mandement de
Gabrielle de Bourbon à son receveur de L'Isle-Bouchard.

« De par la dame de La Trémoille, vicontesse de Thouars, contesse de Benon, et princesse de Talmond.

« Receveur de L'Isle-Bouchard, nous avons ordonné estre fait en ceste présente année, par Martin Grignon, ung millier de proyngs en noz vignes dudit lieu, au pris de cent solz pour ledit millier, et aussi avons ordonné audit Martin trente solz tournois pour essermantez nos dites vignes ; pour ce paiez le ainsi qu'il fera besougner audit pris. Et en rapportant ces présentes, etc.

« Donné en notre château de L'Isle-Bouchard, le penultime jour de janvier, l'an mil IIII^c IIII^{xx} et treze.

« GABRIELE DE BOURBON. »

Chartrier de Thouars. Orig. pap.

1494, 2 juillet. Thouars. — Mandement de Gabrielle de
Bourbon aux auditeurs de ses comptes.

« De par la dame de La Trémoille, vicontesse de Thouars, etc.

« A nos chiers et bien amez les audicteurs de noz comptes, salut.

« Nous voullons et vous mandons que passez et allouez à Jehan Chardon, notre receveur à L'Isle-Bouchard, en la mise et despence de ses prouchains comptes, la somme de treze livres tournois que luy devons, pour six peaulx de vaches toutes prestes à mestre en euvre, et deux douzaines de peaulx de mouton, que ledit receveur nous a fait amener de L'Isle-Bouchard en cette ville de Thouars pour couvrir notre chariot. Et n'y faictes aucune difficulté.

« Donné en notre chastel de Thouars, le deuxième jour de juillet, l'an mil IIII^c IIII^{xx} et quatorze.

« Gabriele de Borbon. »

Chartrier de Thouars. Orig. pap.

1494. — Extrait du 5e compte de Jean Motais.

« A baillé Motays, par commandement de Madame (de La Trémoille) la somme de » 251 liv. 7 s. « pour le parfaict de la somme de » 951 liv. 7 s. « en laquelle somme Monseigneur (de La Trémoille)... estoit obligié et tenu à une nommée La Valete, de Lyon, pour draps d'or et de soye et de layne qu'il prinst d'elle quant il ala en ambassade pour le roy en Almeigne... » 251 liv. 7 s.

« Plus a baillé ledit Motays à ma dite Dame, pour la perte de la fonte de ses chesnes et lingot d'or, la somme de » 98 liv. 3 s. 4 d. « qui ont esté converties en escuz au soleil à Lyon pour envoyer à mondit Seigneur pour son dit voyage de Naples... » 98 liv. 3 s. 4 d.

Chartrier de Thouars. Cah. parch.

1497. — *Extraits du 8ᵉ compte de Jean Motais, relatifs à « l'avitaillement » du château de Nantes.*

« A mis et employé ledit Motais, par mandement de Monseigneur, escript à Tours » le 5 septembre 1497, « la somme de » 86 liv. 7 sous tournois ; « pour l'achapt de quarente sextiers de froment, mesure de Nantes, » 68 liv. ; « pour le port dudit froment depuis la rivière jusqu'au chasteau, » 22 sous 6 den. tourn. ; « pour l'achapt de sept coustez de lart, » 10 liv. 13 sous. « Item, pour 6 livres et demye de suif à faire chandelle », 6 liv. 5 sous. « Pour six livres et demye de fillet gros pour faire moche à la dicte chandelle », 6 sous, 6 deniers. Lesquelles choses ont été achaptées audit lieu de Nantes et mises au chasteau pour l'avitaillement de la place... »

« Pour l'achapt de quatre grans beufz gras convoiez audit lieu de Nantes pour l'avitaillement dudit chasteau, la somme de » 31 liv. 10 sous, « comprins » 20 sous « pour la despence desdits beufs et de ceulx qui les ont menez depuis Mauléon jusques audit lieu de Nantes... »

« Pour l'achapt de dix porceaux, seel pour les saller et charniers pour les mectre », 32 liv. 19 sous 4 deniers tourn. « Pour l'achapt d'une pipe d'uylle de noiz », 18 liv. 10 sous, « et la voicture des dites choses depuis L'Isle-Bouchard jusques à Nantes », 6 liv. « Pour ce, cy, 56 liv. 19 s. 4 d.

Chartrier de Thouars. Reg. parch.

*1498, 17 novembre. Sully. — Mandement de Gabrielle de Bourbon
au receveur de Sully.*

« Receveur de Sully, nous vous mandons que tiegné quicte et deschargé le mestaier de La Caille, de deux muytz de seille que luy avons donné sur la ferme qu'il peut devoir en présente année, à cause dudit lieu de La Caille, pour pitié et aumosne qu'avons eu de luy pour la baterie de gresle qui y a esté en ceste dite année...

« Donné à Sully, le XVIIe jour de novembre, l'an mil IIII^c IIII^{xx} dix huit.

« Gabriele de Borbon. »

Chartrier de Thouars. Orig. pap.

1498. — « Parties prinses pour monseigneur le prince.

« ... Pour une chambre louée pour monseigneur le prince, pour veoir l'entrée du roy (Louis XII à Paris), X liv. X sols. »

Ch. de Thouars. Extrait d'un compte de 1498.

*1498. — Extraits d'un compte de Jean Motais, relatifs à la garnison
du château de Nantes.*

« Baillé et payé par le dit Motais, par mandement de Monseigneur (de La Trémoille) escript le XVIIIe jour d'avril après Pasques, l'an mil IIII^c IIII^{xx} XVIII, à cinquente hommes que Monseigneur a envoiez à Nantes de ranfort pour aider à garder le chasteau du dit lieu, la somme de « 200 « livres tournois, qui est au fur de quatre livres tournois pour homme, pour ung mois, commançant le XXVe jour dudit mois d'avril et finissant le XXIIIIe de may ensuivant, comme appert par le rolle qui a esté faict des dits cinquente hommes, signé de Merlin de Cordebeuf, seigneur de Beauvergier, lieutenant du dit chastel de Nantes… », 200 livres.

Achat de 80 « septiers de seille, mesure du dit lieu de Nantes, » pour la garnison du château, 130 livres.

Achat de « fil d'arbaleste, coliers à faire tenir chevaulx » et dépenses « pour faire mouldre le molin, et pour bois à faire traict, » 9 liv. 3 sous 8 deniers.

« Pour certaines choses nécessaires pour l'acoustrement du chastel dudit lieu de Nantes, » 10 liv. 11 s. 6 d.

« Pour conduire » 50 « pippes de vin prinses tant à L'Isle-Bouchart que à Rochefort, qui ont esté menées et conduictes à Nantes, » 21 liv. 2 s. 5 d.

Chartrier de Thouars. Reg. parch.

1500. — Extraits du 11e compte de Jean Motais.

« A baillé Motais à Madame (de La Trémoille) content la somme de » 200 liv. tourn. « pour emploier en certaines reparacions et accoustremens faiz ou chasteau de Thouars pour la venue du Roy, comme appert par le mendement de madite Dame, escript le XXVIII⁰ jour d'octobre (1500)... »

« Pour un voyage du dit Motays, ou moys de mars » 1499, de Thouars « à Nantes, devers les gens des finances de Bretagne, cuider lever les descharges des » 2.500 liv. « pour la recompence des artillerie, pouldres et autres choses estans ou chastel de Fougières, alors que Monseigneur (de La Trémoille) le rendyt à la royne, que ledit Motais ne trouva audit Nantes, ouquel voyage le dit Motais a demouré quatre jours, pour ce, cy, » 60 sous.

Chartrier de Thouars. Reg. parch.

1501. — *Extraits du 12ᵉ compte de Jean Motais.*

« A payé le dit Motais... la somme de » 56 écus « couronne, seavoir est à Jehan du Boys, dit Riflart, varlet de chambre du roy, » 50 écus, « et aux joueurs de farces qui ont esté aux nopces de monseigneur le prince », 6 écus.

« A baillé et payé ledit Motais... à maistres Jehan Guibert, Guillaume Régnier, bailly de Sully, Jehan Lemousin, seigneur de Bouldroux, qui sont venuz à L'Isle-Bouchart pour traictier le mariage de mondit seigneur le prince, à chacun » 75 liv., « et à ung tabourin qui a esté aux nopces, la somme de » 6 écus, « montans les dites parties ensemble la somme de » 85 liv. 10 s. tourn.

Chartrier de Thouars. Reg. parch.

1502. — Extrait du 13ᵉ compte de Jean Motais.

« A payé ledit Motais, par mandement de Monseigneur (de La Trémoille) escript le » 9 février 1501 (v. s.), « à Jehan de Vouvray, armeurier, demourant à Tours, la somme de » 52 liv. 10 s. tourn. « qui deue luy estoit pour les harnois qu'il a baillez à monseigneur le prince... »

« A baillé ledit Motais par autre mandement de Monseigneur, donné au lieu de L'Isle-Bouchart, à Estienne Renazé, marchand peletier, demourant à Tours, le » 9 mars 1501 (v. s.), la somme de 380 liv. 12 s. 6 d. tourn. « que mondit Seigneur lui devoit pour ung grant manteau, six douzaines et cinq peaulx de jannetes noyres, qui ont esté prinses de luy pour fourrer une robe à monseigneur le prince à ses nopces... »

Chartrier de Thouars. Reg. parch.

1503. — Extrait du 14ᵉ compte de Jean Motais.

« A baillé et payé la somme de » 119 liv. 7 sous 6 den., « savoir est, pour la faczon de quatre flacons, deux aiguières d'argent, pesans quarante marcs, au pris de » 12 s. 6 den. « le marc », 25 liv. ; « pour deux marcs d'argent pour parfaire les dites choses », 22 liv. 10 sous ; « pour ung cierge envoyé à Notre-Dame de Recouvrance à Lodun, » 35 liv. ; « deux veages que en a envoyé en Aux, devers monseigneur d'Aulx », 15 liv. ; « à monseigneur de Fromenteau pour sa despence à aller à l'enterrement de monseigneur de Bourbon » 21 liv. 17 s. 6 deniers, « comme tout ce appert par acquit de Madame, donné à L'Isle-Bouchart, le V⁰ jour de novembre oudit an » 1503.

<small>Chartrier de Thouars. Reg. parch.</small>

1503 (v. s.), 29 février. Thouars.— Mandement de Louis II de La Trémoille au sujet d'un pèlerinage à Saint-Jacques de Compostelle.

« Procureur et receveur de l'isle de Ré, nous avons promis ung veu à monseigneur Saint-Jacques de Compostelle en Galice, c'est assavoir faire ung sierge poisant cent livres de cire. Pour ce, trouvez homme seur pour y aller et marchandez à luy, tant pour faire le véage que pour le passage et aussi sa despence. Et vous receveur, baillez luy argent pour les dites choses, selon le dit marché et aussi pour faire faire le dit sierge audit lieu, du poix dessus dit, selon qu'il sera advisé par entre vous. Et en rapportant, par vous dit receveur, ces présentes, avecques certiffication dudit procureur, de la mise qui aura esté faicte, aussi certiffication de ceulx de l'esglise monsʳ Saint-Jacques d'avoir reçu l'offerte dudit cierge à mon intention, et coment mon dit véage aura esté fait, ladite mise sera allouée à vous dit receveur en la mise et despence de voz prochains comptes par les auditeurs d'iceulx, ausqueulx nous mandons ainsi le faire sans aucune difficulté.

« Donné en nostre chasteau de Thouars, le XXIX⁰ jour de février, l'an mil cinq cens et troys.
                                                    « L. DE LA TRÉMOILLE. »

« Ordonnez à celuy qui ira de faire dire une grant messe et troys petites au dit lieu de Saint-Jacques, et qu'il en apporte certiffication comme du surplus. »

Chartrier de Thouars. Orig.

1503 (v. s.), 15 mars. La Rochelle. — Lettres de « Francoys Joubert, escuier, seigneur de Bourlande, séneschal de la terre et seigneurie de l'ysle de Ré », par lesquelles il fait savoir que « messire Guillaume Boulain, prêtre, homme devocieulx et suffisant », a été chargé d'accomplir le pèlerinage de Saint-Jacques de Compostelle pour Louis II de La Trémoille.

Chartrier de Thouars. Orig.

1503 (v. s.), 20 mars. — « Jehan Cotereau, procureur de l'isle de Ré », certifie que « Thomas Beraudeau, receveur de ladite isle, a baillé et paié pour les fraiz, mises et despens du pèlerin... envoyé par le commandement de » Louis II de La Trémoille, « au voiage de mons^r Sainct-Jacques de Compostelle en Galice, les sommes de deniers qui s'ensuivent, c'est assavoir audit pèlerin,... LII livres X s. tourn. ; » pour certaines autres causes, comme de « trouver navire pour porter le dit pèlerin, et pour faire partir le dit navire, la somme de LXX sols... »

Chartrier de Thouars. Orig.

1504, 12 juin. Thouars. — *Décharge donnée par Gabrielle de Bourbon à Jean Motais.*

« Nous Gabrielle de Bourbon, dame de La Trémoille, vicontesse de Thouars, contesse de Benon et princesse de Thallemont, confessons avoir receu de Jehan Motais la somme de quatre vingts unze livres cinq solz tournois, laquelle somme a esté par nous baillée à Pierre Courau, nostre pallefrainier, pour aller, en ensuyvant le vouloir de Monseigneur, au landy à Paris pour achapter des chevaulx pour mondit Seigneur...

« Donné à Thouars, le XIIe jour de juign, l'an mil cinq cens quatre.

« GABRIELE DE BORBON.

« DE LAVILLE. »

<small>Chartrier de Thouars. Orig. pap.</small>

1504 (v. s.), 9 mars. Thouars. — *Mandement de Gabrielle de Bourbon à Jean Motais.*

« Jehan Motais, nous vous mandons que baillez et délivrez présentement à Estienne Motais la somme de six vings livres tournois pour faire la dépense et mise de nostre filz, qui s'en va à Tours, pour essayer son harnois et soy acoustrez...

« Donné à Thouars, le IXe jour de mars, l'an mil cinq cens et quatre.

« GABRIELE DE BORBON. »

<small>Chartrier de Thouars. Orig. pap.</small>

1505, 23 septembre. Thouars. — *Quittance de Gabrielle de Bourbon pour les couches de sa fille.*

« Nous Gabrielle de Bourbon, dame de La Trémoille, etc., confessons avoir receu de Jehan Motais, la somme de cent cinquante livres tournois, pour employer ès mises qu'il nous convient faire pour l'acoustrement de nostre logis que faisons faire présentement pour les couches de nostre fille...

« Donné en nostre chasteau de Thouars, le XXIIIe jour de septembre, l'an mil cinq cens et cinq.

« GABRIELE DE BORBON.

« DE LAVILLE. »

Chartrier de Thouars. Orig. pap.

1505, 28 octobre. Thouars. — *Décharge donnée par Gabrielle de Bourbon à Jean Motais.*

« Nous Gabrielle de Bourbon, dame de La Trémoille, etc., confessons avoir receu de Jehan Motais, la somme de vingt escuz solleil qu'il nous a baillez pour paiez les sages femmes qui ont esté à l'acouchement de nostre fille... »

« Donné à Thouars, le XXVIIIe jour d'octobre, l'an mil cinq cens et cinq.

« GABRIELE DE BORBON.

« DE LAVILLE. »

Chartrier de Thouars. Orig. pap.

1506 (v. s.), 16 janvier. — « Guillaume Bailly, maistre charpentier, demeurant à Saint-Lo, près Angiers, » confesse avoir reçu « de très haulte et puissante dame, madame la vicontesse de Thouars, par les mains de Marquis de Vere, escuier », la somme de 80 livres tournois « sur le marché de la charpente de l'église Nostre-Dame » du château de Thouars.

<small>Chartrier de Thouars. Origin. parch.</small>

1507. — Extrait du 18° compte de Jean Motais

« A baillé et payé ledit Motais, par mandement de monseigneur le prince, donné à Thouars, le », 7 mars 1506 (v. s.), « à monseigneur l'abbé de Mauléon, la somme de » 700 liv. tourn. « pour le rembourcer de semblable somme que mondit seigneur le prince a emprunté de luy, pour employer en sa despence à aider à faire le voyage d'Ytalie où il est allé avecques le roy... »

<small>Chartrier de Thouars. Reg. parch.</small>

1508-1510. — Nef de Louis II de La Trémoille.

Ce « navyre, du port de douze cens tonneaux, » fut construit à Taillebourg de 1508 à 1510, sous la direction d'Alain Le Scau, Breton, maître charpentier. Celui-ci recevait 20 livres par mois, comme salaire, et ses compagnons 6 livres. Le bois de construction fut pris dans la forêt de La Rochelle. Le 2 juillet 1510, on fit venir 66 pièces de bois pour « faire les bateaux de ladite nef. »

Le 8 octobre 1509, « Yvon le Majour, forgeur d'artillerie », bailla pour la dite nef, 6.922 livres 1/2 de fer « converti en six grosses pièces d'artillerie, » pour la somme de 403 livres 16 sous 3 deniers tournois; 8 « marteaulz ancrez, » pesans 63 livres; 14 « ancreures,... faisans les dits marteaulx, guymbelez et ancreures » 6 livres, 8 sous, 6 deniers tournois. Le même Yvon fournit plus tard « une pièce d'artillerie nommée passe-volant » et 6 autres pièces d'artillerie.

Le 16 novembre 1509, Guiot Boullet, menuisier, fit marché pour faire 12 chambres dans la dite nef et « une chambre soubz le chastel gaillard, de » 18 à 20 pieds de long, 6 pieds de large « sur le devant de la nef, et de » 5 pieds « sur le darrière; ung challet dedans la dite chambre, une table à couppletz, ung petit dressoire, une armoize pour mectre la viende et une petite coullisse, » pour le prix de 14 livres tournois.

Le 8 mars 1509 (v. s.), « mons^r le commissaire » vint « veoir et visiter le navire, » on paya 5 sous pour sa dépense à l'hôtel.

Du 22 au 26 avril 1510, la nef fut tirée « à la cordelle depuis le port de l'Ospitault » jusques à La Rochelle. Le 22 avril, 90 hommes furent employés à ce travail, le 24, 59 hommes, et le 26, 10 hommes seulement.

Le 24 avril, « le secrestain de Loumée » reçut 5 deniers tournois « pour avoir sonné les sainz au départ de la nef. »

Le 27 avril 1510, « ceulx de Saint-Sauvion et autres » vinrent à Rochefort « pour deliberer où seroit mastée la dicte nef. »

Le total des dépenses pour la construction du navire de Louis II de La Trémoille s'éleva à la somme de 18.082 livres, 8 sols, 8 deniers tournois. Le roi accorda pour l' « entretenement » de cette nef, 612 livres 10 sous pour six mois.

<small>Chartrier de Thouars.</small>

1510, 19 septembre. — « *Parties de monseigneur de La Trémoille deues à Thibault Tardif et Jehan Claveau, marchans suyvans la court.*

« ... Le XIXe jour de septembre mil V^c et dix, livré à mons^r de Narczay, maistre d'hostel de mondit Seigneur, XXXIII aulnes taffetas large, moictié gris et moictié rouge, pour faire ung estandart, avecques quatre bannières pour le navire de Monseigneur, pris fait à mondit seigneur le maistre à XXX s. tourn. aulne, pour ce, LI liv. »

<small>Chartrier de Thouars. Orig. pap.</small>

1510, 29 septembre. — *Quittance de Pierre de Rechignevoisin « tabourineur ».*

En la présence de « Jehan Mesle, prebtre, notaire de la court du doyen de Thouars, Pierre de Rechignevoisin, tabourineur de monseigneur de La Trémoille, » confesse avoir reçu la somme de 6 livres tournois sur ses gages de l'année.

<small>Chartrier de Thouars. Orig. pap.</small>

1510 (v. s.) 26 février. — *Quittance de René Pannetier, horloger.*

« Je Regné Pannetier confesse avoir receu de Simon de La Ville la somme de dix livres tournois sur l'ouvrage de l'orloge que je fais pour haulte et puissante dame, madame de La Trémoille, à mectre en l'esglise Nostre-Dame, et de ladicte somme de X livres tournois je me tiens content par ces présentes signées de ma main, le XXVI° jour de février l'an mil cinq cens dix. »

« RENÉ PANNETIER. »

Chartrier de Thouars. Orig. parch.

1510 (v. s.) 11 mars. Mirebeau. — *Mandement de Louis II de La Trémoille à Jean Motais, pour l'emploi de différentes sommes d'argent.*

« Jehan Motays, nous voullons et vous mandons que des deniers que vous donnons charge de recevoir, qui est dix mil livres de pencyon; pour le gouvernement de Bourgongne, quatre mil livres; pour noz gaiges d'admyral de Guyenne, troys mil livres; et pour la pencyon que le roy nous doint pour l'entretenement de notre navire, douze cens vingt cinq livres, qui est en somme toute dix huit mil deux cens vengt cinq livres pour ceste année, commancée le premier jour de janvyer derrenier passé, vous ballez à notre filz douze cens livres, et du reste, montant dix sept mil vingt cinq livres, vous nous ballez par quartier quatre mil deux cens cinquante six livres cinq solz.

« Oultre, vous mandons recevoir nos gaiges de notre admyraulté de Bretaigne, montant la somme de douze cens livres, et d'icelle somme ballez à Guillaume Mesnager, sur ce que nostre fille luy doit, deux cens soixante dix livres, et à Jehan Guibé, notre visadmiral de Bretaigne, deux cens livres.

« Plus voullons que recevez la somme de six cens douze livres dix solz qui nous est deue pour l'entretenement de notre dit navire et demye année finie le derrenier jour de décembre derrenier passé; sur laquelle somme ballez à Pierre de Chazerac, notre lieutenant au chasteau d'Auxonne, la somme de deux cens soixante et douze livres, et à Jacques de Plaisance, pour son entretenement en notre service, vingt livres, Nicolas de Perrelles, à dix livres.

« Et, en rapportant ces présentes et recongnoissance d'avoir ballé lesdites sommes et chacunes d'icelles, elles vous seront passeez et allouéez en la mise de voz prochains comptes, par les auditeurs d'iceulx commis ou à commectre, ausquelz mandons ainsi le faire sans difficulté.

« Donné à Myrebeau, le XIe jour de mars l'an mil cinq cens et dix.

« L. DE LA TRÉMOILLE. »

Chartrier de Thouars. Orig. pap.

1512, 14 décembre. — *Quittance donnée par Alexandre Guenyveau pour « la vendicion des ymages de Nostre-Dame et de saint Gabriel. »*

« Je Alexandre Guenyveau, prebtre, demourant à Doué, confesse avoir receu de André Amy, maistre maczon de l'ouvraige de l'esglise Nostre-Dame ou chasteau de Thouars, la somme de cinquante cinq livres dix solz tournois, à cause et pour raison de la vendicion des ymages d'une Annonciation, c'est assavoir d'ung ymage Nostre-Dame et d'une ymage de saint Gabriel, que j'ay baillez pour mectre en la dicte esglise, qui ont esté marchandez par Madame à la dicte somme, de laquelle somme de LV livres X sols tournois je me tiens contant, par ces présentes, lesquelles j'ay signés de ma main, le XIIIIe jour de décembre l'an mil cinq cens douze.

« A. Gueniveau. »

Chartrier de Thouars. Orig. pap.

1512-1513. — *Extraits du « Pappier de la mise extraordinaire de la maison de Madame commençant le premier jour d'aoust mil cincq cens et douze.*

« Le jeudi, XIXe jour d'aoust, (donné) à ung passent lequel a joué un mistère devant madame la princesse, par commandement de Madame (de La Trémoille), et pour ce, X sols... »

« Le mercredi, XXV° jour dudit moys, à l'omme de monsʳ de Bresdon pour six pères de lunettes envoyées à Madame, et pour ce, XII sols... »

« Le mardi, VIII° de febvrier (1512 v. s.), à deux menyetriers, pour avoir sonné ledit jour par commandement de Madame, et pour ce, II sols VI deniers... »

« Le derrenier jour du moys de juing (1513), à ung couleporteur pour une paire de patenoustre pour Madame, achaptée par son commandement, à la somme de cinquante solz tournois, et pour ce, L sols... »

Chartrier de Thouars. Cahier papier.

1513. — Extrait du 24ᵉ Compte de Jean Motais, où il est question de l'avitaillement des navires du roi.

« Pour un veaige que ledit Motais a fait ou mois de mars » 1512 (v. s), « partant de Thouars pour aller à L'Espinay devers le trésorier de Bretaigne cuyder luy faire expédier une descharge, que ledit Motais ne trouva, pour ce qu'il estoit allé à Brest faire avitailler les navires du roy pour les mectre en guerre sur la mer, ouquel veage il a demouré cincq jours, pour ce cy, » 75 sous.

Chartrier de Thouars. Reg. parch.

1514. — Extraits d'un Compte de Jacques Meance.

Par acquit, appert que Jacques Meance a payé la somme de quarante livres, cinq solz tournois, c'est assavoir XXV liv. V s. pour l'achapt d'ung callice et chainettes, le tout d'argent, pour la chappelle de mondit Seigneur, et XV liv. pour une robbe et chapperon de deueil que mondit Seigneur a donné au s^r de La Bessière pour le deueil de la feue Reyne, en date ledit acquit du XXIe avril l'an mil cinq cens quatorze, pour ce..................... XL liv. V s.

« Item, par autre acquit du XXIXe jour dud. moys d'aougst, a payé ledit Jacques Meance, la somme de trante escuz pour ung harnoys complet à maistre Loys Merveilles, armurier du Roy, qu'il avoit baillé par ordonnance de mondit Seigneur à Jacques de Gynarley, vaillant lesdits XXX escus, cinquante deux livres, dix sols tournois, pour ce........................... LII liv. X s.

« Item, le VIe jour d'octobre oudit an mil cinq cens quatorze, a baillé ledit Meance, pour deux cadrans, l'ung pour Monseigneur et l'autre pour Madame, trante huyt livres cinq solz tournois, pour ce.................................... XXXVIII liv. V s.

« Item, par autre acquit du VIIe octobre oudit an, appert que ledit Meance a payé à maistre Jehan Moreau la somme de quarente huyt livres, unze sols, huyt deniers tournois, assavoir XXXVIII liv. XIII s. IIII d. pour sa deppence de XXXVIII journées et deux disnées qu'il est demouré en court et à Paris pour les affaires de Monseigneur, depuis le XXIIIIe jour d'aoust jusques au IIe d'octobre oudit an; IIII liv. XIII s. III d. pour la deppene de IX journées et une disnée d'ung mulletier et d'ung mullet, d'estre demourez audit Paris ; pour faire apporter les habillemens que Monseigneur feist faire auxdites nopces du Roy et de la Royne Marie d'Angleterre, LXXVIII s.

« Item, a baillé ledit Meance à Nycollas de Perelles la somme de vingt deux livres dix solz tournois, pour sa deppence d'ung mois, d'aller à Lyon pour les affaires de monseigneur de Mezières estant prisonnier en Souysse, comme appert par l'acquit du XXIIIe jour novembre oudit an mil cinq cens et quatorze, pour ce. XX liv. X s.

« Item, par autre acquit du XXIXe jour dudit moys de décembre, appert comme ledit Meance a payé cent neuf livres, six solz, neuf deniers tournois, assavoir : Pour six boutons d'or, pesant VII escus sol. II deniers et I grain, pour servir aux robbes de Monseigneur, et pour la façon desdits boutons XVII liv. XVIII s. III d. Pour XII autres boutons d'or pour aussi servir aux robbes de mondit Seigneur, pesant XXIII escus, et pour la façon, XLVI liv. Pour une pastenostre de cristal et deux de jaspe noyr et vert et une de lignun aloès, XI escus sol. vallans XXI liv. III s. VI d. Pour XI bagues d'or ouvrées VII escus sol. vallans XVIII liv. IX s. VI d. Pour X autres bagues d'or ouvrées VII liv. VII s. VI d. pour Monseigneur qu'il a faict achapter pour donner aux estraynes. Baillé à la Brosse, page de mondict Seigneur, pour le jeu, LXVIII s. tournois. Qui est ladite somme de CIX liv. VI s. IX d.

Item, le IXe jour dudit moys de janvier l'an mil cinq cens quatorze, ledit Jacques Meance a payé la somme de neuf vingts six livres, cinq sols, troys deniers tournois, pour les parties qui s'ensuyvent : Pour le deul que Monseigneur a pris du feu Roy Loys, c'est assavoir : Pour IIII aulnes et demye drap noyr à faire une robbe à chevaucher pour Monseigneur, à·IIII liv. V s. aulne, XIX liv. II s. VI d. Pour V aulnes III cartiers drap noyr à faire une grant robbe longue et ung chapperon de deuel à chevaucher pour Monseigneur le prince, XXIIII liv. VIII s. IX d. Pour quatre et demye aunes drap noyr pour faire une robbe à chevaucher pour monseigneur le prince, à IIII liv. aulne, XVIII liv. Baillé au Bacle, La Bessière, Georges de Chargé, Bauche, Chautray, Camellot, Puibouillart, Choisy, Le Clezeau, La Chappelle Barroyn, Moricault, le compère Botaille, gentilzhommes de mondit Seigneur et de mondit seigneur le prince, à chacun d'eulx quatre escuz pour achapter des robbes noyres de dueil, qui sont LII escuz sol., vallans CLII s. Pour VIII aulnes soye noyre à doubler la robbe à chevaucher de Monseigneur, LXII s. Pour X aulnes aultre drap noyr à faire quatre robbes pour quatre pages de mondit seigneur le prince, à XXV s. aulne, XII liv. X s. Pour III aulnes drap noyr à faire ung seon pour mondit seigneur, à X s. aulne, IX liv. Qui est en tout ladite somme de. IX^{xx} VI liv. V s. III d.

« Item, par autre acquit du XXIIe février oudit an mil cinq cens quatorze, appert que ledit Jacques Meance a payé la somme de douze cens unze livres neuf solz tournois, pour partie d'ung acoustrement que Monseigneur a faict faire pour luy servir à l'entrée du Roy à Paris, assavoir : Pour V aulnes III quartiers et demy tiers toille d'argent, achapté en ville, c'est assavoir IIII aulnes III quartiers, IIII^{xx} XV escuz, et une aulne demy tiers, XXV escus sol., lesdits escus à XXXVIII s. VI d., pour partie dudit acoustrement, II^c XXXII liv. X s. Pour XV mars VI onces fil d'or de Fleurance à faire franges à franger ledit acoustrement, au prix de X escus sol, le marc, III^c III liv. III s. IX d.

« Pour la façon de VIII^{xx} VI aulnes I quart frange de fil d'or, à III s. aulne, XXIIII l. XVIII s. IX d.

« Pour IIII livres, II onces VI gros soye noyre pour faire franges à franger, au prix de VIII liv. la livre, XXIII liv. VII s. VI d.

« Pour la façon de VIII^{xx} VIII aulnes et demye demy quart frange de soye noyre, au pris de II sols aulne XVI liv. XVII s. III d.

« Pour IIII onces soye noyre à faire franges, XLIIII s. Pour la façon de cent aulnes franges de fil d'or et de soye, au prix de XV d. aulne, VI liv. V s.

« Pour la façon de XXXVI esguillettes pour servir aux bardes, lesquelles esguillettes sont de fil d'or et soye grize et noyre, XXX s.

« Pour la façon d'une aulne de cordon de fil d'or, V s.

« Pour la façon d'une hoppe et de deux boutons de fil d'or pour servir à la barde et pour le fil d'or qu'il a entre esdits boutons, VI s.

« Pour une once fil d'argent pour couldre les rasouers estans sur les rouhes dudit acoustrement, VL s.

« Pour IIII aulnes bougran à doubler le corps et quartiers dudit acoustrement, XXX s.

« Pour une aulne I tiers taffetas rouge de Gennes, à doubler les manches dudit acoustrement, XLVI s. VIII d. Pour la façon dudit acoustrement, marché faict aux brodeurs, à IIII^c L liv. tour. et X escus pour leur vin, qui est en tout pour la façon, IIII^c LXIX liv. VII s. VI d.

« Pour la doreure des harnoys de Monseigneur et pour une paire estriefs neufz doréz, XII escus sol., vallant XXIII liv. V s.

« Pour XVI boucles, une paire d'esperons et une autre paire estriefz, le tout doré, XI escuz sol., vallant XXI liv. VI s. III d.

« Pour deux chappeaux à poil raz, l'ung cramoisy, l'autre gris, LVI s.

« Pour plumes à couvrir lesdits chappeaux et plumars, X escuz sol., vallans XIX liv. VII s. VI d.

« Pour I quart sattin gris à couvrir les corroyes du harnoys de mondit Seigneur, VIII s. IX d.

« Pour II douzaines esguillettes de soye à servir à l'acoustrement de Monseigneur, VIII s.

« Pour deux chappeaux, l'ung tanné et l'autre noir à poil bandéz de taffetas, louez au barbier, XL s.

« Pour III quartz et demy velloux cramoisy pour faire ung bonnet pour Monseigneur, à X escus sol. l'aune, XVI liv. XVIII s. X d.

« Pour III quars et demy velloux noyr pour faire ung autre bonnet pour mondit Seigneur, au prix de III escus sol. aulne, VII liv. XIIII s. IX d.

« Pour la lettre de l'obligacion faicte par les brodeurs de faire ledit acoustrement, VIII s.

« Pour III clefs pour les coffres de bardes et harnoys de mondit Seigneur, II s. VI d.

« Pour deux bonnetz bandez de taffetas, pour les deux façons, IIII liv.

« A Pierre Joubert, cellier, pour une couverture à la celle du coursier de mondit Seigneur, avoir nectoyé l'armure estant en ladite celle et faict autre chose rapporté par Rochegandon, VIII escuz sol. vallans XV liv. XII s.

« Item, par autre acquit du XXIXe jour de juillet oudit an mil cinq cens et quinze, appert que ledit Jacques Meance a payé la somme de deux cens trante cinq livres seze sols six deniers tour., c'est assavoir : Baillé au varlet de chambre du chancellier de France, pour le chambellage que Monseigneur a faict qu'il doit au Roy, VI liv. Pour les lettres desdits hommages qui sont XII pour Monseigneur et XII pour la Chambre des comptes, XII liv.

« Aux clercs de Robertet, pour une lettre de commission pour le sieur de Ruffé, touchant la charge des nobles de Bourgongne dont le Roy luy a donné la charge, payé par commandement de monseigneur, XL s.

« Pour XXIIII fers d'or pour servir aux robbes de Monseigneur, pesant cinq escuz et demy sol. et II grains au prix de XXXVII s. l'or de l'escu, X liv. IIII s. VI d.

« Pour la façon desdits boutons, LXXII s.

« Pour VI aulnes, II tiers et ung XIIe sattin gris broché riche, au prix de XII escuz sol. aulne, VIII^{xx} II liv.

« Pour X aulnes toille d'or grise fillée riche pour faire partie d'une robbe à chevaucher et d'ung collet que Monseigneur l'a divisée audit prix de XII escuz sol. aulne, IIe XL liv. tournois, qui est en tout ladite somme de quatre cens trante cinq livres seze solz six deniers tour., sur laquelle ledit Meance a receu de Monseigneur de l'argent de son jeu cent escuz sol. vallans deux cens livres tournois, et ainsi reste ladite somme de....... IIe XXXV liv. XVI s. II d.

« Item, a payé ledit Jacques Méance pour XII aulnes drap d'or rayé noyr pour faire ung drap mortuaire pour la sépulture de feu monseigneur le prince, comme appert par l'acquit du Ve jour d'octobre oudit an mil cinq cens et quinze, six vingts escuz sol. vallans deux cens quarante livres tournois, pour ce.. IIe XL liv.

« Item, le VIIIe jour dudit moys d'octobre, baillé à Jehan Rousseau, barbier de feu monseigneur le prince, pour amploier à la deppence du train de feu mondit seigneur le prince depuis Marignen jusques à L'Isle-Bouchart, deux cens livres tour., pour ce. IIe liv.

« Item, par ledit acquit appert que ledit Méance a baillé à Guychart David la somme de six escuz sol. que mondit Seigneur lui a ordonné estre baillé pour son sallaire d'avoir apporté de Lyon jusques à Millan XIXe IIII^{xx} VII escuz sol. à XXIII s. III d. [.....] que Claude Laurencin a envoyé à mondit Seigneur qu'il avoit receu de Jehan Sain [.....], receveur de Dijon, pour bailler à mondit Seigneur, qui est sur la somme de VI ^{m} livres de l'octroy fait à Monseigneur aux Estaz de Bourgogne, pour ce... VII liv.

« Item, le XIIIIe décembre oudit an, baillé pour l'expédition des bulles de la fondacion de l'église de Monseigneur, la somme de cinquante escuz sol. à Nycollas de Perelles qu'il a baillé à Me Jehan Chemynart, qui en a prins la charge, vallans lesdits L escuz sol. C liv.

« Item, par autre acquit, appert que ledit Méance a baillé pour l'enterrement de feu monseigneur le prince la somme de quatre cens trente cinq livres tournois, assavoir XXXV liv. à Symon de La Ville et IIII^c livres pour rembourser le commandant de L'Isle Bouchard qu'il avoit baillé par ladite cause et dont les seigneurs des Peaux et de Puibouillart luy auroient baillez leur recepissé, laquelle somme de IIII^c livres estre baillée au recepveur de L'Isle Bouchart, en date ledit acquit du pénultieme jour de février l'an mil cinq cens et quinze. Pour ce...................... IIII^c XXXV liv.

« Item, a payé ledit Jacques Meance la somme de soixante quatre livres tour., assavoir : au compère pour aller de Dissay à Lyon près le Roy luy conduire le nepveu du cappitaine Godeffroy venant d'Allemaigne, près le bailly de Montbelliard et le duc de Viscemberg, et pour autres affaires pour mondit Seigneur, XX escus sol. vallant XL livres.

« Au faulconnier dudit bailly de Montbelliart qui a apporté troys lanyers au Roy et ung lanerot à mondit Seigneur, X escus sol. vallans XX liv.

« A Genyou ? pour aller dudit Dissay en Bourgongne près l'abbé de Flavigny luy porter lettres de Monseigneur pour envoier ung religieux qu'il a, qu'on dit guérir des fiebvres, II escus sol. vallans

IIII liv. en date l'acquit du Ve jour de mars l'an mil cinq cens et
quinze, pour ce............................. LXIIII liv.

<small>Chartrier de Thouars. Cah. parch.</small>

1514 (v. s.), 31 janvier. — Gabrielle de Bourbon reconnaît avoir reçu de Joachim Marilleau différents objets d'art qu'elle avait déposés en gages.

« Nous Gabrielle de Bourbon, dame de La Trémoille, etc., confessons avoir eu et receu de frère Jouachin Marrilleau, chevallier, baron de Blisson et commandeur des commanderyes de Sainct-Jehan de L'Isle-Bouchart et de la Maison-Neufve en Bourgoigne, une salière d'or poysant ung marc sept onczes six groux, une chesne d'or poysant troys marc moyns deux grains, que luy avyons baillé en gaige pour la somme de troys cens escuz d'or soleil qu'il nous avoyt prestez à notre affaire, d'une part.

« Oultre, confessons avoir eu et receu dudit chevalier, une chesne d'or traict, une patenostres d'or esquelles y a quarente neuf grains, comprins cinq marches, et davantaige y a ausdites patenostres ung tableau d'or, plus une grant pièce d'or appellé ung desire, et une pièce d'or de Portugal, poysant dix ducatz, que luy avyons baillé en gaige, pour la somme de deux cens escuz d'or soleil qu'il nous avoyt prestez à notre affaire, par aultre part...

« Laquelle somme de cinq cens escuz d'or soleil nous confessons devoir audit chevalier à cause de pur et loyal prest, j'à piecza à nous fait, comme apparoissoit par noz cédulles. Et icelle somme de cinq cens escuz d'or soleil, dessus dits, avecques la somme de cinquante escuz d'or soleil et cinq cens livres en bonne monnaye, ce jourduy à nous prestez et livrez manuellement, nous confessons avoir eue et receue du chevalier susdit, et promectons lesdites sommes, qui sont cinq cens cinquante escuz d'or au soleil bons et de poix du coing du roy, notre sire, avecques ladicte somme de cinq cens livres tournois en douzains, luy promectons rendre et payer au plaisir et volunté dudit chevalier.

« Et, pour seurté des sommes dessus dites, avons audit chevallier susdit, baillé en gaige les pièces d'argent doré qui s'enssuyvent : c'est assavoir, une nef, d'aultre part six tasses, dont en y a une couverte, ung dé à jouer et une coppe à pié, le tout d'argent doré poysant le tout environ de six vings quinze marcs, lesquelles pièces dessus dictes le dit chevallier sera tenu nous rendre en luy payant et rendant par nous les sommes dessus déclairées et espèces dessus dites.

« Et oultre, avons consenty que, en icelluy cas, que ledit chevallier fust contrainct soy aller en Rodes ou aultrement eust nécessairement affaire des sommes dessus à nous prestées, en cas que ne luy pourryons bailler lesdites sommes, de povair engaiger ou vendre les pièces dessus déclairées par nous à luy baillées en gaige, en nous faisant premier savoir son dit affaire.

« En tesmoing de ce et de vérité, nous avons signé ces présentes de notre main et fait signer à notre requeste du seing manuel de notre procureur de notre baronnie de L'Isle-Bouchart, le dernier jour de janvier, l'an mil cinq cens quatorze.

« Gabriele de Borbon.

« Raflard, à la requeste de ladite dame. »

Chartrier de Thouars. Orig. pap.

1515, 25 septembre. L'Ile-Bouchart. — *Mandement de Gabrielle de Bourbon relatif à la mort de son fils.*

« Officiers de Rochefort, nous avons sceu le trespas de notre filz, qui a esté à ceste bataille que le roy a gaingnée à Millan contre les Souysses, dont suymes à bien grant doulleur, et vous en voullons bien advertir pour faire prier Dieu pour son âme. Et par ce advertissez-en les abbez et autres gens de dévocion de votre cartier, affin qu'ilz le facent; en oultre faire dire et celebrez des messes jucques à la somme de dix livres; et vous recepveur faites en la mise...

« Donné à L'Isle-Bouchart, le XXVe jour de septembre l'an mil cinq cens quinze.

« Gabriele de Borbon.

Chartrier de Thouars. Orig. pap.

1516, 4 décembre. Thouars. — *Circulaire de Louis de La Trémoille ordonnant des prières pour le repos de l'âme de Gabrielle de Bourbon.*

« A noz chers et bien amez les officiers de La Possonnière.

« Chers et bien amez, il a pleu à Nostre Seigneur prandre et appeller à sa part nostre très chère et amée espouze, que Dieu absoille, qui nous est la plus grosse perte que eussions sceu faire. Nous vous en avons voullu advertir ad ce que faciez prier Dieu pour son âme, et que vous receveur y employez jusques à la somme de douze livres dix solz, laquelle vous sera passée et allouhée en vos comptes. Et à Dieu qui vous ait en sa garde.

« Escript à Thouars, le IIII⁰ jour de décembre l'an mil cinq cens et seze.

« Le vostre,
« L. DE LA TRÉMOILLE. »

Chartrier de Thouars. Orig. pap.

1516, 27 décembre. — Simon de La Ville reconnaît qu'il a reçu différentes lettres qu'il s'engage à garder.

« Je Simon de La Ville confesse avoir reçu de Monseigneur les lettres qui s'ensuyvent, par les mains de Jacques de Meance, c'est assavoir, une contre-lettre de maistre Jehan du Museau, dit Morlet, par laquelle apert qu'il a presté à feue Madame cinq cens escuz soulleil, dont il a pour gage une saincture d'or faicte à C grecs entrelacez, où il y a quarante six chesnons, pesant troys mars quatre onces, et une coppe avecques le couvercle d'or, pesant troys mars et demy, en date, ladite contre-lettre, du XVI⁰ de juillet mil V⁰ douze. — Item, une autre contre-lettre de maistre Jehan Chevredrus, par laquelle luy est deu deux cens vingt huit escuz solleil, dont il a gage ung ballay en table estant en une roze esmaillé de blanc entre deux escocz, pesant une onze ung groz moins, datée ladicte contre-lettre dudit Chevredrus du IX⁰ jour d'aoust mil cinq cens quinze.

« Desquelles lettres je promez faire bonne garde à mondict Seigneur et les luy rendre et bailler ou à qui il luy plaira toutes et quante foiz que j'en seray requis.

« En tesmoing de ce, j'ay signé ces présentes de mon seing manuel, le XXVIIᵉ jour de décembre l'an mil cinq cens seze.

« De La Ville. »

Chartrier de Thouars. Orig. pap.

1516-1517. — Parties payées par Jacques Méance par commandement de Monseigneur.

«... Le XXIIIIᵉ jour de décembre, mil cinq cens et seze, baillé par commandement de Monseigʳ (de La Trémoille), à Symon de La Ville pour employer en la mise de l'obsèque de feue Madame (Gabrielle de Bourbon), que Dieu absoille, huyt vingt cinq livres tournois, cy................................... VIIIˣˣ V liv.

« Le XXVIIIᵉ dudit moys de décembre, baillé au sʳ de Piboillart pour faire faire ung service aux Carmes de Lodun, dix livres tourn. cy .... X liv.

« Le dit jour, baillé par commandement de mondit Seigneur au gardien des Cordelliers de Thoars, deux escuz soleil, cy. IIII liv.

« Le IIIᵉ jour de février oudit an mil cinq cens et seze, a payé pour six bagues d'or, en présence de maistre Jehan Bouchet, que Monsʳ a achaptées au pallais à Paris.................. XI liv.

« Le XVᵉ jour du mois de mars (1516), a payé pour la dispense du lignage de Monseigneur et mademoiselle la duchesse de Vallentinoys affin de povoir traicter le mariage d'entreulx, pour la course faicte en dilligence depuis Paris jusqu'à Romme, neuf vingts escuz soleil vallant III^c LX liv. Pour l'expédition des bulles à Romme, trante ducatz vallant LXII liv. V sols. Au secrétaire de mons^r de Bourges, pour le procès fulminé des dites bulles XV sols. Au secrétaire de mons^r de Paris, pour l'absolucion des bancs que mondit Seigneur n'avoit prins avant espouser, XL sols. Pour l'obligation faicte par le notaire de fournyr les dites bulles de dispense expédiées et à l'advocat qui a dressé le mémoyre de la dite dispense, XXV sols, cy............................ IIII^c XXVII liv. X s.

« Le Xe jour d'avril, à Adam Rondelyne, patron de la nef de Monseign^r, baillé deux cens livres tournois pour faire la myse d'aller en Rhodes quérir la dite nef où elle est demourée après le décès de feu Pérot de Peretz qui en estoit cappitaine.

« A maistre Jehan Bollu, principal du collége de Navarre, pour la pension de Jacques, bastard de Bommyers, d'ung an et demi, escheute XXIe juing mil V^c et dix sept, soixante troys livres tournois, cy..................................... LXIII liv.

« A, par commandement de mondit Seigneur, pour l'entrée de Madame à Dijon, fait la myse qui s'ensuyt : Pour chevaulx de poste qu'il a prins à aller depuis le lieu de Sainct-Pierre jusques à Dijon, VI liv. II ş. V d. — Pour V mars I^e once VI trezeaux fil d'or de Chippre, au pris de XVIII liv. le marc, vallent IIII^{xx} XIII liv. XVIII s. IX d. — Pour XXXIIII onces fil de soye jaulne my torce, à X s. once, XVII liv., et ce à faire franges pour franger une housse et ung acoustrement de la hacquenée de madite dame pour son entrée de Dijon. La façon des franges desdits fil d'or et de fil de soye et d'ung cordon de fil d'or et de soye à servir de resne à la dite hacquenée, XVIII liv. A ung cellier de Dijon, pour le harnoys de cuyr de la dite hacquenée qu'il a couvert d'une toile d'or et frangé des dites franges, aussi pour avoir aydé à faire la housse et à la franger, et, pour ce faire, est venu de Dijon jusques à Sainct-Seigne, où il a vacqué deux jours, et pour ung varlet qu'il a amené avecques luy et pour sa dite despense des dits deux jours, CX sols. Pour boucles et mordens dorez pour la dite hacquenée marchandez par maistre Estienne Jaqueron, XII liv. Pour troys aulnes et demie drap jaulne pour doubler ladite housse, IIII liv. XVI s. III d. cy.............................. VII^{xx} XVII liv. VII s. VI d.

« A payé, par commandement de Monseigneur, pour X aulnes vellours que mondit Seigneur a donné à madamoiselle des Brulles pour faire une robbe, laquelle de Brulles estoit venue conduyre Madame, à VI liv. aulne, LX liv.; VII aulnes et demie taffetas pour faire une robbe à l'uyssier qui estoit venu avecques les dites de Brulles et autres damoiselles envoyées par Madame, mère du roy, conduyre madite Dame, XI liv. V s. Pour V dyamans que mondit Seigneur a donnez, assavoir ung à Madame et les quatre aux damoiselles Beauvoys, Sainct-Severin, Montmoreau et Boysaubin, venues accompagner ma dicte Dame, depuis (illisible) jusques à Dijon, XXIX escus sol. vallent LVIII liv. Aus dites damoiselles Beauvoys, Sainct-Severyn, Montmoreau et Boysaubin que mondit Seigneur leur a fait donner, XXX escus à chacune, qui sont VI^{xx} escus, vallent II^c XL liv. A leurs serviteurs qui sont III, VII escus. A la damoiselle de madite damoiselle des Brulles, VI escus soleil vallent XII liv. Pour ce..................... III^c IIII^{xx} XV liv. V s.

« A Jehan Berrier, pour faire la despence des dites damoiselles, leur train, et de Mareuilh, Chantran, le fourrier Rouhault et le train desdites damoiselles d'eulx en retourner à la cour, troys cens livres tournois, cy................................ III^c liv.

« Le XVIe jour de juillet (1517), a baillé à Jacques de Besunce(?) pour aller de Dijon à la court porter VI tercelletz que Monseigneur envoyoit au roy et autres de la court, seze livres tourn., cy   XVI liv.

Chartrier de Thouars. Pièce papier.

1516 (v. s.), 13 mars. — Louis II de La Trémoille certifie qu'il a reçu « ung coffre ferré de fer blanc, appellé le coffre aux bagues. »

« Nous, Loys, seigneur de La Trémoille, conte de Benon, viconte de Thouars, prince de Thalemond, confessons avoir aujourd'huy receu par les mains de Paulle de Maruelh, notre maistre d'ostel, ung coffre ferré de fer blanc, appellé le coffre aux bagues, et ouquel sont noz bagues et autres riches choses, lequel coffre estoit en la voulte haulte, près notre chambre, ou chastel de Thouars, lequel coffre ledit de Maruelh a receu de Pierre de La Chappelle, sr des Peaulx, auquel avons escript nous l'envoyer. Duquel coffre et des bagues et autres choses estant en icelluy nous deschargeons les dessus dits de La Chappelle et de Maruelh, par ces présentes signées de notre main, le XIIIe jour de mars l'an mil cinq cens et seze.

« L. DE LA TRÉMOILLE. »

Chartrier de Thouars. Papier.

1517. — *Extrait d'un compte de 1517.*

« Baillé à Jehan Plesance, serviteur de (feue) madame madame de La Trémoille, ungne pastenotre d'or où est la Passion par parsonnages, pesent cinq escuz.

« Plus baillé à M⁰ Jehan de Saint-Avys quatre aultres pastenostres d'or semblable à la première, pesent ensemble XVI escuz moyns V sols VI deniers.

« L'or des cinq pastenostres monte XLI livres XIIII sols VI deniers tournois.

« Et pour la façon de la pièce I escu X deniers soleil, qu'il sont pour les cinq, XV liv. »

Chartrier de Thouars. Pièce papier.

1518 (v. s.), 1ᵉʳ janvier. — *Dîner donné à l'hôtel de La Trémoille, dit des Creneaux, à Paris, par Louis II, aux ambassadeurs du roi d'Angleterre* [1].

« Ce jour, samedi, premier jour de janvier l'an mil cinq cens et dix huit, Monseigneur (de La Trémoille) a donné a disner aux

---

[1]. Au mois de « décembre 1518, arriva à Paris l'ambassadeur du roy d'Angleterre, assçavoir le grand commandeur d'Angleterre, le cappitaine de Guynes, le grand chambeland et un évesque... Quelques jours après, furent les dits ambassadeurs festoyez de plusieurs à Paris; premièrement de madame la Régente, puis de la Royne, des prévosts et eschevins de l'Hostel de la ville ; après, de monsieur de Bourbon, de Monsieur d'Alençon, de monsieur de Vendosme,

ambassadeurs du roy d'Angleterre où se sont trouvez plusieurs seigneurs et autres, et a esté mengé cher et poisson.

Panneterie

« Pain (LV(, XIIes (douzaines) . . . . . .   110 sols.

Eschanconnerie

« A Robert Dupuys, pour une quehue vin de Beaune	20 liv.	
« A Roullet Crochet, pour ung muhy vin blanc	11 liv.	
« A Haro Ysambart, hoste du Chantier, pour ung poinçon vin blanc.	6 liv.	10 s.
« A madame de Mery, 1 muhy vin blanc . .	10 liv.	
« A Pierre, en cousteaux pour garnyr les tables		70 s.
« A luy, en seaux et buyes		16 s.
« A luy, en verres		42 s.
« A luy, sel blanc		4 s. 6 d.
« A luy, pour les portefeix qui ont porté le vin.		13 s.
« A l'appoticaire, XII cartes ypocras blanc, X cartes ypocras cleret, à XIIII sols la carte .	15 liv.	8 s.

de l'évesque de Paris, puys des cardinaulx de Boysi, Bohier et aultres prélatz ; de monsieur l'admiral, de monsieur le grand maistre, son frère, du grand bastard de Savoye et aultres plusieurs. Et y furent faictz les plus beaux banquetz qu'on n'eust sceu jamais voir. Mais après, le roy leur refit son bancquet, au lieu de la Bastille, le mercredi vingt-deuxiesme jour de décembre ensuyvant, qui fut la chose la plus solemnelle et magnifique qu'on vit jamais... ». *Journal d'un bourgeois de Paris sous le règne de François premier*, publié en 1854, par Ludovic Lalanne, pp. 74-77.

Cuisine

« A Jehan Le Doulz, XXV livres beuf . . .		10 s. 6 d.
« VI bouillons de beuf.		7 s. 6 d.
« II moutons.		30 s.
« XXIIII chappons graz	10 liv.	
« XLII chappons de pailher.	6 liv.	6 s.
« VIII cochons		48 s.
« XXX cognilz	4 liv.	10 s.
« VI^{xx}VI perdriz	18 liv.	18 s.
« XLIX begasses	6 liv.	2 s. 6 d.
« LXXI ramyers.	6 liv.	10 s. 2 d
« XXXII sercelles		53 s. 4 d.
« XXXVI pluviers.		66 s.
« (XX) XIIes (douzaines) allouettes.		46 s. 7 d.
« (IX) XIIes merles..		36 s.
« XII grans jambons		48 s.
« (VIII) XIIes piez de veau		40 s.
« (VIII) XIIes piez de mouton		16 s.
« VIII livres moelle de beuf		40 s.
« XXXVI livres gresse.		42 s.
« VIII^{xx} IIII livres beurre.	9 liv.	6 s
« II^c IIII^{xx} I livre lart	31 liv.	1 s. 6 d.
« XVI^c œufs		112 s.
« Pour ce.	112 liv.	10 s. 1 d.
« A luy, une longe beuf		12 s. 6 d.
« XII pièces beuf realles	6 liv.	

« IIII grans gigotz de mouton. . . . . . .   12 s.
« IX chevereaux . . . . 45 liv.
« XII panneaux. . . . . 24 liv.
« IX hérons et butors . . . . 18 liv.
« XXVI poulletz . . . .   78 s.
« II livres porceau . . . .   30 s.
« V [. . . . .] porceau. . . . .   50 s.
« Demie truye porceau . . . .   30 s.
« VII livres signdoulx. . . . .   10 s. 6 d.
« XV levraux. . . . . 6 liv. 5 s.

                                                            110 liv. 8 s.

« Au Prince, II saulmons. . . . .   13 s.
« III divers autres saulmons . . . .   20 s.
« III turbotz . . . .   105 s.
« IIII grans brochetz, V grans carpes. . . . 28 liv. 5 s.
« II grosses anguilles, XII moyennes et plusieurs autres . . . . 4 liv. 5 s.
« I autre grosse anguille . . . .   10 s.
« I grant brochet, XIX truyhes, X perches . 12 liv.
« XXIII tanches . . . .   30 s.
« IIII carpes, III brochetz moyens. . . . . 6 liv.
« I grant brochet, XVIII lamprayes . . . . 76 liv.
« III carpes, VI brochetons. . . . .   50 s.
« XII rayes . . . .   22 s.
« VIII[c] huystres . . . .   16 s.
« V quarterons huystres en escaille . . . .   25 s.
« Demy cent lamperon. . . . .   20 s.

« Autre poesson . . . .   14 s.
« III seches . . . .   2 s.
« Molles . . . .   8 s.
« Escargotz. . . . .   3 s.
« II^c et demy haran . . . .   40 s.
            Pour ce. . . . .   177 liv. 15 s.

« A luy, pour II^c oranges, I cent cytrons et grenades . . . .   4 liv. 5 s.
« Potz de terre et terrasses . . . .   55 s.
« Crème . . . .   10 s.
« Laict.   15 s.
« Faryne. . . . .   8 s.
« Verdure. . . . .   20 s.
« Oignons . . . .   8 s.
« A deux hommes qui ont servi à la [....].   10 s.
« II seaux et une corge de boys . . . . . .   5 s.
« V ballays. . . . .   2 s. 6 d..
« Verjust et vinaigre. . . . .   30 s.
« Sel . . . .   25 s.
« Moustarde . . . .   2 s.
« Saulcevert. . . . .   12 d.
« Cuillères . . . .   13 s.
« Pillons . . . .   3 s.
« III banes à mectre la viende. . . . . . .   20 s.
« Palles de boys. . . . .   6 s. 6 d.
« Paille. . . . .   4 s.
« A ung homme qui a apporté du logis du roy de la venayson au logis du banquet. . . . . .   1 s.

« A deux autres hommes qui apportèrent de la vesselle. 3 s. 6 d.

« Poys. . . . . 4 s.

« A des femmes qui ont servi à laver la vesselle . . . . Néant

Pour ce. . . . . 16 liv. 16 s. 6 d.

« A luy, qu'il a payé pour le louage du linge et vesselle d'estaing louhées pour ledict bancquet. . 18 liv.

« A Robert Tinturier, fruictier du roy, pour poyres en composte, pruneaux, pommes, nege, marrons, fromage de cresme, pommes de cas pendu qui ont esté servyes audict bancquet et servi à faire les dictes compostes. . . . . 8 liv.

« A Perrot du Vergier, pour le louage des broches, contre roustiers et pour avoir servy de six hommes et luy pour acoustrer les viandes du dict bancquet, six escuz soleil, et pour ce . . . . . 12 liv.

« A Jacques, qu'il a baillé à Villernoul pour faire acoustrer le linge du bancquet, comprins 1 liv. baillé aux filles d'hôtel, par commandement de monseigneur (de La Trémoille). . . . 6 liv.

«' A François Loquet, pasticier du roy, qu'il a baillé pour le dict bancquet XVI platz de chenyveaux . . . . 53 s. 4 d.

« XVI platz de petis gasteaux. . . . . 32 s.

« Façon de VII XIIes petiz pastez d'assiete. . 28 s.

« Façon, II XIIes petiz pastez d'assiete de poesson. . . . . 20 s.

« Façon, XII pastez de piez de mouton à la saulce d'hypocras. . . . . 48 s.
« Façon de XII pastez de venaison. . . . . . 30 s.
« Façon de XII pastez de begasses où il a fourny d'espices, d'eufz et de beurre. . . . . 18 s.
« Façon de XII pastez de cognilz, fourny d'eufz, de beurre et d'espices. . . . . 18 s.
« Façon de IX pastez de saulmon, fourny d'espices. . . . . 13 s. 6 d.
« XVI escussons aux armes de Monseigneur. 4 liv.
« XVI pastez de coings . . . . 4 liv.
« XVI rouhes Sainte Catherine. . . . . 64 s.
« XVI rouzes. . . . . 64 s.
« XVI platz de mesles (néfles). . . . . 40 s.
« I cent de groz mesles. . . . . 5 s.
« IIII abbesses (gâteaux). . . . . 3 s.
« I boeceau fleur . . . . 6 s.

« Pour ce. . . . . 30 liv. 2 s. 10 d.

« A Michel Nochet, pour XVI platz salade en ouvrage de fleurs, verdure, scariolle, pastenades (betteraves) et olyves. . . . . 7 liv. 10 s.
« A l'appoticaire, qu'il a baillé IIII livres rezins de Corinthe. . . . . 24 s.
« IIII livres figues grasses . . . . 8 s.
« V livres IIII onces rezins de Damars. . . . 30 s. 5 d.
« III livres dates. . . . . 24 s.
« X livres almandes . . . . 20 s.

« I quart froment mondé . . . . 4 s.
« IIII livres pruneaux . . . . 3 s.
« IIII livres bougie . . . . 26 s. 6 d.

        Pour ce. . . . . 8 liv. 8 s. 11 d.

« A luy, II livres pouldre blanche . . . . . 32 s.
« I^e livre et demie menuz espices. . . . . . 24 s.
« II onces saffran . . . . 14 s.
« I^e livre canelle en pouldre. . . . . 4 liv. 10 s.
« IIII onces muscade en pouldre. . . . . . 15 s.
« I^e livre poyvre baptu . . . . 15 s.
« Demie livre tornesol . . . . 5 s.
« Demie livre giroffle en pouldre . . . . . 45 s.
« VII aulnes estamyne . . . . 24 s.
« IIII onces mac [aron] en pouldre. . . . . 17 s. 6 d.

        « Pour ce. . . . . 14 liv. 1 s. 6 d.

« A luy, I^e livre giroffletrye. . . . . 4 liv. 10 s.
« Demie livre muscade entière . . . . . . 30 s.
« Une livre gingenbre entier . . . . 16 s.
« Une livre et demie canellat . . . . 22 s. 6 d.
« XXVIII livres seucre . . . . 7 liv.
« VI livres seurrefin . . . . 54 s.
« IIII onces ma[caron] entier . . . . 17 s. 6 d.
« Demie livre galingal . . . . 25 s.
« Demie livre poyvre long . . . . 30 s.
« II livres canelle fine en canon . . . . . . 9 liv.
« III pintes eau de Damas . . . . 30 s.

« [. . . . .]   25 s.
« [. . . . .]   35 s.
        « Pour ce. . . . .   37 liv. 5 s.

Fruicterie.

« A Jehan Le Duolx, XXVI livres de chandelle . . . .   39 s.
  « A luy, fromage fin . . . .   2 s. 6 d.
  « A l'appoticaire, qu'il a baillé pour la collacion du dit bancquet, XXVII maspeyns . . . .   6 liv. 5 s.
  « IIII livres amendes et pignolat . . . . . .   30 s.
  « Canelat, orengeat et madriaus . . . . . .   30 s.
« I cent or bel . . . .   20 s.
« I cent or fin . . . .   16 s.
        « Pour ce. . . . .   11 liv.
« A luy, pour torches. . . . .   50 s.

Escurie

« A l'ostesse du Daulphin » pour chevaux et mulets qu'on logea dans les écuries de son hôtel . . . .
     68 s.
     70 s. 6 d.
     20 s.
     45 s. 8 d.
     4 liv.

« A monsieur de La Rivière, qu'il a baillé par commandement de Monseigneur à Jacques, maître queux du roy, pour ses poynes d'avoir servy au bancquet. . . . .   4 liv.

« A Jacques, qu'il a payé en boys pour le dit
banquet . . . . 17 liv. 4 s.
« A Odeau Boutet, pour fallotz et tantes pour
servir au dit banquet . . . .   65 s.
« A Pierre de Martignac, pour le louage de
certaines tables de boys au dit banquet . . . .   50 s.
« Au garçon de vesselles de chez le roy, pour
six gorbeilles à recepvoir les viendes et pour six
hommes et pour avoir fait porter la vesselle du
roy au logis du banquet . . . .   31 s.
« A Jacques, qu'il a payé pour avoir porté les
vesselles des logis de messieurs le chancellier de
Bourges, grant maître Santblancay, bâtard de
Savoye, Orval, au logis du banquet et icelles fait
remporter. . . . .   11 s.
« Aux serviteurs de madame d'Emery, par
commandement de Monseigneur . . . . 4 liv.
« Belle chère au Daulphin . . . .   60 s.

« Somme de la despence faicte en ce jour . . 676 liv. tournois.
« Fait par moy : J. DE RAVENEL. »

Chartrier de Thouars. Cah. pap.
f

*1520, 8 mai. Paris. — Mandement de Louis II de La Trémoille
aux gens de ses comptes relatif à un miroir d'acier.*

« Gens de noz comptes, allouhez à Jehan Billart, nostre appoticaire, la somme de six escuz au soulail qu'il a baillé pour ung grant miroier d'acier qu'avons faict achapter par Le Cluseau, pour nostre espouse, et n'y faictes difficulté.

« Donné à Paris, le VIIIe jour de may, l'an mil cincq cens vingt.

« L. DE LA TRÉMOILLE. »

Chartrier de Thouars. Orig. pap.

1520, 16 juin. Ardres. — Mandement de Louis II de La Trémoille.

« Gens de noz comptes, allouhez à Jehan Billart, nostre appoticaire, la somme de vingt une livres dix solz tournois qu'il a emp[loyée] en achapt de drap de vellours pour nous faire une ca[ppe] à l'espagnolle, et n'y faictes difficulté.

« Donné à Ardre, le XVIe jour de juign, l'an mil cincq cens vingt.

« L. DE LA TRÉMOILLE. »

Chartrier de Thouars. Orig. pap.

1520, 16 juin. Ardres. — Mandement de Louis II de La Trémoille relatif au tournois d'Ardrès.

« Gens de noz comptes, alouez à Jehan Billard, nostre appoticaire, en la mise de ses comptes, la somme de cinquante deux escuz soleil qu'il a baillez par nostre commandement à Cluzeau pour paier les plumaulx qui ont servy au tournay fait à Ardre, et ne faictes en ce aucune difficulté.

« Donné au dict Ardre, le XVIe jour de juing, l'an mil cinq cens et vingt. »

« L. de La Trémoille. »

Chartrier de Thouars. Orig. pap.

1520, 21 juin. Ardres. — Mandement de Louis II de La Trémoille pour dépenses faites à l'occasion du tournois d'Ardres.

« Gens de noz comptes, allouhez à Jehan Billart, nostre appoticaire, la somme de neuf vingts quatre livres tournois, laquelle somme il a baillé par nostre commandement à Loys Godin, tailleur suivant la court, tant pour façon d'abillemens qu'il nous a faictz et à nostre très chier filz, François de La Trémoille, pour la veue (venue) du Roy et du roy d'Angleterre, pour avoir couvert bardes et faict acoustremens pour nos hommes d'armes qui ont esté du tournay, que pour deux aulnes de vellours viollet pour parachever unne de noz robbes, pour trillys, fustaine, bougran, toille et canevatz pour doubler les dicts abillemens et acoustremens, dont le dit Godin a fourny ; à laquelle somme de neuf vingts quatre livres tournois avons accordé avecques le tailleur, et n'y faictes difficulté.

« Donné à Ardre, le XXIe jour de juing, l'an mil cincq cens vingt.

« L. de La Trémoille. »

Chartrier de Thouars. Orig. pap.

1520, 2 août. Dijon. — *Mandement de Louis II de La Trémoille.*

« Jehan Billard, baillez et délivrez à Lyennard Buffet, paintre, demourant à Baulne, la somme de dix escuz soullail, à luy restans deuz de la somme de XXV escuz soullail, pour la painture de noz enseigne, guydon, troys bannières de tromppete et deux cornettes qu'il a paints. Et, en rapportant ces présentes et quictance du dit Buffet, la dite somme de dix escuz vous sera passé et allouhée en la mise et despence de votre compte par les auditeurs d'icelle, auxquelx nous mandons ainsi le faire sans difficulté.

« Donné à Dijon, le IIe jour d'aougst, l'an mil cincq cens et vingt.

« L. DE LA TRÉMOILLE. »

Chartrier de Thouars. Orig. pap.

1520 (v. s.), 27 janvier. Romorentin. — *Mandement de Louis II de La Trémoille.*

« Gens de noz comptes, allouez à Jehan Billard, notre appoticaire, la somme de dix escuz soulail qu'il nous a baillé pour notre jeu, lesquelx La Rivière nous a envoyé chex le roy, que avons perduz contre la royne et Madame au jeu de la bille, et n'y faictes difficulté. »

« Donné à Romorentin, le XXVIIe jour de janvier l'an mil cincq cens et vingt.

« L. DE LA TRÉMOILLE. »

Chartrier de Thouars. Orig. pap.

1521, 2 avril. — Marché fait avec Martin Claustre, imagier, pour « la sépulture et une tombe » de la duchesse de Valentinois.

« Le mardi, 11ᵉ jour d'avril, l'an mil cinq cens vingt ung, après Pasques, a esté fait marché entre haulte et puissante dame madame Loyse de Valentinoys, femme espouze de hault et puissant seigneur monseigneur Loys, seigneur de La Trémoille, d'une part, et maistre Martin Claustre, tailleur de ymages, de Grenoble, demourant à Bloys en Foye, paroisse de Saint-Nicolas, d'autre part, en la manière qui s'ensuyt. C'est assavoir que le dit Claustre a promis à faire de la dicte Dame une sépulture tant de mabre que d'albastre et une tombe de marbre blanc du Dauphyné, qui seront mis ès lieulx cy après déclairés.

« Premièrement, fera le dict Claustre ung tombeau et sépulture qui aura troys piedz de hault, dont le soubzbassement sera de mabre noir et les pilliers de alentour seront aussi de mabre noir taillez à l'antique à candelabres ; à l'environ duquel tombeau sera mis les sept vertuz, qui seront d'albastre, dont y en aura en chacun cousté troys, et au bot du hault une, là ou sera escript une épitaphe telle qui luy sera baillée, et au bot d'ambas seront les armes de la duchesse de Valentinoys, télles qu'on les divisera au dict Claustre ; sur chacune desquelles vertuz sera une coquille bien taillée à l'anticque, et chacune des dictes vertuz aura son nom par escript. Et, par le dessus, sera une tombe de mabre noir toute d'une pièce qui aura troys piedz de large et six piedz et demy de longueur, sur laquelle sera le personnage de la dicte duchesse de Valentinoys en faczon d'une dame gisante, lequel personnage sera d'albastre qui aura cinq piedz et demy de longueur, soubz la teste duquel personnage sera ung carreau double et aux piedz deux petis chiens. Et sera escript sur la dicte tombe : Cy gist, etc., ainsi que luy sera divisé.

« Lequel tombeau et sépulture sera mis en la chapelle du chasteau de La Mothe du Feuilly, estant en l'église parrochial du dit lieu.

« La tombe sera de marbre blanc du Dauphyné, comme dit est, qui se prant près de l'albastre, qui sera aussi d'une pièce, laquelle aura six piedz et demy de long et troys piedz et demy de large, en laquelle sera gravé le personnage de la dicte duchesse de Valentinoys, et de chacun cousté, ung pillier à ouvrage fait à l'entique, et au dessus ung chapiteau fait selon le divis du portrait; et sera escripte toute autour en engraveure ce qu'il plaira à ma dicte dame ordonner. Laquelle tombe sera remplye en l'angraveure de syment noir et sera mise ou cueur de l'église des Ancelles de Bourges à playne terre. Et en oultre fera le dict Claustre ung ymage de Nostre-Dame de Lorette avecques la chapelle, le tout d'albastre, qui aura le tout ensemble quatre piedz de haulteur et de largeur, à la raison.

« Et lesquelles choses le dit Claustre a promis faire bien et deuhement, ainsi qu'il est requis et scelon le dit devis du portrait qu'il en 'a baillé à ma dicte Dame, et les faire de bon marbre et albastre, bien nectz, sans vayennes ne taches, et l'ouvraige taillé bien nect, comme il est requis, et rendre le tout prest et parfaict dedans la Toussainctz prouchain venant.

« Pour lesqueulx ouvrages faire et les rendre pretz et parfaictz de toutes choses sur les lieulx, selon le contenu cy-dessus, la dicte Dame a promis audit Claustre la somme de cinq cens livres tournois pour toutes choses. Sur laquelle somme elle luy a présentement baillé et avancé cent livres tournois, lui doibt bailler ou faire bailler deux cens livres quant les dits marbre et albastre seront sur les lieux, et l'oultre plus, qui est deux cens livres, quant l'ouvrage sera fait et parachevé...

« Ce fut fait et passé ou chastel de Thouars, le VIIme jour d'avril, l'an mil cincq cens vingt et ung.

« Rideau. — De La Ville. »

Chartrier de Thouars. Pièce papier.

1522. — Extrait du 6° compte de Pierre Guerry.

« Deniers baillez par le dit Guerry... tant pour marier filles, enffens de religion mys à l'estude, que aussi à mestier.

— « A baillé... le dit Guerry pour le parfaict payement de la somme de » 700 liv. tourn. « ordonnez par feue Madame par son testament, à filles à marier, la somme de » 69 liv. 13 sols 4 den. tournois, ès parties qui s'ensuyvent, c'est assavoir :

« A Guillaume de La Lande, vitrier, et Clémence Claurelle, conjoings par mariage, la somme de » 100 sols tournois.

« A Forien Usurier et Guillemyne du Tour », 100 sols tournois.

« A Jehanne Le Clerc, fille à marier », 10 livres « quand elle sera mariée. »

« A la fille du Fourrier » 18 livres.

« A la fille du Petit Jehan l'apoticaire », 21 liv. 13 sols 4 d. tournois.

« A Perrine Ayraude » 10 liv. tourn.

— « A payé le dit Guerry » 113 liv. 15 sols « ordonnez par la dicte feue Dame par son dit testament à entretenir cincq enffens de relligion à l'estude... »

— « A payé le dit Guerry » 150 liv. 15 sols tournois « ordonnez par la dite Dame par son dit testament pour mectre cincq enffens à mestier... »

Chartrier de Thouars. Reg. parch.

1522 (v. s.), 24 février.— Mandement de Louis II de La Trémoille.

« Auditeurs de noz comptes, nous vous mandons que passez et allouez en la mise des comptes de Francoys Dassy la somme de deux cens livres tournois que luy avons ordonnée et tauxée pour avoir esté de ceste ville de Dijon à La Champelle d'Angiron, devers madame la douairière de Nevers, pour besongner avec elle de ce qu'elle povoit debvoir à nostre espouse, pour laquelle debte qui est IIII^m III^c XV liv. tourn. elle constitua audit D'assy, nostre procureur, la somme de II^c XV liv. de rente... et aussi pour avoir esté par le dit Dassy au partir de la cour (de St-Germain en Laye) en Bretagne, pour le fait de nostre admiraulté, mesmement pour la prinse de la nef nommée la Barbe de Pempoul, la marchandise de laquelle le roy a donnée à mons^r l'admiral de France. En quoy faisant le dit Dassy a vacqué l'espace de trois mois ou environ, les dits voyages commancez le lendemain des roys qu'il partist de ceste dite ville de

Dijon et finies le jour du Vendredi Saint derniers passez qu'il arriva en sa maison Amboise... »

« Le XXIIIIe jour de febvrier mil cinq cens vingt deux.

« L. DE LA TRÉMOILLE. — ALIXANDRE. »

Chartrier de Thouars. Orig. pap.

1523, 12 juillet. Saint-Germain-en-Laye. Mandement de Louis II de La Trémoille.

« Gens de noz comptes, allouez à Estienne Pinet, nostre clerc de despence, la somme de quatre livres tournois qu'il a baillée par nostre commandement aux joueulx de cornetz et trompetes du roy, qu'ilz, ce jourduy, nous ont donné passetemps...

« Donné à Sainct-Germain-en-Laye, le XIIme jour de juillet mil cinq cens vingt troys.

« L. DE LA TRÉMOILLE. »

Chartrier de Thouars. Orig. pap.

1524, 8 mai. Dijon. — Mandement de Louis II de La Trémoille.

« Pierre Guerei et vous noz recepveurs, nous vous mandons que l'un de vous baille et deslivre à Regnault de Moussy, nostre visadmiral de Guyenne, la somme de sept cens livres tournois que avons ordonné luy estre fournye et baillée pour emploier à ce que s'ensuyt, assavoir, deux cens lyvres en pouldres pour artillerie pour la munytion et deffence de noz isles de Noirmoustier et Ré et de nostre seigneurie de Thalmond, où verrez que besoign sera, et cincq cens lyvres tournois pour emploier au payement de gens qui soint entenduz au faict de guerre que luy avons commandé mectre à la garde et deffance de nosdites places de Noirmoustier, Ré et Thalmond, pour empescher les entreprinses des annemis du roy, journellement tachent à faire par mer pluseurs deffences, dempuis nagueres ont pillé nostre dite isle de Noirmoustier, dont n'ont eu resistance que de nostre chasteau dudit lieu.

« Par rapportant ces présentes, etc.

« Donné à Dijon, le VIIIe jour de may, l'an mil cincq cens vignt et quatre, ainsi soubzsigné : L. de La Trémoille.

« REGNAULT. — GUERRY. »

Chartrier de Thouars. Orig. pap.

1524, 9 septembre. — Marché fait avec Jean Symon, fondeur à Nantes, pour deux pièces d'artillerie.

Le neufiesme jour de septembre, l'an mil cinq cens vintg quatre, par nostre court de Nantes, o submission et prorogacion de juris-diction, etc., etc., furent confessans Jehan Charles, ou nom et comme receveur pour le seigneur de La Trémoille en la seigneurie de Nermoutier, d'une part, et Jehan Symon, marchant, demourant en ceste ville de Nantes, d'autre, avoir ce jourd'huy enssemble fait marché, gré et convenant, par lequel ledit Symon a prins, et prand par ces présentes, à faire audit receveur deux pièces d'artillerie de fonte, du poix de mil livres chascune ou environ, de neuf piedz et demy chascune ; que ledit Symon a promis et s'est obligé, promect et s'oblige, sur l'ypothèque et obligacion de tout son bien, rendre preste, savoir lymée, lentéee, eslisée et aprouvée bonne et compectante, audit receveur en ceste ville de Nantes, ès lieu où sera advisé l'aprouver près cestedicte ville. Pour en poyer ledit receveur audit Symon, qui fournira de toutes matières à ses propres coustz et despens, preste, sans garniture de boys ne de fer, par chascun cent la somme de saeze livres quinze soulz monnoie tournoys, que ledit receveur a promis, sur paroille obligacion que dessus, poier et bailler en ceste ville audit Symon, à la livraison desdictes pieczes ; sur lesquelx trois pans de chascune desdictes pieczes seront semées de fleurs de liz, avecques un escuczon sur la charge où il sera escript La Trémoille. Et a esté dit entre lesdictes parties que, si chascune desdictes pièces a plus grant poys, ledit receveur sera subject et a promis le poyer audit Symon ; ès quelles pièces et chascune n'y aura aucun potin ; et paroillement si moins poisent que le pris susdit, sera audit Symon rabatu sur son poiement. [Le]quel Symon, en ce faisant, a promis rendre lesdictes pièces prestes, savoir l'une dedans six sepmaines et l'autre dedans le derroin jour de novembre prouchain d'illec ensuyvant. A valloir sur lequel marché a ledit receveur poyé et baillé réellement, en noz présences, audit Symon la somme de cent livres monnoie tournoys, en poiement de douzains et trezains, qui l'a eue et receue et s'en est tenu contant, etc., etc. A Nantes, etc., etc., en la méson dudit Symon, les jour et an sourdits.

JEHAN SYMON, voir est.

J. CHARLES, vray est.

Ro. MAILLART, passeur.

Original, à la suite duquel est la quittance dudit Symon, en date du 17 janvier suivant, pour les 393 livres tournois qui lui restaient dues.

1524 (v. s.), 10 février. Thouars. — Mandement de Louise de Valentinois pour la défense de l'île de Noirmoutier.

« Au recepveur de Noirmoustier. — Recepveur de Noirmoustier, nous avons esté avertye de quelque entreprinse faicte par les galyons d'Espaigne de prandre et envahir nostre ysle, et, pour y obvier, y avons ordonné et commis Thomas de Chargé, s^r de Bessay, lequel y envoyons avecques quelques gens qu'il mayne avecques luy pour avoir l'œil et mectre en ordre nostre chastel du dit lieu, et y faire en ladicte ysle ce qu'il verra estre convenable et nécessaire pour la sureté et tuycion d'icelle et des gens y habitans et de leurs biens.

« A ceste cause, vous mandons que baillez et payez audit s^r de Bessay et aultres qu'il mayne avecques luy, les payemens et choses que Monseigneur, l'année passée, par son mandement, ordonna, et tout ainsi que feitez la dicte année passée, et y employer jusques à la somme de six cens livres tournoys et au dessoubz, et ce jucques ad ce que aultrement y ayons pourveu...

« Donné à Thouars, le Xe jour de février, l'an mil cinq cens vingt et quatre.

« Loyse de Valantynoys. »

Chartrier de Thouars. Orig. pap.

1524 (v. s.), 29 mars. — Dépenses pour l'obsèque de Louis II de La Trémoille.

« Parties fournies par Jehan Claveau, Robert Fichepain et René Tardif pour l'obsecque de feu monseigneur de La Trémoille, par commandement de mons^r le maistre, mons^r de Narczay.

« Le XXIXme jour de mars M V^c XXIIII.

« A Thouars, livré au brodeur de Madame une aulne toille d'or trect à faire escussons aulx armes de feu Monseigneur, vallent XV escus sol., pour ce . . . . XXX liv.

« Item, aulx brodeurs de Tours, quatre aulnes ung XVIme de la dite toillé pour faire quarente des dits
escussons, audit pris . . . . VI^{xx} I liv. XVII s. VI d.

« Item, pour troys aulnes satin blanc pour faire six mytres pour les évesques qui doivent assister audit obsecque, à II escuz sol., pour ce . . . . XII liv.

« Item, deux aulnes taffetas blanc pour doubler les dites mytres, à XXX s. pour ce . . . . LX s.

« Item, pour XIIII aulnes taffetas à faire les estendars et banières, audit pris . . . . XXI liv.

« Somme . . . . IX^{xx} VII livres

« Je Jehannot de Montléon, s^r de Narczay, certiffie que les parties cy-dessus escriptes ont esté fournies par les dessus nommés pour servir à l'obsèque de feu Monseigneur, lesquelles leur sont deuhes et les ay prinse d'eulx par le commandement de Madame.

« Faict à Thouars, le XXVIIIme jour d'apvril mil cinq cens vingt et cinq.

« JANOT DE MOULÉON. »

Chartrier de Thouars. Pièce papier.

1525. — Extrait des Comptes de funérailles de Louis II de La Trémoille.

« Loys de La Trémoille, tué en Italie (24 février 1525, n. s., à la bataille de Pavie), son corps fut amené en France, dont les fraiz furent de plus de dix mil livres. »

« Le XIIIme jour de mars mil V^c XXIIII, livré (à Lyon) XVI aulnes toille d'or frizé broché d'or fillé à faire poille à mectre sur le corps de feu mondit Seigneur... »

« Le mardi XXVe jour d'avril V^c XXV, à l'hoste de Lodun pour le nombre de XIIII potz de vin à XVI deniers pot, pour la disnée des gentilzhommes et du train qui allèrent à L'Isle-Bouchard de

Thouars pour quérir le corps de feu mondit Seigneur qui y estoit, XVIII s. VIII d.; à luy pour V douzaines pain à III s. douzaine, XV s. Pour la disnée de XXXI cheval à XV d., pour ce XXXVIII s. IX d. Pour belle chère, XXII s. VI d. Pour ce, IIII liv. XIIII s. XI d.

« Item, baillé à l'aumosnier de feu Monseigneur pour donner les aumosnes par les chemyns en portant le corps audit Thouars, XXIII liv. XII s.

« Item, baillé à ung homme qu'il envoya de Lodun par toutes les paroisses circonvoisines pour se trouver en ordre au pas de jeu au devant du corps et icelluy conduire selon qu'il avoit esté advisé, la somme de V s. tourn. »

Chartrier de Thouars.

PIÈCES JUSTIFICATIVES

PIÈCES JUSTIFICATIVES

I

1483, 29 septembre. Amboise. — Lettres patentes de Charles VIII en faveur de ses « amés et féaulx cousins, Loys, Jehan, Jacques et Georges de La Trémoille », enfants de Louis I de la Trémoille et de Marguerite d'Amboise, ordonnant qu'on leur restituât les terres de « Thallemont, Chasteaugautier, Olonne, Curson, Bran et Brandois », s'il était démontré que ces terres « appartinssent à ladite Marguerite, leur mère, par donnacion à elle faite par Louis d'Amboise, son père, ou traicté de son mariage » avec Louis I de La Trémoille.

Chartrier de Thouars. Orig. parch.

II

1484, 28 juillet. Château « d'Escole en Bourbonnois. » — Contrat de mariage passé « au chastel d'Escole en Bourbonnois, » sous le sceau de la cour de Montferrant, entre Louis II de La Trémoille et « très noble damoiselle madamoiselle Gabriele de Bourbon, fille émancipée, naturelle et légitime », de

Louis de Bourbon, comte de Montpensier et de Clermont, dauphin d'Auvergne, et de Gabrielle de La Tour, « moyennant l'aide, conseil et bon plesir de très hault et très puissant prince monseigneur le duc de Bourbonnois et d'Auvergne, de très révérend père en Dieu, monsr Charles, cardinal de Bourbon, de monsr Pierre de Bourbon, seigneur de Beaujeu, nepveux de mondit seigneur le comte de Montpancier, de très hault et très puissant seigneur monseigneur Gilbert de Bourbon, conte daulphin, » frère de la dite Gabrielle de Bourbon.

Chartrier de Thouars. Pièce parchemin.

III

1487, 13 mai. Laval. — *Exemption par Charles VIII du ban et de l'arrière-ban pour les capitaines des places appartenant à Louis II de La Trémoille.*

« Charles, par la grâce de Dieu, roy de France, aux bailliz de Montargis, Chartres, Berry, Saint-Pierre-le-Moustier, Touraine, sénéchaulx de Poictou, Xantonge, Anjou, Le Maine, gouverneur de La Rochelle, et aux commissaires par nous commis et à commectre sur le fait de notre ban et arrière-ban esdits bailliaiges, séneschaucées et gouvernement, et à tous noz autres justiciers et officiers ou à leurs lieuxtenans ou commis, salut.

« Nostre cher et féal cousin, le sire de La Trimoille, conte de Benon et vicomte de Thouars, nous a dit et remonstré que à luy compectent et appartiennent plusieurs villes, chasteaulx et places assises en notre royaume, les aucunes desquelles sont belles et bonnes places de guerre et y a de ses gens et serviteurs qui en ont la garde de par luy, et pour la seureté d'icelles leur a commandé et ordonné eux y tenir pour en faire bonne et seure garde pour nous, à ce que, au moyen des divisions qui sont intervenuz en notre dit royaume, ne si face aucune surprinse. Et pour ce que ses dits serviteurs, ayans le gouvernement des dites places, tiennent fiefz et choses nobles, à raison de quoy ilz sont tenuz d'aller ou envoier à noz ban et arrière-ban, et que à présent ilz ne sauroient bonnement faire sans délaisser lesdites places despourveues, dont inconvénient en pourroit avenir. A ceste cause nous a supplié et requis les exempter de notre dit ban et arrière-ban et sur ce leur impartir notre grâce.

« Pourquoy, nous, ces choses considérées, inclinans libérallement à la supplicacion et requeste de notre dit cousin, pour ces causes et autres à ce nous mouvans, avons octroié et octroyons à noz chiers et bien amez,

« Merlin de Cordebeuf, cappitaine de Thouars,
« Pierre de Salleignac, cappitaine de Mauléon,
« Pierre Brossin, cappitaine de Craon,
« Loys Suriecte, cappitaine de Sainct-Ermyne,
« Anthoine Menart, cappitaine de Thallemond,
« Adam de Ravenel, cappitaine de Brandoys,
« Aubert de Montjouen, gouverneur de l'Isle de Ré,
« Pierre Le Jay, cappitaine de Sully,
« Guyon de Lalende, cappitaine de Marueil,
« Guillaume Lignault, cappitaine de Nermoustier,
« Charlot de Mailly, cappitaine de Doué,
« Jehan Méron, cappitaine de Rochefort,
« Pierre Tillon, cappitaine de La Possonnière,
« Odet Estourneau, cappitaine de Chasteau-Guillaume,
« Jehan de Marueil, cappitaine de La Trimoille,
« Charlot de La Tousche, cappitaine de l'Isle-Bouchart,
« Lyepart de la Jumellière, cappitaine de Benon,
« Tristan de Sazillé, cappitaine de Chasteaunèuf,
« Loys de La Crossonnière, cappitaine du Buron,
« Charles de Laage, cappitaine de Lussac,
« Jehan Chastaignier, cappitaine de Marant,
« François Serpillon, cappitaine de Chantonnetz,

« Jehan Le Jay, cappitaine de La Basse-Guyerche,
« Jaques Bahort, cappitaine de Chasteau-Gaultier,
« Guillaume Le Gras, cappitaine de La Chèze-le-Viconte,
« Mathurin Athon, cappitaine de Luçon,
« et Lyenard Junyer, cappitaine du Puybellyart,

« tous serviteurs d'icelluy notre cousin, qu'ilz ne soient tenuz d'aller ou envoyer audit ban et arrière-ban et auquel ilz sont tenuz d'aller ou envoier, comme dit est, mais voulons et nous plaist qu'ilz demeurent ésdites places et en facent bonne et seure garde pour nous, et dudit ban et arrière-ban, durant ce présent affaire, les avons, et chacun d'eulx, exemptez et exemptons par ces dites présentes...

« Donné à Laval, le treiziesme jour de may, l'an de grâce mil CCCC quatre vings et sept, et de notre règne le quatreiesme.

« Par le roy, les contes de Clermont, de Monpencier et de Vendosme, les seigneurs de Chastillon, de Curton, de Richebourg, de Baudricourt, de l'Isle et autres présens.

« Damont. »

Chartrier de Thouars. Orig. parch.

IV

1487, (v. s.), 11 mars. Les Montils-lès-Tours. — Lettres patentes qui nomment Louis de La Trémoille lieutenant-général de l'armée du roi en Bretagne.

« Charles, par la grâce de Dieu roi de France, à tous ceux qui ces présentes lettres verront, salut.

« Comme pour résister aux entreprises que le duc de Bretagne et autres seigneurs de notre sang, nos rebelles et désobéissans sujets se sont efforcés et efforcent faire chacun jour en nous menant la guerre, et aussi à nos bons et loyaux sujets, pour laquelle cause ayons envoyé ès marches dudit [duc de] Bretagne partie de notre armée, afin de y résister et pourvoir, et pour ce faire, et afin que bon ordre soit tenu en notre armée, soit besoin et nécessaire commettre et ordonner aucun grand et notable personnage pour notre lieutenant-général en icelle armée et en qui ayons fiance ;

« Savoir faisons que nous, ce considéré et pour la bonne et entière confiance que nous avons de la personne de notre cher et amé cousin Louis, s^{gr} de La Trémoille, comte de Benon, vicomte de Thouars, et de ses grandes noblesse, vaillance, suffisance, loyauté, prud'homie et bonne diligence, icelui, pour ces causes, et de l'avis et délibération d'aucuns des princes et seigneurs de notre sang et lignage et gens de notre conseil étans lès nous, et pour aucunes considérations à ce nous mouvans, avons commis, ordonné, établi et par ces présentes commettons, ordonnons et établissons notre lieutenant-général en notre armée et marche de Bretagne. Et lui avons donné et donnons plein pouvoir et autorité de faire marcher notredite armée ès lieux, villes, places, ainsi qu'il verra être à faire pour notre service, icelle renforcée de tel nombre de gens de guerre, tant de cheval que de pied, en bon ordre et police, à la moindre charge de notre peuple que faire se pourra ; de réduire et mettre en notre obéissance, par les moyens que possible sera, toutes villes, places, châteaux à nous désobéissans, les faire sommer d'eux rendre et mettre sous notre obéissance ; icelles faire assièger, composer et prendre à mercy ; faire abattre et démolir telles desdites villes, places et châteaux qu'il verra être à faire et qui nous pourroient porter nuisance et grevance ; et avec ce de recevoir à serment les nobles et autres habitans dudit pays de Bretagne qui se voudroient retirer et prendre notre parti, les prendre et mettre sous notre sûreté, protection et sauvegarde spéciales, leur quitter, pardonner, abolir tous crimes, offenses et maléfices qu'ils pourroient avoir commis ; de pourvoir à la sûreté et garde desdites villes et places et aux offices d'icelles de personnes à nous sûres et stables ; de bailler sûreté et saufconduits à ceux de parti à nous contraire, afin de les faire attraire et tirer à notre service, de leur octroyer toutes et chacunes les provisions en raison et justice qui leur sont nécessaires ; avec ce de faire faire les montres et revues de tous nos gens de guerre, iceux faire payer de leurs gages et soldes ; aussi de faire corriger et punir tous les cas et maléfices, faire administrer raison et justice à tous ceux qui le requerroient et touchant les matières qui dépendent du fait de la dite guerre ; et généralement de faire et besogner ès choses dessusdites, leurs circonstances et dépendances, tout ainsi que nous ferions et faire pourrions si présent en notre propre personne y étions, et d'en bailler et faire expédier sous scel toutes les lettres dont octroi et provisions à cette cause seront nécessaires : promettant, en bonne foi et parole de Roi, les avoir pour agréables, tenir fermes et stables à toujours et d'en bailler lettres et confirmation telles que au cas appartiendra et que requis en serons.

« Si donnons en mandement par ces mêmes présentes à tous baillis, sénéchaux, capitaines, chefs et conducteurs de gens de guerre et ceux de leur charge étant en notre service, gouverneurs, maires, échevins et officiers justiciers de villes, cités, châteaux, forteresses, ponts, ports, passages, juridictions et détroits, et à tous nos justiciers, officiers et sujets, que notre dit cousin ils reçoivent comme notre lieutenant-général en icelle armée de Bretagne et lui obéissent et entendent tout ainsi qu'ils feroient à notre propre personne et fassent ce qu'il leur ordonnera et enjoindra de par nous, le reçoivent èsdites villes, places avec tels de nos gens de guerre qu'il voudra et ordonnera, lui en fassent ouverture sans aucune difficulté ; et afin que on ne puisse prétendre de ce cause d'ignorance, fassent, si métier est, publier l'effet et contenu de cesdites présentes par tous les lieux où besoin sera.

« En témoin de ce, nous avons fait mettre notre scel à cesdites présentes.

« Donné aux Montils-lès-Tours, le onzième jour de mars, l'an de grâce mil quatre cents quatre vingt sept et de notre règne le cinquième.

« *Sur le repli :* par le Roi, les comtes d'Angoulême, de Beaujeu et de Bresse, l'archevêque de Bordeaux, l'Amiral, les seigneurs du Fou, de l'Isle, de la Pellequenant et de Grimault et plusieurs autres présens.

Signé : Parent. »

Chartrier de Thouars. Orig. parch.

V

1488, 18 avril. Tours. — Lettres patentes de Charles VIII, par lesquelles le roi ordonne au « premier huissier » de son Parlement, qui sur ce sera requis, de faire commandement à Gilbert de Bourbon, comte de Montpencier, frère aîné de Gabrielle de Bourbon, d'avoir à renoncer aux clauses du contrat de mariage de cette dernière avec Louis II de La Trémoille, parce que ces clauses arrachées à la faiblesse de Louis de Bourbon, lésaient les droits de Gabrielle de Bourbon. Ces lettres apprennent que du mariage de Louis de Bourbon, comte de Montpencier, et de Gabrielle de La Tour, étaient issus cinq enfants : 1º Gilbert de Bourbon, 2º Jehan de Bourbon, 3º Louis de Bourbon, 4º Charlotte de Bourbon, mariée avec le comte de Boucan, 5º Gabrielle de Bourbon, femme de Louis II de La Trémoille.

Chartrier de Thouars. Pièce parchemin scellée.

VI

1488, 20 septembre. La Flèche. — Lettres patentes de Charles VIII par lesquelles le roi « considérans les très grans et recommandables services » rendus par son « cher et féal cousin, conseiller et chambellan, Loys, seigneur de La Trimoille », particulièrement en « ceste présente guerre de Bretaigne », lui donne « l'office de cappitaine des ville et chastel de Fougières, naguères par luy prinz et reduictz en » l'obéissance royale, avec « la somme de deux mille livres tournois à... prendre par chacun an de et sur le prouffit, revenu et émolument du domaine de la baronnie et seigneurie dudit lieu de Fougères, oultre et par dessus les gaiges à la dite cappitainerie appartenans. »

Chartrier de Thouars. Orig. parch.

VII

1488, 22 septembre. La Flèche. — Lettres patentes de Charles VIII par lesquelles celui-ci, voulant se conformer à la volonté de son père, Louis XI, délivre à son « cher et féal cousin, conseiller et chambellan, Loys, seigneur de La Trémoille », pour le récompenser de ses grands services, « la viconté de Thouars », provenant de l'héritage de Louis d'Amboise, à la condition que ledit Louis de La Trémoille abandonne ses droits sur « la baronnie, terre et seigneurie d'Amboise ».

Chartrier de Thouars. Vidimus parch.

VIII

1490. 5 octobre. Les Montils-lès-Tours. — Lettres patentes de Charles VIII par lesquelles le roi, voulant s'opposer aux efforts des « anciens ennemys, les Angloiz et autres » ses adversaires, institue son « chier et amé cousin le sire de la Trimoille, conte de Benon, viconte de Thouars », son « lieutenant général sur le fait de la guerre ès pays de Poictou, Xaintonge, Angoulmoys, Anjou et ailleurs ès pays et marches de Bretaigne, deçà la rivière de Loyre, et aussi ès lieux et baronnies de Craon et Fougières, oultre la dite rivière ».

Chartrier de Thouars. Orig. parch.

IX

1491, 17 mai. Les Montils-lès-Tours. — Charles VIII, « considérans les grans, vertueulx et recommandables services » de son « cher et féal cousin, conseiller et chambellan, Loys, sire de La Trimoille,... mesmement ou fait de noz guerres de Bretaigne où il a esté principal conducteur et encore est des armées que avons mises sus en icellui pays, en quoi il s'est vertueusement employé et porté sans riens y espargner », donne et transporte audit Louis de La Trémoille « toutes et chacunes les salines et saulx estans au Croisic, Guerrande et ailleurs en... Bretaigne, appartenans à ceulx qui tiennent parti... contraire » au roi, « avenuz et eschuz » audit Charles VIII « par droit de confiscacion et forfaiture », pour en jouir lui et ses successeurs comme de leur propre héritage.

Chartrier de Thouars. Orig. parch.

X

1491, 25 juillet. Les Montils-lès-Tours. — Nomination par Charles VIII de Louis II de La Trémoille à l'office de capitaine de Nantes.

« Charles, par la grâce de Dieu, roy de France, à tous ceulx qui ces présentes lettres verront, salut.

« Savoir faisons que, nous considérans les grans, vertueulx et recommandables services que notre cher et féal cousin, conseiller et chambellan, Loys, seigneur de La Trémoille, nous a par ci-devant faiz en plusieurs manières, et mesmement ou fait de noz guerres de Bretaigne et en la redduction de noz ville, cité et chastel de Nantes, en quoy il s'est grandement et vertueusement employé, sans y espargner corps ne biens, et fait chacun jour en nostre armée de Bretaigne, dont il est nostre lieutenant général, en grant cure et dilligence, et espérons que plus face cy-après, considérans aussi que, par sa bonne conduite et grant exercice depuis que l'avons fait notre dit lieutenant en nostre dite armée de Bretaigne, les choses se sont tousjours si bien portées à nostre avantaige et prouffit, que, grâce à Dieu nostre Créateur, avons desjà en noz mains et bonne obéissance presque tout le pays, et afin que en ce qui se reste à réduire, comme est la ville de Rennes, il soit ou temps avenir enclin à perseverer et continuer en son bon service et que noz autres bons serviteurs, à son bon exemplaire, facent le semblable envers nous, confians grandement de la loyaulté, preudommye, bonne vaillance, conduicte et grant dilligence de la personne de nostre dit cousin, à icelui, pour ces causes et autres à ce nous mouvans, avons donné et octroyé, donnons et octroyons par ces présentes, l'office de cappitaine et garde de nos dite ville, cité et chastel de Nantes, ouquel office, depuis la dite réduction d'iceulx en noz mains et obéissance, n'a encores par nous esté pourveu, pour icellui office avoir et tenir doresenavant par nostre dit cousin aux honneurs, prérogatives, prééminences, franchises, libertez, gaiges, droitz, prouffiz et émolumens acoustumez et qui y appartiennent.

« Si donnons en mandement, par ces mesmes présentes, à nostre amé et féal chancelier, que prins et receu de nostre dit cousin de La Trémoille le serement en tel cas acoustumé, icelui mecte et institue ou face mectre et instituer, de par nous, en possession et saisine dudit office de cappitaine et garde de nostre ville, cité et chastel de Nantes... Mandons en oultre à nostre amé et féal conseiller Jehan Francoys de Cardonne, général ayant la charge et administracion de toutes noz finances, tant ordinaires que extraordinaires, en nostre dit pays et duché de Bretaigne, que, par nostre receveur ordinaire dudit lieu de Nantes ou autre, que lesdits gaiges audit office appartenans a acoustumé de paier, il les face paier et bailler à nostre dit cousin doresenavant par chacun an aux termes et en la manière acoustumez...

« En tesmoing de ce nous avons fait mectre notre scel à ces dites présentes.

« Donné aux Montilz-lès-Tours, le XXVe jour de juillet, l'an de grâce mil cccc quatre vings et unze, et de nostre règne le huitiesme.

« (Sur le repli) Par le roy, monseigneur le duc d'Orléans, les contes de Montpancier et de Foix, les sires de Graville, admiral, et de Grimault, séneschal de Beaucaire, et autres présens.

« BOHIER. »

Chartrier de Thouars. Orig. parch.

XI

1491, 10-14 novembre. — Information faite par Jean de Sallignac, châtelain de Talemont, pour Louis II de La Trémoille, par le commandement de Gabrielle de Bourbon, contre Etienne de Chiros, capitaine de la nef la Gabrielle.

« Arnaud Bride, cannonier, natif de la ville d'Arras, demeurant à présent en la ville de Thalemont, aagé de XLI ans ou environ, deppose... que, environ la feste Dieu, derrenière passée, il se mist en la nef de haulte et puissante dame madame la vicontesse de Thouars, contesse de Benon, et princesse de Thalemont, avecques les autres compaignons estans en la dicte nef, soubz la charge de Estienne de Chiros, cappitaine d'icelle, où le dit Arnault estoit maistre canonnier, laquelle nef fut mise en la mer en guerre pour aller à son adventure environ la feste saint Jehan-Baptiste après ensuivant. Et eulx estans à la couste de Barbarie, entre Harmerye et Oram, ilz rencontrèrent ung navire d'Espaigne, chargé de Sarazins, hommes et femmes, qu'ilz abordèrent, et prindrent oudit navire les dits Sarazins prisonniers qui paièrent les tous ensemble pour leur ranczon quatre vingts croisades que receut le dit capitaine, sanz y comprendre une More qu'ilz amenèrent avecques eulx. Et oudit navire prindrent pareillement de deniers d'argent et de realles, monnoye de Sarazinisme, deux plains chappeaux ou environ et quatre vingts doubles d'or, qui vallent ung viel escu la pièce. Dit qu'il fut pareillement prins en la dite nef par Charles Vignon et ung nommé Potin quatre cens croysades, ainsi qu'il ouyt dire au dit Potin, qui vallent ung ducat chacune pièce. Dit aussi qu'ilz prindrent en icelle nef douze manilles d'or, que le cappitaine receut qui estoient pour mectre aux braz, tous plains de pierreries par le dessus et faiz à huit pans qui valloient bien grant somme de deniers qu'il ne scauroit estimer, deux colliers d'argent fort gros et à chacun bout ung gros boillon carré faiz à nelleure, et aussi vingt quatre aurillectes d'or qu'on mect à l'entour de la teste des femmes, et à chacune des dites aurillectes y avoit autres petites aurillectes pendans à petites chaignes d'or et les dites petites aurillectes estoient plaines de pierreries fort riches, que pareillement il ne scauroit estimer, car il dit que lennuyt elles donnoient grant clarté, et desquelles aurillectes ledit qui deppose en print en la manche d'un nommé Yvon Le Breton, demourant au Croysic, six, lesquelles il bailla audit cappitaine, présent ung nommé Guillaume qui de présent est à la garde de la nef de ma dite dame. Aussi fut prins dix huit coytes poinctes faictes à fil de saye de diverses couleurs de tappiz, et de banchers ung bon nombre, faiz à la faczon des dites coytes pointes, une piecze de taffetas ranforcé, une tasse d'argent, et grant nombre de beau linge, entre lequel linge y avoit de fort beaux tablées, une pipe de saye, quinze jarres d'uylle d'olif, toute leur artillerie et autres appareilz de navire, et furent vendus lesdits Sarazins au lieu de Cassaqualles le pris susdit.

« Dit aussi que après ce ilz virent ung navire de Biscain qui les aborda et assaillit et se batirent longuement, tellement que à la fin ilz furent les maistres, et en iceluy prindrent quatre botes de lances, dix huit pièces d'artillerye, dix huit grosses de dars et autres appareilz de navire, et n'eurent point de marchandise, parce que ledit navire estoit chargié de merrain ou boys à vin? et aussi prindrent oudit navire VIxx livres de pouldre de canon.

« Et par après, eulx estans au cap de Saint-Vincent fort avant en la mer, rencontrèrent ung navire d'Angleterre qu'ilz abordèrent, lequel estoit chargié partie de draps et d'autres choses, ouquel ilz prindrent douze pacques de draps, desquelles Jacques Le marchant, à qui estoient les dits draps, leur deist qu'il y avoit ung des dits pacques toute d'escarlate et de migraine, et qu'il en y avoit vingt et cinq pièces en icelle pacque, et failloit bien dix ou douze hommes à lever chacun des dits pacques, toutes lesquelles le dit marchant Angloys vouloit rançonner deux mille nobles, et que au regard de luy et de ses compaignons qu'ilz les meissent oultre les dits IIᵐ nobles à telle rançon qu'ilz leur plairoit, mais ne voulut le capitaine de ladite nef prandre les dits IIᵐ nobles pour les dits pacques et les retint et mist en sa nef, et fut mis le dit marchant angloys et ses dits compaignons à ranczon par le dit cappitaine à la somme de VIII xx croysades qu'il poya content en une chaigne d'or poysant IIII xx croysades et le parsus en or content que receut iceluy capitaine que le dit marchant alla quérir à Lissebonne où est la bourse d'Angleterre. Fut aussi prins audit navire environ troys milliers de suyf, une barricque plaine de bonnetz que luy qui deppose mist ou bateau de ladite nef et croit qu'il en y avoit environ dix sept grosses dont en chacune grosse y a douze douzaines. Fut pareillement pris six douzaines de chappeaux fort fins de plusieurs coulleurs, grant nombre de coffres, mais luy qui deppose ne scet qu'il y avoit ès dits coffres parce qu'ilz estoient fermés de clef, touteffoiz il dit qu'il convenoit estre troys ou quatre hommes à porter chacun des dits coffres.

« Dit plus que tantost après, eulx estans à la couste de Portugal, en venant à la Brelingue, ilz firent frapper à terre ung autre navire d'Angleterre, ouquel fut prins sept balles de draps dont il en y avoit six de fuzes et une de fin draps, qu'on ne scet qu'elle devint, et croit luy qui deppose que ledit capitaines la desroba, et que André Micquellet, maistre de ladite nef, le scet bien. Dit qu'il fut pareillement prins au dit navire ung plain coffre d'estain ouvré ouquel povoit bien avoir de troys à quatre cens livres d'estain, une pipe plaine de fromaiges d'Angleterre, une baricque plaine de suyf et six tourtelles qui poysoient bien cinquante livres la piecze.

« Et de là s'en vindrent leur route jusques au Plomb, près La Rochelle, où ils arrivèrent entour la saint Michel, environ solail couchant, et comme à l'heure de mynuyt entrèrent ou havre, et incontinent ledit capitaine fist aller à terre tous les compaignons dudit navire, et parce que le dit deposant et quatre ou cinq autres ny vouloient aller sans argent le dit capitaine leur bailla ung ducat, et après le dit capitaine, Charles Vignon et ung nommé Potin, demourans en l'isle de Ré, menèrent par troys ou quatre foiz le bateau de la dite nef chargé à terre et firent venir ung bateau dudit lieu de Ré qu'ilz chargèrent, et croit sur sa conscience que s'estoient les escarlates, coytes poinctes, fins draps et autres marchandises qu'ilz ont desrobé en ladite nef, et en sauroit bien depposer Perrot de Filz, demourant à La Rochelle, parcequ'il fut jour et nuyt après que la dite nef fut arivée audit lieu du Plomb avecques ledit capitaine et aussi qu'il estoit hoste d'iceluy capitaine. Et a ouy dire, luy qui deppose, à Jehan de Marennes, à Pierre Moreau, au clerc du dit capitaine et à Anthoine, boteiller, en ladite nef que iceluy capitaine avoit envoyé six charges de bagues à sa maison et qu'il avoit achaté les chevaulx audit lieu de La Rochelle. Dit aussi que si ledit capitaine eust fait la raison à chacun des compaignons qui estoient en ladite nef qu'ilz en fussent amender de plus de soixante livres par homme, toutes les vitailles payées, mais que ledit capitaine avecques le dit Vignon et Potin ont tout emblé et ravy, et n'a riens, au moins que bien peu, esté baillé aux compaignons qui ont esté en la dite nef, et n'y a qui en soient amandez que luy ses quarteniers et les gens qu'il a amenez avecques luy. Dit que lesdits quarteniers estoient lesdits Vignon, Potin, Henry Bunet demourant à La Rochelle, ung nommé Blay demourant audit lieu de La Rochelle, ung autre nommé Chauvin demourant au Croysic, et parleroit bien des dites choses ung nommé Guillaume Dodierne l'aventuriez. Et dit que Franczoys Rulleau, contre maistre en ladite nef, et André Petit, tous deux demourans aux Sables, scavoient bien les dits larecins et croit qu'ilz y avoient part, parce qu'on ne les eust sceu faire sans leur sceu. Dit qu'il fut ung grant bruit en ladite nef que ledit Potin avoit lesdites IIII^c croysades et luy en fist ledit capitaine une bien grande question, et par manière que une foiz il y luy mist ung poignart près la gorge et vit lors comme le dit Potin parla bas et à l'oreille du dit capitaine et y furent assez longuement. Et depuis ne ouyt faire audit cappitaine question desdites IIII^c croysades et croit en sa conscience que iceluy capitaine, lesdits Vignon et Potin les ont butinées. Dit que les complices dudit capitaine estoient Jehan de Rochecte, frère de la femme d'iceluy capitaine, et ung autre nommé mons^r Beuille qui demeure près ledit capitaine, ung autre nommé Courtin. Et est ce qu'il deppose. »

Suivent les dépositions de « Denis Robin, demourant ou villaige de La Mechelière en la paroisse de Saint-Hylaire de Thalemont, agé de XX ans ou environ, » matelot de la Gabrielle.

« Pierre Lesguier, marinier, demourant ou bourg de La Chauline, aagé de XXII ans ou environ. »

« André Micquellet, maistre de la Gabrielle, demourant ou bourg de La Chauline, aagé de LX ans ou environ. »

« Francoys Rulleau, contre maistre de la Gabrielle, demourant aux Sables d'Olonne, aagé de XXX ans ou environ. »

« Guillaume Le Mast, estant de présent aux Sables, d'avanture à la garde de la nef la Gabrielle, aagé de XXIII ans ou environ. »

« Jacques Garnier, praticien en court laye, lieutenant des Sables, demourant audit lieu, aagé de LX ans ou environ. »

« Nicolas Anguzeau, marchant, demourant à Aulonne, aagé de XLV ans ou environ. »

« François de Virereau, mareschal, demourant à présent en la ville de Talemont, aagé de XXX ans ou environ. »

« Jehan Hervé, marinier, des parties de Dieppe en Normandie, demourant en l'isle de Ré, aagé de vingt cinq ans ou environ. »

« Symon Dupin, amballeur, demourant à La Rochelle, aagé de cinquante cinq ans ou environ. »

« Pierre Fouchier, marinier, natif de Marennes, aagé de XX ans ou environ. »

« Olivier Henry, demourant à La Rochelle, aagé de XXXII ans ou environ. »

« Pierre de Filz, marchant, bourgeois de la ville de La Rochelle, aagé de XXXIII ans ou environ. »

« Colas Masson, marinier, demourant aux Sables d'Olonne, aagé de XXIII ans ou environ. »

« Regnault Escoulan, charpentier, demourant en la maison près la chappelle du dit lieu du Plomb, aagé de soixante ans ou environ. »

« Phelipon Raoul, marinier, demourant à La Rochelle, natif de Saint-Content en l'évesché de Poictiers, aagé de XXVIII ans ou environ. »

« Pierre Robelin, marinier, demourant en la ville de La Rochelle, aagé de XXIII ans ou environ. »

« Messire Rolland Le Saint, prêtre, natif de Aurré ou diocèse de Vannes en Bretaigne, aagé de XXXV ans ou environ. »

Chartrier de Thouars. Cahier papier.

XII

Sans millésime, 29 mai. Cosme. — Lettre de Louis II de la Trémoille au roi.

« Sire, plaise vous savoir que je suis venu en ceste ville de Cosme pour loger vos Normans au long de ceste frontière d'Almaigne, lesquels j'ay logez ès places où il me semble qu'il vous pevent plus faire de service. Et afin que en soyez myeulx adverty, je vous envoye tout leur logeiz par escript. Vous avez des gens avecques vous qui ont esté au quartier, vous le leur pourrez monstrer si s'est votre plaisir, et tousjours seront remuez si vous ne les trouvez bien, et me semble que durant ceste année ne povez mainstenir que de deux mille hommes au long de ceste Vaulteline; et si ainsi fectes et vous soyez servy comme je pence, je ne doubte point que vous n'ayez bien Bellanconne, car il leur coustera merveilleusement à garder veu les garnisons que meetez à l'entour.

« Sire, j'ay aussi logé vos gens d'armes tout à l'entour de ceste lizière afin que s'ils estoient mandez pour vous faire quelque service que le bailly de Dijon les trouvast tous prestz, lequel je vous asseure vous sert très bien icy, et vous promectz que ny eussiez sceu myeulz pourveoir, car il est homme de sens et hômme de guerre, et vouldroye bien pour votre service que sa compaignie eust la queue plus longue qu'elle n'a.

« Sire, je luy laisse V^c hommes de pyé avecques sa compaignie en ceste ville qui est bien grande, afin que, s'il y avoit bruyt au pays, qu'il la tint en plus grande seureté, aussi pour pourveoir aux autres places s'il en estoit mestier.

« Sire, il est venu tout à ceste heure icy des gens que le dit bailly avoit envoyez à la ligue grise, à Suric et autres cantons, et ne si est faicte nulle essemblée, reservé que les gens du roy des Roumains ont tousjours pourchassé et pourchassent de jour en jour faire ligue avecques les cantons, et aussi les trois membres de la ligue grise leur offrant la Vaulteline et Chavainies à rachapt de certaine somme d'argent. Jusques icy ne si est riens fait ne voullu accorder, ains sont demourez en propos d'entretenir ce qu'ilz ont celle avecques vous. Je ne sey qu'ilz en feront, car tous ceulx des quantons ne pevent demouvoir ceulx de Huric d'avoir Bellanconne et sont sur une journée qu'ilz doivent tenir. Ainsi que nouvelles viendront vous en serez adverty.

« Sire, je m'en pars demain pour m'en aller vers Lecque et Laude pour visiter les places et aussi mectre ordre aux vivres des gens d'armes afin que les gens du pays ne se plaignent, et aussi s'il en y a nulz qui n'ayent soulde ne adveu pour les chasser hors du pays, car ce sont ceulx qui affollent le pays s'ils ne sont chassez après les guerres passées.

« Sire, j'ay amené icy avecque moy monsieur de Sendricourt et le maistres de l'artillerie avecques le bailly de Dijon, que j'ay trouvé icy, pour adviser au logeiz de vos gens et aussi pour envoyer l'un deçà et l'autre delà, pour chasser ses gens sans adveu, et pour y ayder à faire tenir ordre à ceulx qui ont soulde et en faire justice, et me semble que si ceulx là treuvent quelque pillart qu'ilz ne fauldront à en faire si griefve pugnicion que les autres y prendront exemple.

« Sire, il vous plaira me mander et commander voz bons plaisirs pour les acomplir à l'ayde de Notre Seigneur, auquel je prie qu'il vous doinbt, sire, très bonne vie et longue.

« Escript à Cosme, ce XXIXme jour de mai (1495 ?)

« Votre très humble et très [obéissant] subgect et s[erviteur].

[L. DE LA TRÉMOILLE.]

XIII

1495, 9 novembre. Lyon. — Nomination par Charles VIII de Louis II de La Trémoille à l'office de premier chambellan.

« Charles, par la grâce de Dieu, roy de France, de Sicile et Jhérusalem, à tous ceulx qui ces présentes lectres verront, salut.

« Savoir faisons que, nous reduysans à mémoire les grans, vertueux, continuelz, prouffitables et très recommandables services que nostre cher et féal cousin, conseiller et chambellan ordinaire, le sr de La Trimoille, chevalier de nostre ordre, a par cy devant et dès son jeune aaige faiz à feu nostre très cher seigneur et père, que Dieu absoille, et à nous, tant avant que depuis nostre avénement à la couronne, à l'entour de nostre personne, tant à la charge, conduite et direction des plus grans et principaulx faiz et affaires concernans le bien et utilité de nous, noz royaumes, pays et seigneuries, et de toute la chose publicque d'iceulx, que ès autres noz privez et secretz affaires; en quoy il nous a si bien, grandemment et prudemment conseillé, servi et aydé, et tousjours s'est trouvé si entier, loyal et vertueux, et ès autres grans charges et ambassades où l'avons voulu employer, qu'il a bien mérité et desservy louenge et grande rétribucion; considérans pareillement les bons services, dignes de mémoire, qu'il nous a faiz durant la guerre de Bretaigne, en la charge de nostre lieutenant général, tant avant que à la journée de Sainct-Aubin et après icelle, ce qu'il a bien encores monstré par effect durant nostre voïage de Napples, ouquel il nous a tousjours acompaigné, bien et loyaument conseillé et servi sans nous avoir habandonné, et en espécial au destroit de Fournaulx où nous estions en personne, auquel lieu et jour il nous donna entièrement à cognoistre l'expérience de ses faiz, hardiesse et vertuz de sa personne, laquelle audict jour il exposa en nostredict service; voulans iceulx services recognoistre envers luy et le eslever tousjours et approucher de nostre personne en hault et honnorable estat et degré, afin que tousjours il ait couraige de continuer en son bon et loyal service et conseil :

« Pour ces causes, et en aucune récompense des fraiz, mises et intérestz qu'il a euz et soutenuz oudict voïage et autres bonnes et justes considéracions qui à ce nous ont meu et meuvent, confians, par ce que dessus, entièrement de sadicte personne et de sesdictz sens, vertuz, vaillance, preudommie, bonne conduite et grande expérience, iceluy nostre cousin le s^r de La Trimoille, avons ce jourd'uy retenu et retenons, de nostre auctorité royal, nostre premier chambellan, et ledit estat et office luy avons donné et octroyé, donnons et octroyons de singulière grâce par ces présentes ; auquel estat et office n'avoit encores par nous esté pourveu depuis le trespas de feu Guy Pot, chevalier ; pour en iceulx estat et office de nostre premier chambellan nous servir d'ores en avant ordinèrement, et en joyr et user aux honneurs, autoritez, prééminances, prérogatives, gaiges, pensions et autres droiz qui y appartiennent.

« Si donnons en mandement, par ces mesmes présentes, à nostre amé et féal conseiller l'arcevesque et duc de Reims, premier per et chancelier de France, que nostredit cousin et premier chambellan, du quel nous avons prins et receu le serment en tel cas acoustumé, il convocque et appelle et face convocquer et appeller des premiers en noz conseilz et affaires, en le faisant et souffrant au seurplus joyr et user des honneurs, autoritez, prééminances, prérogatives, gaiges, pensions et autres droiz appartenans audict estat et office, d'ores en avant plainement et paisiblement, et à luy obéyr et entendre de tous ceulx et ainsi qu'il appartiendra ès choses touchans et regardans iceluy. Mandons en oultre à noz amez et féaulx les trésoriers de France et généraulx de noz finances, et à chascun d'eulx, que, par le changeur de nostre trésor ou l'un des receveurs généraulx de nosdictes finances, ilz facent d'ores en avant payer et appointer par chascun an à nostredit cousin et premier chambellan les gaiges, pensions et droiz dudict office sans y faire aucune interrupcion ou discontinuacion. Et par rapportant cesdictes présentes, ou *Vidimus* dicelles fait soubz séel royal pour une foiz, avec recognoissance de nostredit cousin sur ce soufisant seulement, nous voulons tout ce que payé et baillé luy en aura esté à ceste cause estre alloué ès comptes et rabatu de la recepte de celuy ou ceulx qui payé l'en aura ou auront, par noz amez et féaulx gens de noz comptes, ausquelz nous mandons ainsi le faire sans dificulté ; car tel est nostre plaisir. En tesmoing de ce, nous avons faict mectre nostre séel à cesdites présentes.

« Donné à Lyon, le ixe jour de novembre, l'an de grace mil cccc quatre vings et quinze, et de noz règnes de France le treiziesme et de Sicile le premier.

« Par le Roy, mons^{gr} le duc de Bourbon, les sires de Gyé, mareschal de France, et de Piennes et autres présens.

ROBERTET.

Chartrier de Thouars. Original en parchemin.

XIV

1496, 30 juillet. Paris. — Lettres patentes de Charles VIII en faveur de Louis II de La Trémoille, relatives à la « possession et saisine » qu'avait ledit Louis de la Trémoille « de prandre par droit d'amiraudaige la dixième partie de tous les navires, marchandises et autres choses avenues par mer et de la mer au dedans des havres et pors de Thalemont et d'Olonne, et aussi la dixième partie, par ledit droit d'amiraudaige, de tous les navires, marchandises et autres choses que ses hommes et subgectz prenent en mer, le tout par fait de guerre, et amènent et conduisent ès pors et havres de sesdites seigneuries (de Thalemont et d'Olonne) et autres voisines, et en a joy... et ses prédecesseurs de tel et si loing temps qu'il n'est mémoire du contraire ». Ce droit lui avait été contesté par un sergent de l'amiral de France au sujet de « certains navires et marchandises », pris en mer sur les Espagnols, au mois de mai 1496, par « Guillaume Amelin, Jehan Ardennoys, Jehan Reguer et autres mariniers demourans joignant le port et havre des Sables d'Olonnes, à luy appartenant ».

Chartrier de Thouars. Orig. parch.

XV

1498, 21 juin, Senlis. — Louis XII, « pour la parfaicte et entière confiance » qu'il a « de la personne de » son « amé et féal cousin, conseiller et premier chambellan, Loys, seigneur de La Trémoille, et de ses sens, vaillance, loyaulté, conduicte, expérience, bonne preudommie et dilligence, et en faveur des bons, loyaulx, vertueux et recommandables services qu'il a faiz à feu …le roi Charles, que Dieu absoille, » services qu'il continue au nouveau roi, lui donne « l'office de cappitaine et garde des ville et chastel de Fougères, qu'il a tenue et tenoit du vivant et au jour du trespas » du dit Charles VIII.

Chartrier de Thouars. Orig. parch.

XVI

1498, 21 juin. Senlis. — Lettres patentes de Louis XII par lesquelles il confirme son « amé et féal cousin et premier chambellan, Loys, seigneur de La Trémoille », dans son « office de cappitaine » des « ville, cité et chastel de Nantes ».

Chartrier de Thouars. Orig. parch.

XVII

1499. Loches. — Lettres patentes de Louis XII instituant Louis II de La Trémoille « lieutenant-général sur la gendarmerie en la duché de Millan », et le chargeant de conduire en Italie contre « le seigneur Ludovic et aucuns ses adhérans et alliez... jusques à cinq cens lances » des « ordonnances, oultre le nombre des autres gensdarmes. »

Chartrier de Thouars. Orig. parch. en mauvais état.

XVIII

1502, 26 avril. Blois. — Lettres patentes de Louis XII par lesquelles le roi donne à Louis II de La Trémoille « l'office d'amyral de Guyenne... vaccant par le trespas de feu... le prince d'Orenge. »

Chartrier de Thouars. Orig. parch.

XIX

1502, 26 avril. Blois. — Louis XII, confiant en « la vraye et longue expérience... de la personne de » son « cher et féal cousin, conseiller et premier chambellan, Loys, seigneur de La Trimoille, chevalier de » son « ordre, » lui donne « à la nomination de » sa « très chère et très amée compaigne, la royne,... l'office d'amyral de Bretaigne... vaccant par le trespas » du « prince d'Orenge. »

Chartrier de Thouars. Orig. parch.

XX

1514 (v. s.), 7 janvier. Paris. — François Ier, « en faveur des bons, grans, louables, vertueux et très recommandables services » rendus par son « très cher et très amé cousin, conseiller et premier chambellan, le sire de La Trémoille », aux rois Louis XI, Charles VIII et Louis XII, confirme ledit de La Trémoille dans son « office d'admiral de Guyenne ».

Chartrier de Thouars. Orig. parch.

XXI

1514 (v. s.), 7 janvier. Paris. — François Ier confirme Louis II de La Trémoille dans son office « d'admiral de Bretaigne ».

Chartrier de Thouars. Orig. parch.

XXII

1515, 28 octobre. Milan. — François Ier, voulant reconnaître les bons services de son « cher et amé cousin le sire de La Trémoille, chevalier de » son ordre, son « premier chambellan, lieutenant général et gouverneur en Bourgogne », lui donne « la cappitainerie des place et chastel du Vergy, ès pays et duché de Bourgogne, que soulloit tenir et exercer feu... Charles de La Trémoille, prince de Tallemont, son fils, vacant à présent par son trespas...,»

Chartrier de Thouars. Orig. parch.

XXIII

1517, 17 avril. — Contrat de mariage de « très noble damoyselle Loyse de Borge (Borgia), fille de feu mons^r le duc de Vallentynois et de feue dame Charlotte d'Albret, jadis sa femme, en la présence, du voulloir, consentement et o l'auctorité de très haute et très puissante dame et princesse madame Loyse, mère du roy, nostre seigneur, duchesse d'Angoulesme et d'Anjou, contesse du Maine et de Beaufort, ou nom et comme ayant le gouvernement et administration de la dicte damoiselle Loyse », avec « très noble et très puissant seigneur, monseigneur, Loys de La Trimoille, viconte de Thouars, chevalier de l'ordre du roy », fait et passé « au lieu de Sainct-Mor-des-Fossez, l'an mil cinq cens et dix sept, le vendredi dix septiesme jour du moys d'avril après Pasques[1]. »

Chartrier de Thouars. Pièce parch.

[1]. Sainte-Marthe, le P. Anselme et autres ont placé par erreur le mariage de Louis II de La Trémoille et de Louise Borgia au 7 avril.

XXIV

1521, 8 avril. Avallon. — Lettre de Louis de La Trémoille aux échevins de Dijon alors qu'il était à Avallon avec François I.

« A Messieurs les gens d'Église, maire et eschevins de la ville de Dijon.

« Messieurs,

« Je me recommande à vous ; advisez que le roy sera demain à couscher à Saulieu, le lendemain à Torsy, et della Villeneufve et à Dijon ; pour ce tenez votre cas tout prest. Si le dit seigneur arryvoit tard, est mestié d'avoir troys ou quatre cens torches que les petits enfans ou beaux jeunes compagnons de la ville porteroient. Pareillement, mectez votre artillerie en ordre sur les porteaulx et es tours, et qu'elle tire quant le dit seigneur entrera dedans la ville. Faictes bonne provision de foing, paille, avoyne, et ý mectez bon ordre et police et aultres vivres, car il pourra faire là long séjour, parcequ'ils se meurent à Lyon. Aussi mectez ordre que les murailles d'autour la ville soient bien nectyés, et les bresches rabillées. Et à Dieu que je prie vous avoir en sa garde.

« Escript à Avallon le VIIIe jour d'avril.

« L. de La Tremoille. »

(Mairie de Dijon. — Arch. de la ville. Correspondance).

XXV

1522. — Lettre de Louis II de La Trémoille relative à un navire anglais.

« A noz subgectz et habitants de l'isle de Nermoustier :

« Messrs, touchant les quatre canons et deux passes vollans qui sont de ferc qui estoient ou navire angloys qui est brisé ces jours passez le long de la coste, baillez les à celuy que Regnaud de Moussy, mon vifadmiral *(sic)*, y envoyra les quérir, car il faut qu'on s'en serve jusques à ce que la paix soit. Et si les dits Angloys la viennent quérir ensemble leurs biens, je y envoyeray gens pour leur faire raison, mes je ne vieulx pas que l'on tiegne la dite artillerie là, et leur direz que on l'a mise dedans ung navire et qu'elle ne sera perdue et mes qu'elle soit de retour on leur rendra. Et ne faillez de les délivrer à ceulx que vous dira ou envoyra mon vifadmiral, ensemble les boestes et les boullez. Et après ce que l'on s'en sera servy là vous envoyray en Nermoustier.

« Et à Dieu mess[rs] que je pry qu'il vous doint ce que désirez ; ne faillez de faire bon guet et fortiffier voz costes, et de ma part vous y aideray.

L. DE LA TRÉMOILLE. »

Chartrier de Thouars. Autographe, papier.

XXVI

1524, 10 juin. Dijon. — Lettre de Louis de La Trémoille à Regnault de Moussy.

« Regnault de Moussy, je me recommande à vous..... Je vous promectz Regnault que je n'euz jamais plus d'affaires que j'ay, car à ce que je suis adverty de tous coustés je ne attens l'eure d'avoir beaucoup d'affaire par deçà, car le frère de l'empereur faict grosse assamblée de gens pour y venir ou en Champaigne, et à ce que l'on dit messire Charles de Bourbon doibt descendre avecques l'armée de l'empereur en la Prouvance où se doibt joindre avecques le frère du dit empereur. Je me prépare le plus que je puis et mais que le roy me donnet ordre à ce que je luy ay mandé et qu'il paie ses gendarmes, j'espère s'ils viennent en ce quartier de les bien recueillir.

« Davantage, il est advenu en ce pais que on a trouvé la plus grant partie des portes de la ville de Dijon marcquées de crois Sainct-André, de fusilz, et en d'aulcunes ont escript : Bourgongne, et ès autres avecques les dictes mercques bruslé ; autant en on faict en la ville de Beaulne, à Nuys et ès villages de l'antour, dont le peuple est merveilleusement estonné et disent qu'on les vieult brusler. Je ay donné l'ordre telle qu'il est possible pour voir si je pourray ataper quelqu'un de ceulx qui font ces mercques pour en faire si grosse justice qu'il en soyt mémoyre à jamais ; mais encores n'en ay sceu descouvrir ung, je vous promez que j'en suis en grant pansement, car à cause dudit frère de l'empereur qui faict ces assemblées si près d'ici, je ne crains pas tant le feu que je fais que ces mercques se facent pour esmouvoir le peuple et faire quelque conspiracion contre le roy ; je y mectz telle penne à faire faire le guet que si je puis j'en ataperay quelqu'un pour en savoir la vérité, toutefoiz l'on dit que ce n'est que pour le feu et que à Troyes, dont je croy que estes bien adverty, où ilz ont brûlé la plus grante partie des maisons, en avoient faict autant.

« Faictes moy finance d'argent, car je vous promectz que j'en ay bien mestier. Et à Dieu Regnault qu'il vous doint ce que désirez.

« Escript à Dijon, ce X^e jour de juing.

« L. DE LA TRÉMOILLE. »

Chartrier de Thouars. Copie du XVIe siècle, papier.

XXVII

1526 (v. s.), 24 février. — Quittance de Louise Borgia, duchesse de Valentinois, et de François de La Trémoille pour la nef nommée la Catherine de La Trémoille.

« Nous Loise, duchesse de Valantynois, vefve de feu monseigneur Lois de La Trémoille, et Francoys, à présent seigneur de La Trémoille, chevalier de l'Ordre, viconte de Thouars, nepveu[1] en ligne directe et seul héritier dudit feu monseigneur Loys, confessons avoir eu et reçeu du roy, nostre souverain seigneur, la somme de sept mil cinq cens livres pour le parfaict payement et reste de la somme de douze mil livres, en quoy nous estoit tenu ledit seigneur, pour les gaiges et souldes de cinq moys, restans de dix, durant lesquelx nostre nef ou carraque, nommée la Katherine de La Trémoille, a esté au service dudit seigneur lors que l'armée de l'Empereur estoit devant Marseille en Provence, sur laquelle somme de XII^m livres, veriffiée et approuvée par mess^{rs} du conseil nous estre deue, a esté baillé par ledit seigneur à Michel Chausseblanche, patron de la dicte nef, l'office du greffe de la juridiction du conservateur lay des privilleiges royaulx de l'Université de Poictiers, pour la somme de IIII^{m}V^c livres, pour par nous demourer quicte envers luy de pareille somme que luy devions à cause d'icelle nef, de laquelle somme de VII^m V^c livres, pour le reste desdites XII^m livres, nous tenons pour contenté et en avons quicté et quictons ledit seigneur et tous autres qu'il appartiendra par ces présentes signées de noz mayns et scellées du scel de nos armes, le XXIIIIe jour de février mil V^c XXVI. »

Chartrier de Thouars. Pièce papier.

1. *Neveu*, dans le sens latin qui signifie *petit-fils*.

CHAPITRE III

LE CARDINAL JEAN DE LA TRÉMOILLE

EXTRAITS DES COMPTES

EXTRAITS DES COMPTES

Vers 1501. — Compte d'orfèvrerie pour Jean de La Trémoille.

« Il est et sera deu à l'orfevre ce qui s'ensuyt.

« Et premièrement :

« Une nau d'argent[1] qui poisera environ XXXVI marcs d'argent, qui, à la raison de XIIII livres tournois le marc, à quoy a esté fait marché avecques lui, pour argent, doreure et façon, pour ce cy............ 504 liv.

« Une buye à eaue, tenant environ un sceau, qui pesera environ XXII marcs, qui, à la raison de XII liv. X sols tourn. le marc, pris fait avecques lui par le s^r de Vaulx... 275 liv.

« Une XIIe de platz de cuysine qui poiseront environ XXXVI marcs, qui, à semblable raison de XII liv. X sols, pris fait, vallent............................. ⎫
⎬ 750 liv. tourn.
« Une douzaine d'escuelles qui poiseront environ XXIIII marcs, qui, à semblable raison de XII liv. X s., vallent........... ⎭

[1]. Dans un autre compte on lit : « Ung navire d'argent, toute dorée. »

« Une masse d'argent qu'il a fournye, mise aux coffres de monseigneur, pesant VIII marcs IIII onces III gros, qui, à la raison de XII liv. X s., vallent........... 106 liv. 16 s. 8 d.

« Item, il a fourny ung calice et une boette à mectre hosties [1], le tout doré, pesant VIII marcs II onces, qui, à la raison de X liv. le marc, vallent................ 744 liv. 7 s. 6 d.

« Item, il a fourny ung fer d'or pesant I marc VI onces I gros et demy, qui vallent VI^{xx} VII liv. IIII s. IIII d. ob........... 222 liv. 9 s.

« Item, lui est deu pour dechet et façon.. 10 liv. 10 s.

« Item, doit faire troys chandeliers d'argent à tuyaulx, à semblable raison de XII liv. X. s. le marc et peseront environ IX marcs, qui vallent.................... 112 liv. 10 s.

« Item, ung seel et contreseel avecques la chesne pesant environ I marc.......... 12 liv. 10 s.

« Item, il a payé et baillé contant à l'engraveur des dits seel et contreseel......... 100 s.

« Item, le dit orfèvre a fourny à ung quidam, demie once d'argent pour faire lunettes [2], pour ce..................... 15 s.

« Item, icelui orfèvre doit fournir une coppe d'or pesant VIII marcs et lui a esté

---

1. Ailleurs : « Ung calice, platène, d'argent doré, pesant avec la boete à hosties VIII m. I o. XVIII deniers. — Une crosse pesant XXVI m. I o. »

2. Ailleurs : « Item, il lui est deu demie once d'argent qui fournit pour faire les bezicles ».

promis par le s^r de Vaulx II liv. pour la façon de chacun marc, pour ce cy........ 1,036 liv.

« Item, doit faire une sallière d'or qui pesera environ II marcs et pour façon II liv. pour marc.................... 250 liv.

« Item, une cullère qui pesera environ III onces et la façon, à la raison cy dessus, pour ce cy............................ 49 liv.

« Item, XII tranchouers d'argent dorez aux bords à la façon d'Italye qui poisent environ XV marcs, à la raison de XII liv. X s. argent et façon, pour ce cy........ 187 liv. 10 s.

« Une cloche pesant environ III marcs toute dorée dedens et dehors, à la raison de XIIII liv. tourn...................... 42 liv.

« Item, pour avoir redoré et resodé le pié d'une tasse............................ 25 s.

« Il a esté fourny à l'orfèvre sur le contenu en l'autre feullet ce qui s'ensuyt.

« Et premièrement :

« Par Hugues.................... 962 liv. 10 s.

« Par luy, CX reaulx d'or qui ont pesé en lingot I marc V onces II gros et demie, qui, à la raison de XV liv. XV s., vallent.. 209 liv. 12 s. 6 d.

« Par lui, ung autre linguot d'or d'escu, pesant IX marcs VI onces.............. 1,223 liv. [...]

« Par lui, ung calice et une boette pesant
III marcs I once d'argent, à la raison de
XII liv. tourn. le marc, pris fait, pour ce cy.   37 liv. 10 s.

« Item, ay fourny en ducats et escus....   118 liv. 15 s. 10 d.

Chartrier de Thouars. Pièce papier.

1501, 6 juin. — « *Inventaire de* [ce] *qui est laissé au Clavaire d'Aux.*

« Une robe d'escarlate longue fourrée de martres.

« Une robe longue noir fourrée de aignaulx lombardie.

« Une autre robe courte gris rouan, fourrée de noir.

« Une chappe en façon de cardinal d'escarlate, le hault fourrée letisses.

« Deux bacins d'argent aux armes de Monseigneur.

« Ung messel à impression, couvert cuir.

« Ung pontifical en parchemin qui fut au feu évesque de Verience. (Valence?)

« Ung chappeau drap couvert taffetas vert à cordons soye.

« Fait le VIe juing, l'an mil cinq cens et ung. »

Chartrier de Thouars. Pièce papier.

1506, 21 octobre; 1507, 2 mai.— Extraits d'un Compte de Hugues Le Masle.

« A maistre Macé de Villebresme, l'un des varletz de chambre du roy, qui voyaiga à Boulongne par l'ordonnance dudit seigneur et de monseigneur de La Trimolle, pour la matière cardinale de monseigneur (Jean de La Trémoille) et de monseigneur de Bayeulx, a esté fourny contant à deux foiz .... 365 liv.

« Au prothenotaire Arbauldi pour une propine (procuration) que mondit seigneur lui a ordonné pour faire le voyaige à Boulongne pour la matière des chappeaulx, la somme de L ducats d'or, fournies en la présence de maistre Pierre, pour ce cy.... 93 liv. 15 s.

« Pour la façon d'une hoppe et boton pour le grant harnoys cardinal de monseigneur... 17 s. 6 d.

« Pour troys aulnes III quars veloux pers pour faire le tour de la table d'autel pour Poictiers, acheté par le sʳ de Vaulx, maistre d'ostel, à la raison de VI liv. XV s. l'aulne, vallent................. ...... 23 liv. 6 s. 3 d.

« Item, pour une aulne troys quars veloux cramoisi employé en une chasuble de drap d'or pour monseigneur, pris fait par ledit maistre d'ostel, pour ce cy.......... 23 liv. 19 s.

« Item, pour trente et une aulne demy quart camelot roge, employé en une chappe cardinale pour mondit seigneur, acheté de IIII marchands, pour ce cy.............. 51 liv. 18 s. 4 d.

« Item, a été acheté par le s^r de Vaulx, de Girard, marchand à Paris, VIII aulnes quart escarlate sans presser, pour faire manteau et autres habitz à mondit seigneur, à la raison de VIII liv., vallent........... 56 liv.

« Item, pour six aulnes escarlate pressée, pour faire grant manteau à mondit seigneur, pris fait par le s^r de Vaulx, à IX liv. III s. IIII d., vallent................... 55 liv.

« Item, pour IIII aulnes satin cramoisi pour doubler la chappe cardinale de monseigneur, à la raison de IIII ducats, vallent. 15 s. tourn.

« Pour lunettes et pour estuitz......... 15 s. tourn.

« Item, a été fourny à Adenet, brodeur, pour la façon d'un parement d'autel, pris fait par le s^r de Vaulx, pour ce cy........ 70 liv.

« Item, pour une casse toille sirée, canevatz, cordage, clou, et portaige, où ont esté mis les aornemens d'église que monseigneur donne à son église de Poictiers, pour ce cy .... 28 s. 8 d.

« Au seigneur Guillaume Le Camus, marchand pelletier, suyvant la court, la somme de XX écus soleil, et ce pour ung manteau de martres par lui livré, employé en ung saye de veloux cramoisi pour mondit seigneur, pour ce cy................. 36 liv. 10 s. »

Chartrier de Thouars. Cah. pap.

1506 (v. s.), 31 mars, Poitiers. — Marché fait par le cardinal Jean de La Trémoille avec Grand-Jehan, l'un de ses fauconniers.

« Aujourd'huy, dernier jour de mars mil cinq cens et sept[1], avant Pasques, nous Jehan de La Trémoille, par permission divine arcevesque d'Aux et évesque de Poictiers, avons fait marché avec Grant-Jehan, nostre fauconnier, ainsi qu'il s'ensuyt. C'est assavoir que le dit Grant-Jehan sera tenu muer ses deux sacres et faucon et nourrir ses deux lévriers, pour le pris et somme de dix escuz d'or couronne. Et si ledit Grant-Jehan essyme ses dits oyseaux, il aura neuf solz le prochain jour depuis le jour qu'ilz seront tiré hors de la mue jusques à ce qu'ilz soient essymez. Et aura certificacion de mons^r de Saint-Jouyn du jour qu'il tirera hors de mue lesdits oyseaulx, si autres nouvelles il n'a de nous.

---

1. Il faut lire 1506, car le 31 mars 1507 (v. s.), le cardinal Jean de La Trémoille était mort depuis environ neuf mois. D'ailleurs la cote ancienne qui se trouve au dos de la pièce rectifie la date. Elle est ainsi conçue : « Ce sont les marchez que j'ay [faicts] avec mes fauconniers, le [premier] jour d'avril l'an mil cinq [cens] et six. »

« Faict à Poictiers, soubz nostre seing, les jour et an que dessus[1]. »

Chartrier de Thouars. Pièce papier.

1507, 6 avril, Angle. — Lettre de Jean de La Trémoille, évêque de Poitiers, archevêque d'Auch.

« Recepveur d'Angle, distribuez aux paouvres de nostre baronnie et chastellenie d'Angle, par chascune sepmaine, ung setier de blé moytié forment et moytié seigle, jusques à la Saint Michel prochain venant. Et en rapportant ces présentes, avec certifficacion des officiers, il vous sera alloué en voz prochains comptes.

« Donné en nostre chastel d'Angle, le VIe d'avril l'an mil cinq cens et sept.

« J. ARCEVESQUE D'AUX. »

Chartrier de Thouars. Original.

1507, 2 septembre. — Certificat de payement d'une somme pour le service du cardinal de La Trémoille.

« Je Guillaume Lemosin, sénéchal de Nermoutier, certiffie à mess^{es} les audicteurs des comptes de Guillaume Papion, receveur

---

1. Même date. Autres marchés de Jean de La Trémoille, « arcevesque d'Aux et évesque de Poictiers, » avec « Petit-Jehan de Lasseigne », son « premier fauconnier, » et avec « Berthin, » autre fauconnier. (Ch. de Thouars.)

dudict lieu de Nermoutier, que il a emploié des deniers de sa recepte pour faire faire le service de deffunct monseigneur le Cardinal, ordonné par Madame estre faict oudictes ysle et abbaye de Nermoutier, tant aux chappelains et religieulx qui ont celébré et faict ledict service, pour le luminaire et encens, et aussi au painctre qui a faict les escussons et lictes*, tant à l'abaie Blanche que au prieuré, la somme de seze livres dix sept solz six deniers tournois, par ceste présente certifficacion signée de ma main, aujourd'huy segond jour de septembre l'an mil V^c et sept.

« Lemosin, sénéchal susdict. »

Chartrier de Thouars. Orig. pap.

1507, 7 septembre. L'Ile-Bouchard. — Paiement de services faits pour le repos de l'âme du Cardinal.

« De par la dame de La Trémoille, comtesse de Benon, vicomtesse de Thouars et princesse de Thalmond.

« Chers et bien amez les gens et audicteurs des prochains comptes de Monseigneur, nous vous mandons que passez et allouez à Guillaume Papion, receveur de Noirmoustier, la somme de seze livres dix sept solz six deniers tournois, qu'il a employée à faire faire des services, par nostre commandement, ès esglises dudict lieu de Noirmoustier pour l'âme de feu nostre frère Monsr le Cardinal, que Dieu absoille ; et en oultre luy allouez ce que coustera à enduire et

---

* Litres ou ceintures funèbres.

blanchir à l'entour et par le dedans desdictes esglises, à l'endroict où l'on fera faire les lictez aux armes de mondict sieur, en raportant certiffication de ce que coustera ledict blanchissement. Et n'y faictes aucune difficulté, en rapportant ces présentes signées de nostre main.

« Donné à l'Isle Bouchart, le vii° jour de septembre l'an mil cinq cens sept.

« GABRIELE DE BOURBON. »

Chartrier de Thouars. Original.

1509, 8 août. — Quittance de Michau Poupineau, demeurant à L'Ile-Bouchard.

« Je Michau Poupineau, demourent à l'Isle-Bouchart, confesse avoir eu et receu de Pierre [...], recepveur de L'Isle-Bouchart, la somme de quinze sols tournois pour mon sallaire d'avoir porté des lettres à mons^r le maistre d'ostel Chazerac qui faisoit conduire et amener de delà les mons le corps de feu mons^r d'Aulx, que Dieu absoulle...

« Le *VIII*ᵉ jour d'aoust l'an mil cinq cens et neuf.

« A la requeste dudit Poupineau : J. BASSEREAU. »

Chartrier de Thouars. Orig. pap.

PIÈCES JUSTIFICATIVES

PIÈCES JUSTIFICATIVES

I

1483, 6 juin. Orléans. — « Jehan de La Trimoille, prothonotaire du Saint-Siège appostolicque, abbé de Selles et de Noirmoustier, » établit « Rolant Le Gras, escuier, » son procureur « pour faire et passer » avec son frère « mons^r de La Trimoille, l'apointement qui a esté pourparlé entre luy et... le sire de Mazères, pour raison de la somme de » 600 livres tournois de rente, due au dit « de Mazères, pour le reste de son mariage » avec leur sœur, Anne de La Trémoille. Le dit Rolant Le Gras consentira au nom dudit Jean de La Trémoille à ce qu'on baille à perpétuité au dit seigneur de Maizières « le chastel, terre, seigneurie et appartenances de Prahec, avec la somme de cent livres tournois de rente annuelle et perpétuelle... et la somme de cinq cens escus d'or pour une foiz... »

Chartrier de Thouars. Orig. parch. scellé.

II

1490, 1er avril. Selles-en-Berry. — « Jehan de La Trémoille, arcevesque d'Aux, seigneur temporel de Luçon, Doué, La Basse-Guerche, La Possonnière et l'isle de Noirmoustier, » nomme son « cher et bien amé Odet de Cherezac, maistre d'oustel » de Louis II de La Trémoille, « capitaine des « chastel, terre et seigneurie dudit lieu de Noirmoustier... » (Signé) « J. arcevesque d'Aux. »

Chartrier de Thouars. Orig. parch. sceau perdu.

III

1501, 24 juillet. Selles. — Lettre de Jean de La Trémoille, recommandant à Louis II, son frère aîné, les habitants de Selles en Berry.

« A monseigneur mon frère, monsgr de La Trimoille.

« Monsgr, je me recommande humblement à vostre bonne grâce tant comme je puis. Je suis passé par Thouars, vous y cuidant trouvez, et delà m'en allé à Doué où je fu huit jours actendant vostre venue. Et quant je vy que ne venyés point, m'en passé par Thouars et m'en vins icy, pour despescher aucunes besoignes ; et m'en yray incontinant à Paris pour faire expédier aucuns procès, si je puis, et aussi m'en enquérir de voz procès, et moy retourné m'en iray incontinant devers vous et vous en diray.

« Les habitans de ceste ville envoyent par devers vous les pourteurs de ces présentes, pour les empruns de troys cens cinquante livres qu'on leur demande. Ils sont pouvres, et ont eu ceste année beaucoup à besoigner pour deux tailles qu'ilz ont paiées. Je vous prie, Monsgr, que leur veuillez aider en ce que vous pourrez ; et vous ferez bien et aulmonne, et les pouvres habitans seront tenuz à prier Dieu pour vous.

« Monsgr, je vous fusse allé veoir quant passé par Bleré, més on me dist que incontinent que fustes à Tours vous partistes pour vous en aller à Thouars, qui fut ce qui me garda de y aller. Monsgr, commandez moy vos bons playsirs et je les acompliray, ou l'aide Nostre Seigneur, auquel je prie qui vous doint bonne vie et longue.

« Escript à Selles, le xxiiiie jour de juillet.

« Vostre humble frère,

« J. Arcevesque d'Aux. »

Chartrier de Thouars. Original.

IV

1505, 1ᵉʳ septembre. Blois. — Extrait d'une lettre de Hugues Le Masle à Jean de La Trémoille.

« ... Le Roy vous pourvoit de l'évesché de Poictiers ; et lui a présenté ledit seigneur vostre frère [1] toutes voz abbayes, mais je l'ay adverty, touchant vostre abbaye de Sainct-Benoist, qui vous feroit bien mal de la lascher, et que vous l'aymez bien. Il ce mectera en son devoir de la vous faire reserver si possible lui est, mais il craint aucunement irriter le Roi...

« Monsr de Poictiers n'est point encores allé à Dieu, mais il est habandonné de tous les médecins du Roy et ne passera point ce jourduy [2]. Monsr de Bourges alla hier à Dieu [3] et est monr de Bayeulx [4] après. Le Roy lui de-

---

1. Louis de La Trémoille, son frère aîné.
2. Pierre V d'Amboise, qui mourut en effet le 1ᵉʳ septembre, à Blois.
3. Guillaume IV de Cambray.
4. René de Prie. Il n'eut pas l'archevêché de Bourges que Louis XII donna à son bâtard, Michel de Bucy.

mande l'évesché de Bayeulx mais il ne la vieult lascher, mais il lui baille VI^m livres de beneffices.

« Mons^{gr}, l'ambassade d'Angleterre arriva vendredi en ceste ville, et demandent madame de Bourbon[1] pour estre royne d'Angleterre ou madame d'Angolerme[2] et sa fille[3] pour le fils du roi d'Angleterre. Je ne scay quelle conclusion il en sera faicte. »

Chartrier de Thouars. Original.

V

1505, 9 décembre. Rome. — Bref du pape Jules II, assurant Louis II de La Trémoille de ses bonnes dispositions pour le cardinalat de son frère.

Dilecto filio nobili viro de Lautremoi.

JULIUS PAPA II^{us}.

« Dilecte fili, salutem et apostolicam benedictionem.

« Audivimus benignissime ea que Joannes Moreau, christianissimi regis secretarius, ipsius regis et tue nobilitatis nomine, nobis nuper exposuit de Cardinalatus negotio, quamvis eadem, priusquam dictus secretarius adventasset, a dilecto filio La Forest, tui hospitii magistro, qui negotium hujusmodi procuravit, audivissemus. De qua re bonam mentem et voluntatem nostram a venerabili fratre Petro, Sistaricensi episcopo, oratore nostro, qui et ipse ne-

---

[1]. Anne de France, fille de Louis XI.
[2]. Louise de Savoie, mère de François Ier.
[3]. Marguerite d'Angoulême, reine de Navarre.

gotium hoc, non minori fide quam si suum proprium fuisset, sollicitavit, tua nobilitas intelliget ; cui fidem indubiam prestare velis.

« Datum Rome, apud Sanctum Petrum, sub annulo piscatoris, die nona decembris MD V°, pontificatus nostri anno tertio.

« SIGISMUNDUS. »

Chartrier de Thouars. Original parchemin.

VI

1507, 16 juin. Milan. — Testament du cardinal Jean de La Trémoille.

« Ou nom du Père et du Filz et du benoist Sainct-Esperit.

« S'ensuyt le testament et dernière volonté de très révérend père en Dieu monsr Jehan, cardinal de La Trémoille, par permission divine, arcevesque d'Aux et évesque de Poictiers, faict par le dict très révérend malade en son lict, et ce quant au corps, mais sain de son entendement, le seizième jour de juign, mil cinq cens et sept, en la ville de Millan, en la maison de honneste femme, dame Darie de Pusterre, vefve de feu noble homme Bourgonce Botte, en laquelle maison estoit logé le dit seigneur, en la forme qui s'ensuit.

« Et premièrement, le dict très révérend, cognoissant qu'il n'est rien si certain que la mort, ne si incertain que l'heure, voulant vivre et mourir en la foy de saincte Eglise, et comme bon et vroy catholicque, préallablement, a donné son âme à Dieu, son créateur, et icelle recommandée à la glorieuse vierge Marie et à tous les saincts et sainctes de Paradis.

« Segondement, le dict très révérend testateur a donné son corps à la terre et volu estre inhumé et sepulturé en l'église des frères Mineurs de Sainct-François, près le chastel du dict Millan, davant l'autel de la chappelle que on dit de Saint-Bernardin, ouquel lieu ledit testateur avoit acoustumé de ouyr messe.

« Item, le dict très réverend a ordonné que le service et solempnité de sa sépulture et funérailles soient faictz à la discrétion de ses exécuteurs, cy-après nommés, et de deux de mess{{es}} ses frères, auxquelz a donné la superintendence de son dict testament et dernière volonté, comme après sera déclaré.

« Item, le dict testateur a voulu et ordonné en général et particulier toutes ses doibtes et forfaictz estre préallablement payez et davant toutes autres chouses.

« Item, a voulu et ordonné estre distribué par manière de don et bienfaict à tous ses serviteurs domestiques, oultre leurs gaiges ordinaires et aultres doibtes si aucunes leur sont deuz, à ung chacun d'iceulx, depuis le moindre jusques au plus grant, soient prebtres, beneficiés ou non, gentilzhommes et autres serviteurs, de quelque condicion qu'ilz soient, certaine quantité et portion des biens que Dieu luy a donnés, et ce après son trespas, à la discretion et conscience de ses exécuteurs, appellé toutesfois l'ung des deux frères, ausquelz, comme dit est, il a donné la superintendence.

« Item, ledict très révérend a donné spécialement à l'ung de ses anciens serviteurs, nommé Mathurin Millon, et oultre ses gaiges, et aussi oultre le bienfaict et gratuité qu'il a voulu estre faicte et distribuée à tous ses serviteurs..., pour les bons et agréables services que ledict Millon de long temps a faictz audict très révérend, la somme de trente et cinq escuz, laquelle somme le dict Millon devoit à messire Jehan de Coesmes, prebtre, serviteur dudict très révérend.

« Item, et pour acomplir toutes les choses précédentes, le très révérend testateur, de sa certaine science et franche volonté, a nommé, constitué et ordonné ses exécuteurs de ce présent testament et dernière volonté, maistre Adam Le Conte, prebtre, chappelain et aulmosnier dudict très révérend, et Hugues Le Masle, viconte de Mortain, serviteurs domesticques dudict seigneur, et très haulx et très puissans seigneurs, monseigneur Loys de La Trémoille, et mons{{r}} Jacques de La Trémoille, seigneur de Bommiers, frères du dict testateur comme superindentens de son dict testament...

« Escript et leu audict très révérend ès présences des tesmoings qui s'ensuyvent ; c'est assavoir de,

« Révérend père en Dieu, monsr Claude de Tonnerre, évesque de Sées, nepveu dudict très réverend testateur.

« Monsr maistre Guillaume de Quercu, prebtre, docteur en théologie.

« Jehan de Villeblanche, escuier, sr de Vaulx, maistre d'ostel dudict très réverend testateur.

« Maistre Pierre du Plessis, prebtre, curé de Saincte-Cécile, sr de Maguiz, ou diocèse de Luçon.

« Messire Bartholomy de Gavaston, chanoine de l'église métropolitaine d'Aux.

« Messire Sébastien Nycou, curé de Monciraigne, ou diocèse de Luçon.

« François d'Avalloilles, escuyer, sr de Roncée.

« Vincent d'Argery, varlet de chambre du dict très révérend, et de plusieurs autres, et mesmement en la présence des dicts Adam et Hugues, exécuteurs.

« Et en tesmoing de ce, nous cy-dessoubz signez présens à tout ce que dict est, avons rédigé par escript et signé ce présent testament, par le commandement du dict très révérend testateur, l'an, jour et lieu que dessus.

« *Loingault*, secrétaire du dict très réverend et son serviteur domestic, pour original.

« *Raymond*, chappelain et serviteur domesticq du dict très révérend testateur.

Chartrier de Thouars. Orig. parch. et pap.

VII

1507, après le 16 juin. — « *Advertissement à monseigneur mons^r le gouverneur de Bourgongne touchant ce qui est nécessaire ès affaires de feu monseigneur le Cardinal, son frère.* »

« Est besoing et nécessaire, si c'est le plaisir de mondict seigneur le gouverneur, de pourveoir ad ce que a esté remis à lui, c'est assavoir d'un drap mortuaire ou poille de veloux noir pour servir à tous les jours sur la tombe de feu mondit seigneur le Cardinal, ouquel poille seront mises les armes ainsi qu'il appartient, parce que le drap d'or qui a esté laissé ne servira que aux festes, ainsi que ont decleré les religieux et frères Cordeliers du couvent où il est inhumé [1].

« Item, si c'est le pleisir de mondit seigneur le gouverneur de fonder oudict couvent une messe ou messes chachun jour, ou autre service, que bon lui semblera à perpétuité, pour l'âme de feu mondit seigneur le Cardinal, et aussi affin que toujours soit mémoire de lui.

« Item, est besoing de faire faire une tombe de cuyvre ou sépulture de marbre, enlevé, telle qu'il plaira à mondit seigneur le gouverneur pour l'onneur et mémoire de mondit seigneur le Cardinal..... »

Chartrier de Thouars. Pièce pap.

1. A Milan.

CHAPITRE IV

JACQUES DE LA TRÉMOILLE

SEIGNEUR DE BOMMIERS

EXTRAITS DES COMPTES

EXTRAITS DES COMPTES

1511 et 1512. « Tours.— « Les marchés et cédulles du Juyf, orphèvre à Tours.

I. — « LE MARCHÉ QUE MONSEIGNEUR A FAYT AVECQUES L'ORFÈVRE DE TOURS.

« Le jeudi ixe jour d'octobre l'an mil cinq cens et unze, en la court du Roy nostre sire à Tours, personnellement establiz honnorables hommes Charles Faulcon, maistre d'orfaverie du Roy nostre sire, et Loys Faulcon, son filz, orfeuvre, demourans en la parroisse de Nostre-Dame la Riche, soubzmectant etc., etc. Lesquels et chascun d'eulx, l'un seul pour le tout sans division de partie, ont eu et receu de hault et puissant seigneur Jacques de La Trémoille, chevalier, conte Dampmartin, seigneur de Bommiers, lequel leur a baillé et numéré manuellement, en noz présences, la somme de cinq cens dix huit escuz d'or couronne, pour icelle somme convertir et emploier à faire :

« Une chesne du pois de iii^c iiii^{xx} vii escuz à la couronne, de la façon convenue entre eulx et les chesnons frizez ;

« Item, ung jazeran du pois de trente escuz ;

« Item, une bordeure faicte à haye enlevée, du pois de xxv escuz ;

« Item, une autre bordeure faicte à manche, esmaillée de blanc, du pris de xvii escuz ;

« Item, une bordeure faicte à triumphe, et demye paternostre, du pois de trente escuz ;

« Item, des A, qui péseront x escuz, pour mettre aux orillettes, qui soient esmaillez de blanc, et puis ung frizé et ung autre esmaillé de rouge ;

« Item, neuf petiz boutons d'or, qui péseront neuf escuz, faiz à A et à Y ; et qu'il y en ait trois esmaillez de blanc et troys esmaillez de rouge et troys qui ne le seront point, et qu'ilz soient frizez et bien fort menuysez ;

« Item, deux carquans de la façon de celluy de Mademoiselle, espouze dudit seigneur de Bommiers, et qu'ilz ne soient pas si larges et qu'ilz ne poisent que x escuz chascun ; et esmailler ce qui est desmaillé de la doreure de laditte damoiselle, qui leur a esté baillé avecques ung petit bouton d'or pour ce faire, et la faire aussi grande que les autres ;

« Item, feront deux boëtes d'argent à mectre dragées, du pois de trois margs d'argent les deux ; lesquels troys margs d'argent lesdiz Charles, et Loys Faulcons confessent avoir receuz dudit hault et puissant seigneur ; lesquelles boëtes d'argent seront ouvrées tout à l'entour de leur ouvraige.

« Toutes lesquelles choses dessus déclairées lesdiz establissans, et chascun d'eulx pour le tout, ont promis et promectent rendre bien et deuement faictes et parfaictes, selon l'advis cy dessus, de demain prochain en six sepmaines après ensuivans.

« Et est ce fait moiennant la somme de trente cinq escuz d'or couronne, pour la façon desdictes choses, poiables par ledit hault et puissant seigneur audit jour et terme susdit, en lui rendant les choses dessus-dictes faictes et parfaictes selon le divis dessus déclairé.

« Et à ce tenir, etc., etc., lesdiz Charles et Loys Faulcons, et chascun d'eulx pour le tout sans division de partie, ont obligé et obligent eulx, leurs hoirs avecques tous, etc., etc. Et ont renoncé, etc., etc. mesmement au béneffice de division, fide, etc., etc. Présens à ce : noble homme Nicollas Poulyart, André de La Garde, Guillaume Langlays et autres tesmoings.

« Ainsi signé : Charles Faulcon, J. Leconte, L. Faulcon, J. Rougeault.

« J. Leconte, J. Rougeault.

II. — « QUITTANCES DE L'ORFÉVRE ET DE SON FILS.

« Je Loys Faulcon, orfeuvre, demourant à Tours, confesse avoir receu de très hault et puissant seigneur Jacques de La Trimoille, conte de Dampmartin, seigneur de Bommiers, la somme de cent trente deux escuz coronne, dont mondit seigneur a le poids de plonb. De laquelle somme de cxxxii escuz coronne je luy doy fère dix bordeures ainsi comme il me les a divisées, comme appert de l'escript que je luy ay baillé ; lesquelles dix bordeures je luy promets rendre, savoir est, deux dedans les Roys prouchain venans et les autres à Karesme prenant ensuivant. Et en signe de vérité, j'é signé ces présentes de mon seing manuel cy mis, le xviie jour de décembre l'an mil cinq cens et unze.

« L. Faulcon.

« Le xxi⁰ jour de décembre l'an mil v⁰ unze, en la court du Roy nostre sire à Tours, en droyt personnellement estably honnorable homme sire Charles Faulcon, père de Loys Faulcon, après ce qu'il a oy lire le contenu cy dessus et qu'il luy a esté donné à entendre par nous, s'est obligé, etc., etc. ledit Charles au contenu cy dessus, de point en point et selon sa forme et teneur, et de rendre ou faire rendre les besoignes cy dessus mencionnées. Obligeant, etc., etc. Promectant, etc., etc. Renunciant, etc., etc. Et ce en la présence dudit Loys Faulcon, lequel soy y est pareillement estably et obligé.

« G. de la Cheze, B. Maroyseau, pour coppie.

« Le xxi⁰ jour de janvier mil cinq cens et unze, ha esté receu par les mains dudit Loys Faulcon trois bordeuses, poisent quarante et cinq escuz et six grens ; les quieulx xlv escus et six grens fault rabatre sus les cent trente deux escus contenus de l'autre part, non comprins la fason des dittes trois bordeuses ; et resteroit que ledit Loys Faulcon et Charles Faulcon deveroit de reste iiii^{xx} vii escus mains six grains. Les quelles cex bordeuses et botons je luy promet rendre dedans le premier jour de mars prochement venent, témoing mon sing manuel ci mis le jour desusdit ; et dois aporter les deux boestes d'argent du pois qu'il poront venir. Et m'a baillé xxxvii livres x sols, les quieulx faulst rabatre sur le pris.

« L. Faulcon.

« Je doit faire à Madame cep brodeuses qui poiset lxxxvii onces, vi grains mains.

« Les deulx de cep doivet pesés xii escus la pièse ; les autres cinq bordeuses doivet peser x escus pièse : qui seroit pour tout le cep bordeuses LXXIIII escus. Resteroit que je deverois de retour des cep audit pois, XIII escus.

« Les quieulx treze escus faulst alonger les trois bordeuses que luy hé rendus, faittes de quatre pièses checunne; et faulst faire nef botons du reste de l'or.

« Je Loys Faulcon confesse avoir receu de madame la contesse Danmartin la somme de XXVII escus et demy; laquelle somme de ving et cep escus et demy c'est pour faire deulx braselés audit pois de XXVII escus et demy; les quieulx bracelés luy promés rendre fais dedans Quaresme prenent; témoing mon sing manuel ci mis, le XVII de désenbre mil cinq cens et unze.

« L. FAULCON.

« J'é receu depuis de madicte dame XIII escus, les quieulx luy promés tenir conte; témoing mon sing manuel, le XXIe de frévier mil cinq cens et unze.

« L. FAULCON. »

Chartrier de Thouars. Originaux.

1514-1515. — Frais d'études et d'entretien du bâtard du seigneur de Bommiers au collège de Navarre, à Paris.

I. — « UNE QUICTANCE DE MAISTRE ODO, RÉGENT AU COLLIÈGE DE NAVARRE.

« Receu par moy Odo Boillot, régent au colliège de Navarre, de très honoré et redoubté seigneur mons^{gr} de Bomiers la somme de quattre escuz d'or coronne et six deniers ; et ce pour les parties, tant ordinaires que extraordinaires, et mises que j'ay faictes pour Jaques de Monléon, son escolier. De laquelle somme de IIII escuz VI d. je me tiens contant et bien payé, tesmoing mon saing manuel cy mis, le siziesme jour de juillet l'an mil cinq cens quattorze.

« O. BOILLOT.

II.— « S'ENSUYT CE QUE J'AY BAILLÉ POUR JACQUES DE MONLÉON.

« Pour càrler ses soliers, II sols.

« Pour un escriptoire, I s.

« Pour les chandeliers de la reille, II deniers.

« Pour faire ung saye de sa meschante robbe et pour dubler sa robbe, VI s. VI d.

« Pour ung peigne, V d.

« Pour une cinture, I s.

« Pour une escriptoire, car il perdit la première, I s.

« Pour ung Augustin Bucolicis Mantuani, VIII s.

« Pour refaire ses chauses, I s.

« Pour une perre de chausses, I livre V s.

« Pour esguillettes, X d.

« Pour refaire la reille, III d.

« Item pour trois livres de papier, l'ung à escrire Vergile, à escrire les buccoliques de Vergile, IV s.

« Item pour ung Jarson, V s.

« Item pour ung petit livret à escrire les matières du régent, III blancs.

« Item pour ung Térence, III s. IIII d.

« Item pour huit moys d'avoir fourny les nécessités de la chambre, encre, papier, confessions, pour le barbier, boys, chandelles, blanchissage et aultres nécessités durant lesdits huit moys, qui escherront le xxv⁰ febvrier prochain venant mil cinq cens et quattorze, IV escuz.

« S'ENSUYT CE QU'IL FAULT AUDIT JACQUES.

« Et premièrement pour une robbe, III escuz.
« Pour façon, v sols.
« Pour doubleure, ce qu'il plaira à Mons^{gr}.
« Pour encore une père de chausse, I livre v s.
« Pour ung bonnet, XVII s. VI d.
« Pour ung chappeau, VII s. VI d.
« Somme toute, XVIII livre IX s.
         « O. BOILLOT.

III. — « S'ENSUIT CE QUE IL FAUT A JACQUES.

« Pour une robe, III escuz : cent v sols.
« Pour fasson, v s.
« Pour une père de chausses, xxv s.
« Ung bonnet, XVII s. VI d.
« Ung chappeau, VII s. VI d.
« Pour la pancion de demye année qui finyra le xxv⁰ jour de février mil v⁰ et XIII : XVII livres x sols tournois.
« Receu par moy Odo Boillot, régent au colleige de Navarre, la dessusdicte somme, par les mains de noble homme Jaques de La Trimoille, seigneur de Bomiers.
« Faict le pénultime de décembre mil cinq cens et quatorze.
         « O. BOILLOT.

IV. — « QUICTANCE DE MAISTRE ODO BOILLOT.

« Receu par moy Ymbert Louvrier, presbtre de Cevrai, ou nom et comme procureur de vénérable et scientifique personne maistre Jehan Bolu, maistre des grammairiens du colleige de Navarre, de honnorable seigneur messire Jaques de La Trimoulle, chevalier, seigneur de Bomyeres, la somme de dix escuz d'or, pour la porcion et escholaige de Jaques de La Trimoulle, son filz ; et ce tant moins de ce qu'il doit ou pourra debvoir à cause de sadicte porcion.

« Fait le dix septiesme avril mil cinq cens et quinze, après Pasques.

« Y. LOUVRIER.

« Mons^{gr} de Bomiers ne devra rien à mons^r le principal des grammairiens jusque le xxve jour d'aoust prochain venant mil cinq [cens] et quinze, pour la pension et escolaige de Jaques de La Trimoille, son filz. Item, aussi est quicte des mises de la chambre jusque à ce dit jour.

« Faict et signé de moy Odo Boillot soubscrit, le dix septiesme jour de avril mil cinq cens et quinze, après Pasques.

« O. BOILLOT. »

Chartrier de Thouars. Originaux.

PIÈCES JUSTIFICATIVES

PIÈCES JUSTIFICATIVES

I

1511, 3 septembre. Chinon. — Contrat de mariage entre « noble et puissant Jacques de La Trimoille, seigneur de Bosmyers, Conflans, Jançay, Verax et Chasteauregnart, conseiller et chambellan du roy », et « damoiselle Avoye de Chabannes, contesse de Dampmartin, baronnesse de Champignelles, dame de Courtenay et Sainct-Morize », du consentement « de haulte et puissante dame, madame Jehanne de France, contesse de Roussillon, dame de Valongnes, d'Usson, baronnesse de Mirebeau », sa grand'mère.

Chartrier de Thouars. Copie du XVIe siècle, papier.

II

1511, 2 octobre. « Au lieu de Chaulmes-lez-Buzancoys ». — « Hault et puissant seigneur messire Jacques de La Trémoille, conte de Dampmartin, baron de Champignelles, seigneur de Bommyers », somme, requiert et demande « à Gabriel et René de Prye, seigneurs, barons dudict lieu de Buzancoys, enffans myneurs d'ans de feu haut et puissant seigneur messire Emond de Prie, en son vivant, chevalier, seigneur baron dudict lieu,... en la présence de dame Jehanne de Sallezart, leur ayeulle, et de noble et scientifficque personne maistre Prian de Prie, prothonotaire de notre sainct père le pape, leur oncle, qu'ilz et chacun d'eulx luy voulsissent délivrer et faire délivrer le chastel, lieu et place de Persigny et revenu d'icelluy, assoir et faire assiete du dohaire de dame Avoye de Chabanes, vefve dudict feu messire Emond de Prie, et à présent femme dudict de La Trémoille, de prochain en prochain et parfaire ledit dohaire jusques à la somme de douze cens livres tournois, selon le contrat du mariage desdits feu messire Emond et dame Avoye de Chabannes, jadis sa femme... »

Chartrier de Thouars. Orig. parch.

III

1511 (v. s.) 22 février. Blois. — Don par Louis XII à Jacques de La Trémoille, seigneur de Bommiers, des lods et ventes de fiefs échus à sa femme.

« Loys, par la grâce de Dieu roy de France, à nos amez et féaulx gens de noz comptes et trésorier à Paris, salut et dilection.

« Savoir vous faisons que, pour consideracion des bons, vertueux, agréables et très recommandables services que nostre cher et amé cousin Jaques de La Trimoille, s^r de Mauléon, nous a faiz par cy devant, deçà et delà les monts, ou fait de noz guerres et conquestes, tant du temps que nous y avons esté que nous estans par deçà, à l'entour de nostre personne et autrement, et espérons que plus face, et affin de luy ayder à supporter les fraiz et despences qu'il a faiz pour nostre service, à iceluy nostre cousin, pour ces causes et autres à ce nous mouvans, avons donné, octroyé et quicté, donnons, octroyons et quictons de grâce spécial, par ces présentes, touz et chascuns les lotz et ventes et autres droiz et devoirs seigneuriaulx qui nous sont et pevent estre deubz, advenuz et escheuz par nostre chère et amée cousine Avoye de Chabannes, sa femme, pour raison du conté de Dampmartin, tenu et mouvant de nous à cause de nostre chastellet de Paris, de la terre et baronnie de Champignelles, tenue de nous à cause de nostre grosse tour de Villeneufve le Roy, du chastel et chastellenie, terre et seigneurie de Courtenay, Chantecot et Piffons, tenuz de nous à cause de nostre grosse tour de Sens, et du chastel et chastellenye, terre et seigneurie de Sainct-Morise, tenu et mouvant de nous à cause de nostre chastel de Montargis ; à quelque somme, valeur et estimacion que iceulx droiz de lotz et vente, et autres devoirs seigneuriaulx, se puissent monter pour iceulx conté, baronnie, chasteaulx et chastellenyes, terres et seigneuries et leurs deppendances.

« Si voulons, vous mandons et enjoignons très expressément que, en faisant nosdictz cousin et cousine joyr et user de noz privilége, don et octroy, vous, par noz receveurs ordinaires de Paris, Sens et Orléans, et autres qu'il appartiendra, les faictes tenir quictes et paisibles desditz lotz et ventes et autres devoirs seigneuriaulx d'iceulx conté de Dampmartin, baronnie de Champignelles, terres et seigneuries de Courtenay, Sainct-Morise et leurs appartenances, etc. etc. etc. Sy vous mandons de rechef ainsi le faire sans difficulté, nohobstant l'ordonnance par nous derrenièrement faicte sur le fait et distribucion de noz finances, que la valeur desditz lotz et ventes et droiz seigneuriaulx ne soit cy autrement spéciffiée ne déclairée, que descharge n'en soit levée, et quelzconques autres ordonnances, restrinctions, mandemens ou deffences à ce contraires.

« Donné à Bloys, le xxiie jour de février, l'an de grâce mil cinq cens et unze, et de nostre règne le quatorziesme.

 « Loys.
« Par le roy · Robertet. »

Chartrier de Thouars. Original en parchemin, mutilé.

IV

1511 (v. s.), 19 mars. — Renvoi par Jacques de La Trémoille de son gouverneur de Dammartin.

« Aujourd'huy vendredi dixneufviesme jour de mars l'an mil cinq cens et unze.

« Noble et puissant seigneur monsʳ Jaques de La Trémolle, conte de Dampmartin, seigneur de Mauleon, de Bommiers et Conflans, conseiller et chambellan du Roy nostre sire, estant en son chastel dudit Dampmartin, en la personne du tabellion soubzscript et des tesmoingtz cy après nommez, adressant sa parolle à noble homme Anthoine de Sorbies, seigneur de Villemanoche et de la Mote Saint-Pryvé, illec présent en personne, a dit telles parolles ou semblables : « Escoutez, je n'entends plus que vous soyez gouver-
« neur de Dampmartin, quelques lettres que vous ayez de moy ; et pour ce
« départez vous de céans. » Le quel de Sorbies a respondu qu'il en estoit content et s'en departiroit voulentiers; et en ce faisant a baillé et rendu les clefz dudit chastel et aussi a quicté mondit seigneur et s'est tenu pour content de tout ce que ledit seigneur lui peult devoir de tout le temps passé. Dont et desquelles choses mondit seigneur le conte a requis et demandé audit tabellion avoir lettres. Si lui furent octroyées ces présentes à ce présens et appelez pour tesmoingtz : Jehan Gille, lieutenant du bailliage de Dampmartin, vénérable et discret messire Jaques Bouchault, presbtre, doyen de l'église collegial Nostre-Dame de Dampmartin, Gregoire Dubré, Guillaume Thibault et autres.

« CORBIE. »

Chartrier de Thouars. Orig. parch.

V

1513, 9 novembre. Amiens. — « Articles du propos et parolles qui furent en Amiens entre le seigneur d'Entraigues et frère Nicolle de Voisins », au sujet d'Avoye de Chabannes.

« Françoys d'Azay, seigneur d'Antraigues en Berry et commissaire sur le fait des vivres qu'on menoit à l'ost du Roy ou païs de Picardye, estant à Amyans environ la Nostre Dame de septembre dernièrement passée, envoya ung soir au couvent des frères myneurs en Amyans ung sien serviteur, lequel dist au portier qu'il le fist parler à frère Nycolle de Voisins qui pour lors estoit audit couvent, et qu'il venoit de la part de monsieur le commissaire sur les vivres de l'ost du Roy; lequel portier alla appeller ledit frère Nycolle qui jà estoit retiré en sa chambre en dortouer.

« Item, et ledit frère Nycolle arryvé à la porte où atendoit ledit serviteur la responce du portier, luy demanda ledit frère Nycolle la cause pourquoy il estoit là venu; auquel respondit que son maistre monsieur le commissaire l'envoieoit par devers luy et le prieoit que le lendemain au matin il se voulsist par devers luy transporter en l'abbaye Sainct-Martin où il estoit logé, et que ce fust à cinq heures car il avoit afaire cedit jour pour la charge desdites vivres, au moyen de quoy ne povoit venir parler à luy audit couvent, ainsi qu'il le avoit délibéré, et dit au correcteur dudit couvent auquel correcteur ledit d'Azay auroit parlé et demandé ledit frère Nycolle qui pour lors n'estoit au couvent; au moyen de laquelle absence ledit d'Azay avoit pryé ledit correcteur dire audit frère Nycolle qu'il le voulsist atendre ledit lendemain qui estoit ainsi qu'il semble audit frère Nycolle le lundi d'après la Nostre-Dame ou le lendemain de Nostre-Dame, auquel serviteur ledit frère Nycolle dist que voluntiers il s'y trouveroit, et fut le jour que le Roy partit d'Amyans pour aller veoir son camp et qu'il coucha à Corbye.

« Item, et en ensuievant sa promesse se transporta icelluy frère Nycolle en ladite abbaye et se rendit à la chambre dudit d'Azay, lequel il trouva yssant du lict, et ainsi qu'il fut léans ledit d'Azay fist retirer ses gens et demoura seul avec ledit frère Nycolle et son compagnon qui estoit sequestré et eslongné de eulx.

« Item, et lequel d'Azay luy va dire qu'il estoit allé deux ou troys foys en leur couvent cuydant parler à luy maiz n'avoit peu obstant qu'il y trouvoit le seigneur de Mauléon, lequel ne vouloit qu'il le vist parler à luy ; et mesmes y estoit allé le jour précédent à vespres pour ceste intencion, mais ne l'avoit trouvé et avoit dit léans qu'il viendroit lendemain y oyr messe et qu'on dist audit frère Nycolle qu'il le prioit ne se absenter ou partir du couvent ce jour que premièrement n'eust parlé à luy.

« Item, et après cest introite et introduction de propoz ledit d'Antraigues luy dist qu'il luy vouloit parler d'une matière qui moult le affligoit et tristoit et à laquelle, à cause de la charge en quoy l'avoit commis le Roy, il n'y povoit vacquer ne donner ordre, mais que ledit frère Nycolle le y povoit bien servir et aider et que s'il le faisoit le recognoistroit vers luy. Auquel d'Azay dist ledit frère Nycolle qu'il n'estoit personne pour pouvoir faire grant service à nulle créature, et quant en luy seroit faculté de luy povoir en riens servir le vouldroit bien faire et à toutes créatures en choses qui seroient à l'honneur de Dieu et salut des ames, et quant au regard d'en actendre loyer ou rétribucion humaine et temporelle ne le vouldroit faire car jamais n'avoit dit messe, fait prédicacion, oy confession ne autre euvre spirituel à luy possible de faire selon sa capacité que son premier motif et object fust d'en actendre sallaire ne retribucion temporelle. Ausquelles parolles respondit ledit d'Azay : Si vous n'en voulez riens prendre je ne en seray ingrat envers le couvent auquel ay veu qu'il y fault encores quelques verrières en l'église et je vous prometz par ma foy, si me faictes service en l'afaire pour laquelle vous ay mandé, de donner à vostre couvent la plus belle verrière qui soit poinct en toute vostre ordre.

« Item, et en continuant le propos ledit d'Azay dist audit frère Nycolle : Je scay que monsieur de Mauléon fréquente vostre couvent et que vous le gouvernés et pour ce me povez faire le plus grant service que homme du monde en cest afaire, c'est assavoir : il a espouzé la contesse de Dampmartin et despuis aucun temps en ça l'a chassée et mys hors de sa maison, aussi elle n'est pas sa femme maiz y a ung autre qui a consommé et parfaict mariaige avec elle.

« Item, ausquelles parolles ledit frère Nycolle dist et respondit que vray estoit que ledit seigneur de Mauléon fréquentoit en leur couvent et y avoit esté jà plusieurs foys dont n'en avoir riens sceu et n'avoit grant acointance audit de Mauléon sinon depuis depuis dix ou douze jours qu'il avoit parlé à luy et paravant ne l'avoit veu sinon ung jour qu'il passa par Bommyers en allant à leur chappitre général à Romme après le trespas de leur bon père et fundateur frère Françoys de Paule, et lequel de Mauléon luy avoit fait récit et narracion comment despuis quelque temps il avoit espousé ladite contesse de Dampmartin, laquelle environ trois moys et demy après lesdites espousailles avoit enfanté en sa maison ainsi que de ce estoit certain, tant par les indices qu'il avoit apperceuz paravant ledit enfantement et après que aussi par la voix de l'enfant qu'il avoit oye ung soir environ neuf heures, luy estant en sa chambre, et aussi l'avoit oye un seing serviteur et par deux foys, maiz que de ce n'en povoit avoir autre notice tant par les femmes qui l'auroient receu comme aussi par ceulx qui l'aroient transporté du chasteau de Bommyers en une maison du bourg et autres lieux, comme aussi de plusieurs autres qui estoient en nombre bien dix huict.

« Item, et oy par ledit d'Antraigues ledit enfantement demanda audit frère Nycolle : Dit poinct monsieur de Mauléon qu'il est nourry à Entraigues ? — Auquel ledit frère Nycolle dist qu'il ne luy en avoit jamais riens oy dire. Et, adjousta ledit d'Azay : Aussy n'y est-il pas, et n'est vray qu'elle ait eu enfant mais a esté un deschargement de fardeau et non autre chose.

« Item, et lequel frère Nycolle dist audit d'Azay que ledit de Mauléon luy avoit dit qu'il estoit délibéré d'avoir ung *significavit* de Romme pour savoir la vérité du cas contre ceulx et celles qui sauroient aucune chose de la matière et n'en vouloient riens dire, et qu'il savoit bien que ladite contesse de Dampmartin avoit gaigné tous ses serviteurs et les gens du bourg, lesquelz estoient tous pour elle et contre luy et que à peine par ledit *significavit* en diroient riens, maiz que despuis ainsi qu'il parloit de la matière l'un des gens du séneschal de Poictou lui avoit dict qu'il luy failloit avoir une monicion de

Sainct-Jehan de Liverssay prez Nyort et que avant qu'il fust le bout de l'an l'on cognoistreroit bien ceulx qui sauroient ledit enfantement et ne le revèleroient, parce que ceulx qui se laissoient excommuniez de Sainct-Jehan de Lyverssay jamais ne passoient l'an ou qu'ils ne mourussent ou que les cheveulx, sourcilles, ongles des piez ou mains ne leur cheussent et qu'il y avoit les plus terribles malédictions qu'on vist jamais, et pour toute résolucion estoit délibéré en envoyer quérir une et que on la craindroit plus que le *significavit*.

« Item, dist oultre ledit frère Nycolle audit d'Azay que après avoir oy le propos dudit de Mauléon luy avoit dit : Monsieur, vous ne devez metre plus avant ceste matière mais la devez assopir et estaindre et repprendre vostre femme car à grant peine en viendrez vous à bout, tant parce qu'il n'y a que vous et vostre serviteur qui encores en parle en ambiguité et qui aussi ne seroit receu à tesmoignaige pour vous qui depposez de la matière, les aultres puis qu'ilz ne le vous ont dit ne en diront rien pour voz excommunimens, comme aussi que femmes ont plusieurs enfermetes secrètes, et souvent y a en aucunes apparoissance de fruit conceu en la matrice et l'ay veu à Poictiers naguères en la femme du conservateur Marie, laquelle ung médecin nommé maistre Honnorat, qui se tenoit à Chinon, affermoit pour vérité estre grosse, et à la fin ne fut riens : telles matières sont à diffinir aux femmes ; et pour la visitacion que ditez que ferez faire de vostredite femme y pourrez estre abuzé car jugemens humains sont fallibles ; aussy la voix que ditez avoir oye peult estre de quelque beste et peult le sens de l'oye estre deceu qui ne voit ou touche.

« Item, vous ne pourryés agir en matière de divorce contre vostredite femme, car si enfant est venu il pourroit estre de son premier mary et encores s'il estoit d'un autre elle n'aroit fait contre le serment de fidélité matrimonialle, car il seroit paravant conceu et n'y pourryez sinon agir et tendre qu'il fust dit incapable de vostre succession ; mais l'enfant ne apparoist, pour quoy jamais ne viendrez à fin de vostre entreprinse laquelle si metez en avant vous fauldra prouver, deffaillant de preuves, elle et tous ses parens requerront réparacion de l'injure qu'ilz estimeront grande et vous ne vos biens ne souffirez. Mais quant ores seroit que prouvassies clèrement ledit enfant estre né, vous ne debvez tant prendre à cueur la matière comme si elle l'avoit conceu despuis vostre mariaige et faulcé la fidélité du mariaige. Monsieur, cognoissez que tous sommes pécheurs et que Dieu fait à chacun de nous miséricorde quant la demandons, aussi si vous voulez avoir miséricorde de Dieu, faictez la et pardonnés à vos offenseurs.

« Item, dist oultre ledit frère Nicolle audit d'Azay : Monsieur, vous ditez que je le gouverne ; je vous promectz qu'il y a bien huit jours qu'il me narra son cas et au moien de ce que ne l'ay favorisé, aussi qu'il m'a dit qu'il y a l'un de noz religieux à Bommiers qui a induit tous ses serviteurs à celer le cas, il n'a parlé à moy, aussy m'a il dit qu'il ne s'en fyeroit en moy ne en personne, et est venu en nostre couvent chacun jour sans me parler ce qu'il n'avoit acoustumé faire, pourquoy doubte qu'il ne me aye suspect comme nostre autre religieux et frère, et si m'a dit que, quelque miséricorde que luy parlasse ne tous les moyens qu'on y vouldroit chercher, si ne le saroit-on induire que jamais la print avec luy, ne si les anges de paradis ne le Roy et tout le monde ne cessoient d'icy au jugement de l'en pryer s'il vivoit autant si ne la reprendroit-il pas. Et quant je luy ay dit : Pourquoy dès l'eure qu'il oyt ladite voix et la suspicionna d'avoir fait ledit enfant il ne l'avoit envoyée, il m'a dit qu'il l'avoit fait pour saulver sa vie, aussi pour essayer si en la tenant quelque temps il pourroit actaindre le cas, et aussi que quant veit que l'an et jour de leur mariaige fut passé et qu'il y avoit dangier de sa vie il la mist hors.

« Item, et oy par ledit d'Azay les parolles et propos dessus récitez, dist audit frère Nicolle : Il fault que je vous dye plus avant : Vray est que longtemps a je suis amy et familier de la maison de Busancoys, en laquelle je fréquente et esté familier comme en la myenne dès le vivant du bon homme père du mary de la contesse de Dampmartin, femme de monsieur de Bommyers, et aussy deppuis et du vivant de feu monsieur Emond, mary de ladite contesse, et estoit ladite maison et la mienne quasi une et y estoye la pluspart du temps autant et plus que en la mienne et quant y leur venoit quelque afaire ilz me mandoient.

« Item, dist oultre ledit d'Azay audit frère Nycolle : Il est vray que j'ay ung filz qui est assez beau filz, jeune et foul comme sont les jeunes gens du jourd'huy, lequel aucunne foys menoye avec moy audit lieu de Busancoys, et y a plus fréquenté depuis que ladite contesse de Dampmartin fut marryée audit Emond que paravant, et au moyen de la fréquentacion continuelle fut causé ung amour et familiarité entre ladite contesse et mon filz, dont sourdit suspicion que ladite amour n'estoit fondée sur bon tiltre ne honneste, pour quoy me fut dit (mais ne déclaira ledit d'Azay par qui) que disse à mondit filz qu'il ne vensist plus ne se trouvast en la maison et qu'on ne vouldroit que l'amour et alliance qui estoit entre ladite maison de Busancoys et la mienne fust rompue ; au moyen de quoy je ne amené plus mondit fils léans et luy deffendy de non plus se y trouver.

« Item, dist oultre ledit d'Azay audit frère Nicolle que quelque temps après le décès dudit feu Emond, estant ledit d'Azay avec dame Jehanne de Sallezat, mère dudit Emond, ladite Jehanne luy dist : Mon compère, par sainct Jehan ou par ma foy, je vouldroys que vostre fils eust espousé ma fille ou ma bruz, (ne scet ledit frère Nicolle lequel des deux). A quoy respondit ledit d'Azay : Madame, qu'est ce que vous dites ; vous savez bien qu'il ne se pourroit faire et que moy ne mon filz ne ma maison ne sommes d'estre pour à ce parvenir et que jamais vostredite fille ou vostre brus (ne scet lequel des deux) ne sy consentiroit, ne aussi ses parens, pour quoy jamais n'est possible que mon fils et moy y puissions parvenir.

« Item, et laquelle de Sallezat dist audit d'Azay ainsi qu'il récita audit frère Nicolle : Mon compère, par ma foy ou par sainct Jehan, il est plus facile que vous ne pançez et se fera si vous voulez, vous cognoisez ma fille ou ma bruz, vous savez qu'elle est ligière et facillement se y pourra induire, il ne fault sinon que vous faciez venir céans vostre filz, lequel jouera avec elle et passera temps et n'y sera guères que incontinent elle ne l'ayme et qu'elle ne soit prinse de son amour, et aussi de ma part je y ayderé, mais vous me promectez si ledit mariaige se fait que vous me baillerez et vostre fils aussi, quictance de la renonciacion du douaire qu'elle a céans.

« Item, et lequel d'Azay respondit à ladite de Sallezat, ainsi qu'il dist audit frère Nycolle : Ma dame, puisqu'il vous plaist vous offrir de me procurer et ayder que moy et mon fils puissions parvenir à ung si grant bien, ce que ne pourrions sans vostre moyen, je vous remercie et obligez moy et mon fils et tous les myens à jamais à vous et aux vostres et à prier Dieu pour vous, car plus grant bien ne nous saroit en ce monde advenir, et au regard de la quictance et renonciacion du douaire que me demandes, je la vous bailleré et y feré renoncer mondit fils et la contesse, laquelle quictance il dist audit frère Nicolle avoir jà bailléc à ladite dame Jehanne de Sallezat.

« Item, et au moyen de l'ouverture faicte par ladite de Sallezat audit d'Azay de povoir facillement parvenir au mariaige de ladite contesse, veufve dudit feu Emond, et de sondit fils, dist ledit d'Azay audit frère Nicolle qu'il aroit fait venir sondit fils en ladite maison de Busancoys (maiz ne luy déclara si c'estoit à Busancoys ou à Chaulmes), et sondit filz venu au lieu où estoit ladite contesse demoura léans quelque espace de temps pendant lequel y eut plusieurs propos et devis entre eulx, au moyen de laquelle fréquentacion se causa et engendra une grant familiarité, amour et privauté entre sondit fils et ladite contesse et telle qu'il en sourdit suspicion et mauvaise ymaginacion et murmure, tel que plusieurs en jugeoient et oppinoient mal.

« Item, oultre dist ledit d'Azay que l'amour fust si *enflambé* entre ladite contesse et sondit filz qu'ilz ne trouvoient le jour ne la nuyt assez longs et souvent passoient la nuyt l'un avec l'autre en propos familiers et devis qui demonstroient assez, et aussi les signes extérieurs qu'on y apercevoit indices, et autres conjectures, qu'il y avoit ung merveilleux amour entre eulx.

« Item, dist oultre ledit d'Azay audit frère Nicolle que, au moyen d'icelluy amour, ne luy fut possible séparer de la sondit filz, lequel il avoit mys en la compaignie de messire Aymard de Prye, maiz ny vouloit aller et disoit ledit d'Azay qu'il ne venoit personne vers ladite contesse de quoy elle fist conte ne estime despuis qu'elle avoit acointé sondit fils, et que ung jour ung gentilhomme nommé La Guierche, qui moult la désiroit avoir à femme après qu'elle fut veufve, vint léans pour la voir auquel elle ne vouloit parler ne le veoir, mais on luy dist et aussi sondit filz qu'elle devoit parler à luy, ce qu'elle fist et n'y voulut venir sinon bien tard et à l'eure qu'elle alloit à la messe ou disner et que sondit fils l'avoit amenée qui despuis le matin n'avoit bousgé de sa chambre, voyre, dist-il, je croy qu'il y avoit couché.

« Item, dist davantaige ledit d'Antraigues qu'il estoit notoire que sondit filz avoit couché plusieurs nuytz en la chambre de ladite contesse en ung lit et aussi qu'on les avoit veuz assez de foys nu à nud couchéz l'un avec l'autre en ung mesme lit tout ainsi que font personnes conjoinctes et mariéz ensemble.

« Item, luy dist oultre ledit d'Antraigues qu'il estoit seur que ladite contesse et sondit fils avoient convenu et contracté ensemblement leur mariaige, voyre l'avoient consommé par copulacion et conjonction charnelle, et qu'il ne doubtoit poinct que sondit fils ne l'eust cogneue plusieurs foys charnellement, aussi bien que jamais homme cogneust oncques femme, maiz pria ledit d'Azay audit frère Nicolle que de ce ne voulsist riens déclarer ne donner à cognoistre à monsieur de Mauléon.

« Item, luy dist oultre que, au moyen de la grant familiarité, fréquentacion et autres exteriores indices et conjectures qu'on aperceut entre ladite contesse et sondit fils, sourdit comme jà devant est dit grant murmure et mauvaise oppinion de ladite contesse et de sondit fils, tellement qu'on touchoit fort et chargeoit l'on sur l'onneur, chasteté et preudommie de ladite contesse, au moyen de quoy auroit esté expédiant que sondit filz et elle se séparassent et laquelle séparacion se faisoit à grant regret, peine et difficulté, et fut difficile à faire tant de la part de sondit filz comme aussi de la part de ladite contesse.

« Item, dist oultre ledit d'Azay audit frère Nicolle que ladite contesse luy avoit dit que pour faire cesser le bruyt et mauvaise oppinion qui couroit d'elle et de sondit fils il failloit qu'il envoyast sondit filz aux garnisons de Ytalie et qu'il demourast là jusques à ce que le bout de l'an du trespas de sondit mary et son deul fust passé et accompli, ce qui fut accordé et convenu, mais à grant peine y avoit peu faire consentir sondit filz, et lequel encores ne s'en seroit allé si tost en Ytalie, et avoit osté ses chevaulx de sa maison, les avoit envoyez sécretement cheux une sienne seur mariée au seigneur de Jonvelle où ilz furent par aucun temps au desceu dudit d'Azay, lequel cuydoit sondit filz jà estre en chemin ou en Ytalie, et que pour l'en faire partir avoit esté contrainct avoir grosses parolles à sondit fils et luy user de menasses, voyre jusques à le priver et déshériter de sa succession s'il ne s'en alloit,

« Item, luy dist d'abundant ledit d'Azay, seigneur d'Antraigues, que quant sondit filz veit qu'il ne povoit plus résister ne reculer qu'il ne faillist qu'il si absentast et departist d'avec ladite contesse, dist à icelle : Je scay bien que se tost que me seray eslongné et desparty de vous que me metrez en obly, car qui se départ de l'œil se eslongne du cueur et que vous serez de plusieurs requise et demandée en mariaige, car jà estez pressée de plusieurs et ne me tiendrez promesse et ne sera plus riens de ce qui est entre nous deux. Laquelle contesse luy dit : Ha, monsieur de Beaufort, me reputeriez-vous si lasche ne se muable que le voulsisse faire, je ne fis oncques lasche tour ; et afin que soyez asseuré que veux parachever ce qui est commancé et ny différc sinon que ce ne me seroit honneur avant avoir fait l'an de mon dueil qu'on sceust que je fusse maryée, ayons ung prestre et en ses mains je jureray et vous feré tel serment que vous vouldrez de non jamais en avoir d'autre et n'ay parent qui m'y saiche induyre ne contraindre ne autres quelzconques.

« Item, dist encores ledit d'Azay que, à la requeste de ladite contesse, fut fait venir ung prestre, le nom duquel ne explicqua audit frère Nycolle, es mains duquel, non pas par parolles dont l'on use en fiansailles, maiz jura et fist serment grant, lequel aussi ne déclaira ledit d'Azay, de n'en jamais prendre ne avoir autre mary que sondit fils, et pareillement luy promist sondit filz de non en avoir d'autre que elle, et estoit encores à ce présent ung autre prestre que ledit d'Azay disoit estre à luy et se nommoit l'ausmonier, et lequel ausmonier avoit esté plusieurs foiz avec sondit filz quant alloit veoir ladite contesse, aussi l'avoit envoyé vers elle à Mirebeau pour la cuyder desmouvoir quant il entendit qu'on traictoit le mariage d'elle et du seigneur de Bommyers et y estoit le soir dont le lendemain ledit de Bommiers espousa ladite contesse.

« Item, ledit d'Azay dist audit frère Nicolle que, après lesdites promesses ainsi jurées et convenues entre ladite contesse et sondit fils, dame Jehanne de Sallezat qui, comme dit est devant, moienoit à ce que ledit mariage se fist et en la présence de laquelle fut fait ledit serment et promesses, leur dist : Il vault myeulx que dès à ceste heure vous allez coucher ensemble et consommer vostre mariaige afin que madame l'admiralle ne autres ne vous y donnent plus d'empeschement, à laquelle respondit ladite contesse qu'elle ne le feroit que premièrement le bout de l'an de son dueil et trespas de son feu mary ne fust passé et que ce ne luy seroit honneur de autrement le faire, aussi n'en seroient contens ses parens ne ceulx de son feu mary.

« Item, dist oultre ledit d'Azay que, quelque chose que respondist ladite contesse à ladite dame Jehanne de Sallezat, il savoit bien que paravant lesdites promesses faictes ès présences des prestres et autres et aussi despuis icelles promesses faictes, sondit filz avoit couché et cogneu charnellement ladite contesse et qu'il y avoit vray mariaige entre eulx et craindroit beaucoup de procurer autre mariaige à sondit filz ne le induïre à prendre autre femme car il offenceroit Dieu, aussi que les enfans qui en viendroient ne seroient légitimes, et vouldroys qu'il me eust cousté dix mille escuz et qu'il n'en eust jamais esté parolles, car despuys n'ay peu joyr ne me ayder de mon filz, lequel est ainsi que en une langueur et n'a eu despuis santé et est à présent en ma maison inutille sans vouloir à riens se applicquer, et vouldroys, par le Corps Dieu, qu'il fust jà mort, combien que despuys j'ay tasché de le maryer, dist ledit d'Azay, non obstant l'offence de Dieu s'il eust voulu y consentir ou si je y eusse peu parvenir, ne scet ledit frère Nycol lequel des deux, pourquoy le met et autres motz cy-dessus en ambiguité.

« Item, dist davantaige ledit Françoys d'Azay que sondit filz ne se seroit guères tenu en Ytalie qu'il n'eust sceu le mariaige intervenu entre ladite contesse de Dampmartin et ledit sieur de Bommyers, au moyen de quoy auroit laissé sa garnison ne despuis n'auroit voulu suyvre les ordonnances et seroit venu au lieu de Bommyers parler à ladite contesse et luy remonstrer qu'elle n'avoit peu contracter mariaige avec ledit sieur de Bommiers et qu'elle n'estoit poinct sa femme, veú ce qui estoit intervenu entre eulx, et au regart de luy qu'il estoit délibéré la faire citer à Bourges pour la faire séparer et divorcer d'avec ledit sieur de Bommyers en la priant et requérant qu'elle promist et se consentist audit divorce.

« Item, et laquelle contesse auroit respondu, comme disoit ledit d'Azay, à son filz : Monsieur de Beaufort, j'ay esté pressée de madame l'admiralle, ma grant mère, de espouser monsieur de Bommiers, lequel a rachapté et désentgaigé mes terres. Je vous supplie ne me faictes tel déshonneur que de me faire citer, mais atendez ung peu, vous savez que monsieur de Bommiers est jà aagé et ne peult vivre plus de cinq ou six ans, après sa mort, j'ay mes terres franches, mon douaire qui est grant, et ses biens meubles qui sont grans et alors nous serons les plus riches du monde et vous tiendré promesse.

Item, adjousta ledit d'Azay que sondit filz estoit allé plusieurs fois, tant en habit dissimulé que autrement, audit lieu de Bommyers parler à ladite contesse et avoit entré dedans le chasteau sécrétement, aussi y avoit envoyé plusieurs messaigiers et lectres à ladite contesse et que ung prestre nommé messire Piou y estoit plusieurs foiz allé en public et en secret pour la matière dudit divorce ; et entre autres foiz que sondit filz seroit allé à Bommyers y alla une foiz et, parce que il ayme bien à oyr la messe, c'estoit mys en quelque église ou chappelle pour oyr la messe, en laquelle vint ledit sieur de Bommyers, et cuydant sondit filz que ledit de Bommyers l'eust cogneu s'en seroit yssu hors de ladite église ; aussi la seroit allé veoir despuis à Mirebeau maiz que, pour doubte que ledit sieur de Bommyers n'en fust adverty, on luy aroit interdict le chemin et fait prendre garde qu'il n'y allast ne autre en son nom, et aussi se donnoit garde l'admiralle de ladite contesse et à qui elle parloit, et tellement que une foiz vint pour cuyder parler à ladite contesse ung homme par sondit filz envoyé ou par luy, et elle estant en l'église des cordeliers avec ladite admiralle et voulant parler audit messaiger, ladite admiralle luy demanda : Ma fille, qui est cet homme-là ? Laquelle contesse luy dit : Madame, c'est un homme qui m'a presté dix ou douze escuz lesquelz il me demande. — Allez doncques, dist ladite admiralle, parler à luy et luy ditez qu'il ait ung peu de pascience, et que tantost vous le paierez. Et soulz cette dissimulacion parla audit messaigé et par luy fist responce, et souvant nonobstant les deffences ou garde sondit filz c'est trouvé avec ladite contesse audit lieu de Myrebeau ès cordeliers ont souvent nouvelles l'un de l'autre par lettres et messaiges.

« Item, dist oultre que despuis que sondit filz seroit retourné d'Ytalie, l'avoit moult pressé qu'il luy voulsist ayder en cette matière et pourchasser ledit divorce, à quoy luy auroit respondu ledit d'Azay pour de ce le cuyder desmouvoir : Qu'est-ce que tu veulx pourchasser ? Tu voix bien qu'elle est maryée. Si tu la prens, l'on te prouchera et à toute ta lignié que tu n'auras espousé sinon la putain de monsieur de Bommyers. Je scay bien qu'elle a mauvaise teste, que c'est une yvrongne, une femme ligière, sa mère n'a pas heu bon bruyt. A quoy luy respondit sondit filz que si elle estoit au bourdeau et publique à tout le monde que si l'auroit-il et n'en auroit jamais poinct d'autre.

Item, emploia plus avant et dilata sa parolle ledit François d'Azay et dist audit frère Nicolle que luy mesme estoit allé secrètement à Mirebeau ou au Couldray par devers ladite contesse, à laquelle il parla et à son ayse, (ne scet ledit frère si ce a esté despuis que ladite contesse a esté envoyée par ledit sieur de Bommyers ou avant ou s'il y seroit allé deux foiz, pour l'ambiguité des parolles que luy dist ledit d'Azay), à laquelle auroit pareillement dit comme sondit filz avoit fait, qu'elle n'avoit fait selon Dieu de avoir contracté mariaige avec le sieur de Bommiers, duquel elle n'estoit femme, veu ce qui avoit esté fait et consommé entre sondit filz et elle, et que son filz le pressoit fort de la faire citer par devant l'official de Bourges pour la faire divorcer et séparer et qu'il ne le sauroit jamais maryer à autre sans offencer Dieu et qu'il craindroit moult qu'il ne luy intervensist et sur sa maison la mallediction de Dieu et à sondit filz, s'il contractoit mariaige à autre, et plusieurs autres parolles que ledit d'Azay dist à ladite contesse et elle à luy.

« Item, à quoy auroit respondu ladite contesse : Monsieur d'Antraigues, je esté forcée par madame l'admiralle de ce faire et a esté malgré moy et contre mon vouloir, maiz vous savez que monsieur de Bommyers est jà aagé et n'est pour vivre que cinq ou six ans au plus, après son trespas mes terres qu'il a rachaptées me demeurent quictes sans riens rendre aux héritiers de ce qu'il a baillé pour le rachapt d'icelles, mon douaire aussi qui est gros, avec une donnaison ses meubles qui sont grans et lesquelz ne dyminueront et alors votre filz et moy serons les plus riches du monde pourquoy actendez et faites actendre votre filz et je luy tiendray promesse.

« Item, adjousta ladite contesse et dist audit d'Azay, sieur d'Antraigues, comme le récita audit frère Nicolle, que ladite contesse luy dist : Si vous me voullez prendre et mener en vostre maison, je suis contente et preste de m'en aller avec vous dès cette heure, et envoyez quérir vostre filz qui sera venu dedans quinze jours ; vostre maison est forte et n'en sauroye estre tirée, et vostre filz venu paracheverons nostre cas et ne craindré parens ne amys. — A laquelle respondit ledit d'Azay : Comment voulez-vous que je me vienne mettre entre deux si grans maisons que la vostre et celle de La Trémoille dont je ne suis amy ne en grace et n'ay mestier de la plus provocquer contre moy car elle le est assez ; si je vous emmène je suis afollé et les myens, maiz s'il n'y en avoit que l'une je passeroye oultre. Ces parolles sont ambigues, par quoy ne afferme ledit frère Nycolle si ce a esté despuys le renvoy et expulcion de ladite contesse ou après, et telles les dist ledit d'Azay.

« Item, et lequel d'Azay, ainsi qu'il dist, respondit à ladite contesse que sondit filz ne vouloit actendre, aussi qu'il estoit ja en aage de le marier ce qu'il ne pourroit faire à autre. Laquelle luy dist : S'il ne veult actendre induysez le doncques à soy faire prestre car si vous ne luy me faictez ce déshonneur que de me faire citer, ce que vous prie ne faire ains actendre, en ce cas je jureray que jamais ne luy ay riens promins.

« Item, augmenta son parler ledit d'Azay et dist audit frère Nycolle qu'il avoit dit à ladite contesse quant luy dist qu'elle auroit tant de biens et que sondit fils et elle seroient les plus riches du monde : Comment pourrez vous prendre en bonne conscience et sans offence de Dieu et que ne soyez obligée à restitucion aux héritiers les biens de monsieur de Bommyers, esquelz vous n'avez riens, veu que vous n'estez poinct sa femme et n'avez peu contracter mariaige avec luy veu qu'estez femme de mon filz et par ce moyen tous vos contractz, douaire et donnaisons que ditez seroient de nulle valleur ou effect ; laquelle contesse luy dist telles parolles : Monsieur d'Antraigues, il m'a chevauchée, mon corps vault bien ses biens et ne chevaucha jamais femme qui tant chère luy coustast.

« Item, dist oultre ledit d'Antraigues que ladite contesse luy dist : Il m'a mys sus que je fait ung enfant en sa maison ; icy sont et davant les parolles ambigues au moyen desquelles ledit frère Nycolle ignore si ledit d'Antraigues auroit parlé à ladite contesse par avant le mariaige d'elle et dudit de Bommyers ou si seroit après qu'elle auroit esté renvoyée de Bommyers à Myrebeau, ou s'il y parla deux fois ou une seulle, pour quoy icy parle ambigument selon l'ambiguité des parolles dudit d'Antraigues. Et dist ladite contesse : Vous savez bien si j'ay fait enfant car vous m'avez tastée et manyée hault et bas par tout mon corps ; et dist oultre ledit d'Antraigues audit frère Nicolle plusieurs autres parolles, le récit desquelles il obmect parce qu'elles vallent myeux celées que publiées et ne seroient à propos.

« Item, dist oultre ledit d'Azay, sieur d'Antraigues, que ladite contesse luy dist après les propos susdictz et aultres, qu'elle ne diroit jamais rien ne ne consentiroit au divorce d'elle et dudit de Bommiers si elle n'avoit ses terres franches et quictes, sans ce que ledit de Bommyers y levast ou print aucune ypothecque ou qu'elle le remboursast de ce qu'il avoit baillé pour le rachapt d'icelles, et deust elle estre dampnée, et si l'on la faisoit citer ne jurer, elle jureroit, maiz que si ledit de Bommyers luy vouloit quicter et rendre sesdites terres franches et quictes, alors elle feroit ce qu'il vouldroit et diroit la vérité et consentiroit ledit divorce et non aultrement, voyre, replicquant, et deusse estre dampnée. A laquelle il auroit respondu que ledit sieur de Bommyers aimoit son bien et ne seroit pour faire ce passaige, aussy que de luy ne son filz n'estoient fundéz pour rembourcer ledit de Bommiers ne tout leur bien seroit quasi souffisant à ce faire.

« Item, et après tous les propos dessus récités ledit d'Azay, sieur d'Entraigues, dist au frère Nicolle qu'il le pryoit parler avec ledit sieur de Bommyers sans luy donner acognoistre que ce fust à la requeste ou supplicacion d'icelluy d'Azay, et qu'il voulzist trouver moyen que ledit sieur de Bommyers prensist quelque moyen rembourcement de ce qu'il avoit baillé pour le rachapt des terres de ladite contesse, et suppose qu'il savoit bien que ledit sieur de Bommyers aimoit son bien et ne tacheroit sinon est rembourcement et n'y vouldroit riens perdre, touttesfois si failloit-il qu'il diminuast et rabatist de la somme dudit rachapt s'il vouloit estre quicte et délivré de ladite contesse et qu'elle dist le most, laquelle encores ne savoit si elle le vouldroit dire après qu'il auroit convenu avec ledit sieur de Bommyers, parce qu'elle estoit legière et n'avoit arrest en ses propos et avoit mauvaise teste et l'affermoit pour la plus grant menteresse de France ; et que si n'estoit la poursuicte et infestacion que sondit filz luy en faisoit, duquel n'avoit que deux jours ou trois avoit receu lettres et messaige par lesquelles luy escripvoit qu'il ne tenoit que à luy qu'il n'avoit ladite contesse et aultant luy vauldroit n'avoir poinct de père, jamais n'en feroit poursuite ne pourchaz, car il doubtoit qu'elle seroit cause de la ruyne et destruccion de sa maison, car si elle avoit aujourd'huy cent escuz, au bout de la sepmaine elle n'en seroit finer ung dernier.

« Item, et lequel frère Nycolle dist audit d'Azay qu'il avoit veu ung double de contract faisant mencion desdits rachapts, par lequel auroit veu que ledit sieur de Bommyers avoit baillé XXII ^{m} francs, aussi le luy avoit dit et ny estoit délibéré riens perdre. Et alors, dist ledit d'Azay qu'il ne se pouvoit faire qu'il y eust si grant somme et aussi que ledit sieur de Bommyers auroit despuis prins et receu le revenu dedites terres et que au regart de luy ne sauroit fournir si grosse somme, maiz que ledit frère Nicolle dist à icelluy sieur de Bommyers qu'il fourniroit bien jusques à cinq mille escuz s'il le pouvoit à ce induyre, et luy prya s'il estoit possible qu'il veist le contract desdits rachapts ou le double, lequel ledit frère Nycolle luy porta à son logis et le garda ung jour et deux nuytz.

« Item, et après avoir oy par ledit frère Nicolle les raisons dudit Entraigues luy dist que de parler audit sieur de Bommyers du fait desdits rachapts que ce n'estoit son fait et ne se cognoissoit en telles choses, maiz qu'il vauldroit myeulx que luy mesme parlast audit sieur de Bommyers et conversist avec luy dudit rembourcement, en quoy le trouveroit à son advis raisonnable. Et touchant le mariaige de ladite contesse avec sondit filz ne luy vouldroit porter la parolle ne luy en faire ouverture parce qu'il le savoit que incontinent prendroit cest affaire à cueur, le cognoissoit qu'il ne se fyeoit pas guères en luy et doubtoit qu'il ne l'eust suspect comme ung religieux qui estoit à Bommiers, car jà n'avoit parlé à luy six ou huit jours avoit, et que luy mesmes luy en feroit l'ouverture.

« Item, à ce respondit ledit d'Antraigues qu'il n'avoit pas grant actes audit sieur de Bommiers et n'estoit trop en la grâce et amour de la maison de La Trémoille à cause qu'il avoit maryé une sienne fille à monsieur de Jonvelle, frère dudit sieur de Bommiers, mais prioit ledit frère Nycolle faire ladite ouverture et trouver moyen que ledit sieur de Bommyers et ledit d'Azay parlassent ensemble et luy bailla le moyen qui s'ensuit : Vous ditez que vous en allez à vostre couvent et passerés par le logis dudit sieur de Bommiers, lequel ditez estre mal disposé d'un cours de ventre ; s'il vient à vous parler du fait de sa femme, demandez luy s'il scet riens et s'il oyt jamais dire que sa femme eust promins à ung autre paravant luy.

« Item, et s'il vous dit que non, ditez luy que vous avez oy dire qu'elle avoit promis à quelque jeune gentilhomme du pays ; s'il vous demande son nom, faictes le ignorant et ditez qu'avez oy dire que c'est un gentilhomme du cartier de Buzancoys et du pais de Berry, maiz que ne le cognoissez sinon qu'on dit que c'est le fils d'un borgne, et alors il vous dira : C'est doncques le fils du borgne d'Entraigues, et vous luy respondrez alors que c'est moy, et par ce moyen ferez l'entrée que parlerons ensemble. Mais aidés moy à le faire diminuer des deniers dudit rachapt et, par le Corps Dieu, je vous feré faire la plus belle verrière d'Amyans ne de tout vostre ordre, maiz ne luy ditez pas qu'il y ait consommacion de mariaige ne que mondit filz ait couché avec elle.

« Item, et en cette conclusion se despartirent lesdits d'Azay et frère Nicolle, qui estoit environ de six à sept heures du matin, et le propre jour que le Roy partit d'Amyans pour aller veoir son camp à Ancre et de là s'en alla à Corbye. Lequel frère Nicolle revenant en son couvent passa par le logis dudit sieur de Bommiers, lequel à cause du cours de ventre qu'il avoit jà quatre ou cinq jours souffert et n'avoit dormy la nuyt, trouva qu'il s'estoit mys à reposer vers le matin et ne luy parla, ains dist à l'un de ses serviteurs qu'il luy dist quant seroit esveillé que ledit frère Nycolle le estoit venu veoir.

« Item, cedit jour ledit sieur de Bommyers ne partit de sa maison au moins ne seroit venu au couvent des Minimes, pour quoy ledit frère Nycolle vint en son logis sur le soir environ cinq heures, luy fist l'ouverture que luy avoit dit ledit d'Azay et prindrent heure que ledit frère Nycolle manderoit audit d'Azay qu'il se trouvast le lendemain à la messe au couvent des Minimes et que ledit sieur de Bommyers se y trouveroit ; maiz ledit sieur de Bommyers ne actendit l'eure délibérée, ains sitost que ledit frère Nycolle fut party manda ledit d'Antraignes venir vers luy.

« Item, et ledit jour de lendemain ledit sieur de Bommyers vint oyr messe ausdits Minimes, narra audit frère Nycolle ce que luy avoit dit ledit d'Azay qui convenoit de la consommacion de mariaige ou peu s'en failloit, dist ledit sieur de Bommyers qu'il en voúloit aller parler au Roy, s'en vouloit venir au pays et demander au Roy son congé pour venir veriffier les parolles dudit d'Antraignes, le vouloit amener avec luy et l'envoyer quérir ladite monicion de Sainct-Jehan de Lyversay, et qu'il ne falloit que ledit frère Nycolle dist devant le Roy les parolles que luy avoit dit ledit d'Antraigues; au moyen de quoy ledit frère Nycolle auroit rédigé dès l'heure et mys par escript tout ce qui avoit esté dit et parlé entre ledit d'Azay et luy, qui est le contenu en ces présens articles, le auroit baillé a messieurs les premier président et advocat du Roy au parlement de Thoulouze, qui pour lors estoient à Amyens, ausquelz il avoit notice et familiarité parce qu'il avoit presché le caresme avoit un an audit Thoulouze, où il y a ung couvent de son ordre, pour avoir sur ce leur advis et conseil comment se y gouverneroit, s'il failloit qu'il en fust appellé devant le Roy, lesquelz luy baillèrent leur advis mais pour ne divulguer la matière ne scandalizer les personnages auroit prins noms autres et supposicion de termes à ce qu'ils n'eussent notice des personnes.

« Item, et ce propre jour que ledit sieur de Bommyers avoit récité audit frère Nycolle ce que ledit d'Azay luy avoit dit rencontra ledit frère Nycolle, ainsi qu'il alloit par la ville d'Amyans, ledit d'Azay auprès son logis et abbaye Sainct-Martin ; lequel d'Azay le arresta et mena au dedans de l'église de ladite abbaye, luy dist : Je parlé à monsieur de Bommyers, maiz il ne vient point à bon point touchant son rembourcement ; il ne veult riens perdre et pour ce nous ne ferons riens avec ceste femme qui ne consentira jamais ne ne dira riens si ses terres ne luy demeurent quictes, et plusieurs autres propos ; et récita encores les mesmes parolles touchant le mariaige, copulacion charnelle, couchez nud à nud, alléez et venues de sondit filz et autres choses intervenues entre ladite contesse et sondit filz, et regardant *Corpus Domini* ayant la main levée dist : Je en appelle Dieu à tesmoing si je dy mensonge et en avoit fait plusieurs serment pardavant audit frère Nycolle.

« Item, dist ledit d'Antraigues audit frère Nycolle qu'il ne failloit point que ledit sieur de Bommyers procédast en son affaire contre ladite contesse par censures et rigueurs et qu'elle estoit si mauvaise que si elle n'estoit menée par gens de dévocion et qui luy remonstrassent son cas et le dangier ouquel s'estoit mise d'avoir contracté mariaige avec ledit sieur de Bommyers, que jamais ne viendroit au point ne diroit ou confesseroit la vérité du mariaige d'elle et de sondit filz, ne se consentiroit au divorce, et qu'il estoit d'oppinion que ledit sieur de Bommyers y devoit envoyer icelluy frère Nycolle et non autre, et icelluy d'Azay bailleroit lectres de créance adressées à ladite contesse et bonnes enseignes, auquel seigneur d'Antraigues ledit frère Nycolle dit qu'il ne failloit sinon advertir le gardien de Myrebeau ou le confesseur de ladite contesse dudit mariaige et qu'ilz luy en feroient faire conscience et la induyroyent à en dire la vérité, aussi en parleroit à madame l'admiralle, et sur ces propos fut terminé le parler desdits seigneur d'Antraigues et dudict frère Nycolle.

« Touttes lesquelles parolles cy devant escriptes et récitées, je frère Nycolle de Voisins certiffie à moy avoir esté ditez par ledit d'Azay, sieur d'Antraigues, et ny avoir riens mué ne changé ou interpreté de ce que ledit d'Azay me dist, sinon que aucunes sont en ambiguité tant par ce qu'il les me dist ambiguement comme aussi des aucunes que ay mis avoir oy ou retenu en ambiguité. Toutes les autres sont les siennes propres et les miennes à luy dites et replicquées sans en ce avoir fait addicion ne mutacion aucune, et en tesmoing de ce je signe ces présens articles de ma main, le neufiesme jour de novembre, l'an mil cinq cens et treize.

« F. N. DE VOISINS. »

Chartrier de Thouars. Orig. papier.

VI

1513 (v. s.) 9 janvier. — Constatation de parenté à un degré prohibé entre le seigneur de Bommiers et sa femme[1].

« Noble et puissant seigneur Jacques de La Trémoille, seigneur de Bommiers, Gençay, Mauléon et Prahec, conseiller et chambellain du Roy nostre seigneur, eagé de quarante sept ans ou environ, venant en personne à l'assignation à luy baillée en la court de céans, à l'instance de vénérable et discrète personne maistre Guillaume Oru, promoteur des causes d'office de la court de céans, sur le cas dont il est accusé. Qui est que combien [que] il, confessant, soit on tiers degré d'affinité avecques dame Avoye de Chabannes, contesse de

---

1. Edmond de Prye, premier mari d'Avoye de Chabannes, était fils de Louis de Prye et de Jeanne de Salezard. Celle-ci était elle-même fille de Jean de Salezard et de Marguerite, bâtarde de Georges de La Trémoille, grand-père du seigneur de Bommiers.

Dampmartin, néanmoins, depuys deux ans troys moys en çà, ou environ, icelluy confessant a contracté mariage avecques ladicte de Chabannes, au lieu de Mirebeau, diocèse de Poictiers, et icelluy mariage consummé *per carnalem copulam*.

« Après serment par luy fait aux sainctz Evangilles nostre Seigneur de dire et confesser vérité :

« Interrogué depuys quel temps il a contracté mariage avecques ladicte de Chabannes, dit qu'il y a environ deux ans troys moys qu'il fut marié et contracta mariage avecques ladicte de Chabannes, avecques laquelle il a demouré en mariage, couché et habité comme avecques sa femme par l'espace de douze ou treize moys, et jusques ad ce qu'il a esté adverty qu'il et ladicte de Chabannes estoient de parenté et affinité et en degré prohibé pour contracter et dirimer mariage. Et dit que depuys qu'il a esté adverty dudit degré et empeschement, il s'est abstenu de habiter et converser avecques ladicte de Chabannes ; et depuys que ledit empeschement est venu à sa notice, il n'a eu la compaignée charnelle de ladicte de Chabannes.

« Interrogué si, auparavant qu'il contractast mariage avecques icelle de Chabannes, il ne savoit pas bien qu'il y avoit empeschement entre eulx par quoy il ne pouvoient ensemble contracter mariage. Dit que auparavant ledit mariage il savoit bien que ladicte de Chabannes luy attouchoit en quelque degré d'affinité, ne sçait toutesfoys en quel degré, mais dit, parce que ledit degré d'affinité venoit entre eulx, et du cousté d'icelle de Chabannes, à cause de la bastarderie, il cuidoit que cella ne peust empescher mariage entre eulx ; et quant il eust pensé empeschement estre entre icelle de Chabannes et il, confessant, il ne l'eust jamais expousée sans dispence.

« Interrogué si de ce il en veult croyre ladicte de Chabannes, dit que non, parce qu'il ne sçait que voudroit dire ladicte de Chabannes.

« Luy a esté remonstré qu'il et ladicte de Chabannes sont constituez en tiers degré d'affinité ; et que pour ce moyen ne pouvoient et ne peuvent demourer ensemble oudit mariage, et en ce faisant ont grandement délinqué. A dit et respondu qu'il a contracté ledit mariage avecques ladicte de Chabannes ignorant que entre eulx y eust aucun empeschement ; et quant il eust sçeu aucun empeschement estre entre luy et ladicte de Chabannes, il ne l'eust jamais expousée sans dispence, comme dessus a dit. Et s'il a délinqué en ce faisant, il s'en soubzmect à la juridiction et cohercion de la court de céans.

« Et est ce qu'il confesse.

« Ainsi signé : P. Jaquelin, greffier et commis en ceste partie, pour avoir ouy et interrogué ledit sr confessant.

« P. Jaquelin, pour coppie et collation faicte à l'original. »

Chartrier de Thouars. Original.

VII

1514. — Noms de témoins qui déposèrent dans le procès de divorce de Jacques de La Trémoille, seigneur de Bommiers, et d'Avoye de Chabannes.

« Très révérend père en Dieu monsr Tristand de Sallezard, archevesque de Sens, aagé de soixante sept ans ou environ. »

« Noble seigneur messire Galloys de Sallezard, chevalier, seigneur de Las Estrèves, Courcy, de Vautillier, aagé de soixante cinq ans ou environ. »

« Dame Claude d'Angleuze, femme de noble seigneur messire Galays de Sallezard, chevalier, seigneur de Las, diocèse d'Orléans, aagée de quarente cinq ans ou environ. »

« Noble et puissant seigneur messire Lancelot de Salazart, chevalier, seigneur de Marcilly sur Seine, aagé de soixante ans ou environ. »

« Vénérable et discrète personne monsr Me Jehan de Salazard, archidiacre de Gastinoys en l'église de Sens, aagé de vingt sept ans ou environ, fils de Lancelot de Salazard, seigneur de Marcilly. »

« Damoiselle Radegonde de Sallezard, fille de messire Lancelot de Sallezard, en son vivant, chevalier, seigneur de Marcilly, aagée de quinze ans ou environ. »

« Noble homme Jacques de Sallezard, escuyer, homme d'armes de la compaignie de mons^r de La Trimoille, aagé de vingt quatre ans ou environ. »

« Noble homme Loys de Charry, escuyer, seigneur de Vendosme ou diocèse de Nevers, aagé de quarente cinq ans ou environ. »

« Noble homme Jehan du Hamel, cappitaine de Pithiviers, » interrogé en son hôtel audit Pithiviers, diocèse d'Orléans.

« Noble et puissant seigneur messire Lancelot du Lac, chevalier, seigneur de Chamerolles, conseiller chambellan ordinaire du roy, gouverneur bailly d'Orléans, cappitaine de cinquante lances des ordonnances dudit seigneur, aagé de quarente six ans ou environ. »

« Noble homme Pierre de Razines, escuier, s^r d'Auvers, cappitaine de Valoignes, âgé de trente cinq ans ou environ, » interrogé à Mirebeau.

« Noble homme Artus Scolyn, escuyer, seigneur de Bellebaste, eagé de de trente ans ou environ, » interrogé à Mirebeau, dit que Jacques de La Trémoille épousa Avoye de Chabannes « publicquement en face de sainte Eglise en la chapelle du chasteau de Mirebeau... Dit toutes voyes qu'il ne fut pas présent à la bénédiction nuptiale... parce quelle fut faicte bien matin, au paravant qu'il fut levé du lict, combien qu'il fust le dit jour couschée en la dicte ville de Mirebeau. Dit toutes voyes qu'il fut au disner des dictes nopces et aussi avoit esté le soir précedent ès fiansailles faictes... »

« Colin Trehuet, archer de la compaignie de mons^r de La Trémoille, aagé de quarente cinq ans, » interrogé à Mirebeau.

« Noble homme et puissant messire Jacques de Veilhan, chevalier, seigneur du dit lieu de Veilhan et de Brunay, gouverneur du Puizay [1], eagé de cinquante ans ou environ, » interrogé à Mirebeau, dit qu'Avoye de Chabannes « veufve de feu messire Aymond de Prie, chevalier, seigneur de Busençay », fut « induicte et requise » d'épouser Jacques de La Trémoille « tant par lettres du feu roy Loys douziesme, dernier decedé, que par les parens dudit de

---

1. Ailleurs il est dit « gouverneur de Saint-Fregeau ».

La Trémoille, et fut, il depposant, envoyé par le dit de La Trémoille, mons^r de Maizières, son nepveu, devers ladite Avoie de Chabannes, et à madame Jehanne de France, sa grand mère, pour parler de mariage... Dict... que à la solempnité de la bénédiction nupcialle... estoient présens ladicte dame Jehanne de France, contesse de Roussillon, damoiselle Anne de La Chappelles, dame de La Roche-Tiercelin, damoiselle Bonne de Marezac, damoiselle Françoise d'Ousseron, damoiselle Charlotte d'Arpajon, Anthonnete de Criquebeuf, et Lancelot de La Chaussée, Jehan Seaulme, messire Mathurin de Vaulx et plusieurs autres. »

« Damoiselle Anne de La Chaussée, fille de feu Denis de La Chaussée, escuyer, seigneur du dict lieu de la Chaussée, eagé de dix sept ans ou environ, » interrogée à Mirebeau.

« Damoyselle Marguerite de Nyeul, fille de Guillaume de Nyeul, escuyer, s^r dudit lieu, eagé de dix huit ans ou environ, » interrogée à Mirebeau, dit qu'elle fut présente au mariage de Jacques de La Trémoille et d'Avoye de Chabannes, dans la chapelle du château de Mirebeau.

Chartrier de Thouars.

TABLES

TABLE DES DOCUMENTS

Louis I de la Trémoille.. v
Louis II de La Trémoille... ix
Le Cardinal Jean de La Trémoille................................. xiii
Jacques de La Trémoille, seigneur de Bommiers................... xv

Louis I de La Trémoille

Extraits des comptes... 1 à 8
Pièces justificatives... 9 à 28

    I. — 1445, 5 avril, Thouars. — *Refus par Marguerite d'Amboise d'épouser le fils aîné du seigneur de Chaumont*..................................... 11

    II. — 1446, 22 août. — *Contrat de mariage de Louis I de La Trémoille et de Marguerite d'Amboise*........ 13

    III. — 1453 (v. s.), 24 janvier. — *Permission « à Révérend « Charle » de prendre « quinze pipez de vin bordeloys de nauffrage »* à Noirmoutier..................... 14

    IV. — Vers 1453, 3 mai. Bommiers. — *Mandement de Louis de La Trémoille « au receveur de Noirmoutier » pour lui demander de l'argent*..................... 15

    V. — 1455, 16 décembre. — *Mandement de Louis de La Trémoille au sujet de la réparation des canaux de Luçon*...................................... 15

    VI. — 1461 (v. s.), 25 janvier. Nantes. — *Contre-lettre de Louis XI au sujet des don et transport de Thouars, à lui faits par Louis d'Amboise*................. 16

VII. — Vers 1463, 13 novembre. Bommiers. — *Lettre de Louis de La Trémoille à son « chier et bien aimé Guillaume Bardin », son procureur de La Trémoille « et de Chastelguillaume, pour lui demander du « gibier. »* 17
VIII. — 1468, 24 mars. Au Bondon, près de Vannes.— *Cession par Françoise d'Amboise à son neveu Louis II de La Trémoille* 18
IX. — 1470, 8 décembre. Amboise.—*Echange entre Louis XI et Marguerite d'Amboise*............ 19
X. — 1470, 23 décembre. Issoudun. — *Cession par Marguerite d'Amboise à son mari Louis I de La Trémoille de « la terre et seigneurie de Vierzon »*........ 19
XI. — 1470 (v. s.), 3 janvier. Les Montilz. — *Louis XI ordonne de mettre Louis de La Trémoille et sa femme en possession de Vierzon et Xancoins*............ 20
XII. — 1473, 5 août. Sully. — *Lettres concernant l'impôt que Guy de La Trémoille veut lever pour marier sa fille aînée*.................. 21
XIII. — 1473, 18 septembre. Tours. — *Reconnaissance de Pierre Anquetil, écuyer, et de Louis Potin, prêtre, procureurs de Louis I de La Trémoille*.......... 22
XIV. — Sans millésime, 15 novembre. Sully. — *Lettre de Louis de La Trémoille, au sujet de la donation par Louis XI à Philippe de Commynes des terres et seigneuries de Berrye et de Thalemond*.......... 23
XV. — 1476, 17 octobre. — « *Inventoire de certaines lectres « trouvées au chasteau de Thouars en un des coffres « d'icellui chasteau, commancé à faire ledit inven- « toire le XVIIe jour d'octobre mil IIII^c LXXVI.* » 24

Louis II de La Trémoille

Revenus.......... .... 31 à 33
Dépenses.. 33 à 104
Pièces justificatives.. 105 à 134

I. — 1483, 29 septembre. Amboise. — *Lettres patentes de Charles VIII, en faveur de Louis, Jean, Jacques et Georges de La Trémoille, pour la restitution des terres de « Thallemont, etc. »*.................... 107

II. — 1484, 28 juillet. Château « d'Escole en Bourbonnois ». — *Contrat de mariage de Louis II de La Trémoille et de Gabrielle de Bourbon*........................ 107

III. — 1487, 13 mai. Laval. — *Exemption par Charles VIII du ban et de l'arrière-ban pour les capitaines des places appartenant à Louis II de La Trémoille*.... 108

IV. — 1487 (v. s.), 11 mars. Les Montils-lès-Tours. — *Lettres patentes qui nomment Louis de La Trémoille lieutenant-général de l'armée du roi en Bretagne*..... 110

V. — 1488, 18 avril. Tours. — *Lettres patentes de Charles VIII pour faire renoncer Gilbert de Bourbon aux clauses du contrat de mariage de Gabrielle de Bourbon, sa sœur, avec Louis II de La Trémoille*.. 113

VI. — 1488, 20 septembre. La Flèche. — *Nomination par Charles VIII de Louis II de La Trémoille comme capitaine de Fougères*........................ 113

VII. — 1488, 22 septembre. La Flèche. — *Abandon par Charles VIII de la vicomté de Touars en faveur de Louis II de La Trémoille*............................ 114

VIII. — 1490, 5 octobre. Les Montils-lès-Tours. — *Nomination par Charles VIII de Louis II de la Trémoille comme son lieutenant général en Poitou, Saintonge, Angoumois, Anjou et sur les marches de Bretagne.* 114

IX. — 1491, 17 mai. Les Montils-lès-Tours. — *Donation par Charles VIII à Louis II de La Trémoille des « salines et saulx estans au Croisic, Guerrande et ailleurs en... Bretaigne »*...................... 114

X. — 1491, 25 juillet. Les Montils-lès-Tours. — *Nomination par Charles VIII de Louis II de La Trémoille à l'office de capitaine de Nantes*................ 115

XI. — 1491, 10-14 novembre. — *Information faite par Jean de Sallignac, châtelain de Talemont, pour Louis II de La Trémoille, par le commandement de Gabrielle de Bourbon, contre Etienne de Chiros, capitaine de la nef la Gabrielle*........................... 117

XII.	— Sans millésime, 29 mai. Cosme. — *Lettre de Louis II de La Trémoille au roi*........................	122
XIII.	— 1495, 9 novembre. Lyon. — *Nomination par Charles VIII de Louis II de La Trémoille à l'office de premier chambellan*........................	124
XIV.	— 1496, 30 juillet. Paris. — *Lettres patentes de Charles VIII en faveur de Louis II de La Trémoille au sujet d'un « droit d'amiraudaige »*........	126
XV.	— 1498, 21 juin. Senlis. — *Louis XII confirme Louis II de La Trémoille dans son office de capitaine de Fougères*........................	127
XVI.	— 1498, 21 juin. Senlis. — *Louis XII confirme Louis II de La Trémoille dans son office de capitaine de Nantes*........................	127
XVII.	— 1499. Loches. — *Louis XII institue Louis II de La Trémoille « lieutenant-général en la duché de Millan »*........................	128
XVIII.	— 1502, 26 avril. Blois. — *Louis XII nomme Louis II de La Trémoille amiral de Guyenne*............	128
XIX.	— 1502, 26 avril. Blois. — *Louis XII nomme Louis II de La Trémoille amiral de Bretagne*............	128
XX.	— 1514 (v. s.), 7 janvier. Paris. — *François Ier confirme Louis II de La Trémoille dans son office d'amiral de Guyenne*........................	129
XXI.	— 1514 (v. s.), 7 janvier. Paris. — *François Ier confirme Louis II de La Trémoille dans son office d'amiral de Bretagne*........................	129
XXII.	— 1515, 28 octobre. Milan. — *François Ier donne à Louis II de La Trémoille la capitainerie du château de Vergy en Bourgogne à la suite de la mort du prince de Tallemont*........................	130
XXIII.	— 1517, 17 avril. Saint-Maur des Fossés. — *Contrat de mariage de Louis II de La Trémoille et de Louise Borgia*........................	130
XXIV.	— 1521, 8 avril. Avallon. — *Lettre de Louis de La Trémoille aux échevins de Dijon alors qu'il était à Avallon avec François I*........................	131
XXV.	— 1522. — *Lettre de Louis II de La Trémoille relative à un navire anglais*........................	132

XXVI. — 1524, 10 juin. Dijon. — *Lettre de Louis de La Trémoille à Regnault de Moussy*................ 132
XXVII. — 1526 (v. s.), 24 février. — *Quittance de Louise Borgia, duchesse de Valentinois, et de François de La Trémoille pour la nef nommée la Catherine de La Trémoille*.. 134

Le Cardinal Jean de La Trémoille

Extraits des comptes.. 135 à 146
Pièces justificatives.. 147 à 156

I. — 1483, 6 juin. Orléans. — *Nomination d'un procureur par Jean de La Trémoille*..................... 149
II. — 1490, 1ᵉʳ avril. Selles-en-Berry. — *Jean de La Trémoille nomme « Odet de Chezerac » capitaine de Noirmoutier*................................... 149
III. — 1501, 24 juillet. Selles. — *Lettre de Jean de La Trémoille, recommandant à Louis II, son frère aîné, les habitants de Selles en Berry*................. 150
IV. — 1505, 1ᵉʳ septembre. Blois. — *Extrait d'une lettre de Hugues Le Masle à Jean de La Trémoille*..... 151
V. - 1505, 9 décembre. Rome. — *Bref du pape Jules II, assurant Louis II de La Trémoille de ses bonnes dispositions pour le cardinalat de son frère*....... 152
VI. — 1507, 16 juin. Milan. — *Testament du cardinal Jean de La Trémoille*................................. 153
VII. — 1507, après le 16 juin. — *« Advertissement à monseigneur monsʳ le gouverneur de Bourgongne touchant ce qui est nécessaire ès affaires de feu monseigneur le cardinal, son frère. »*........................ 156

Jacques de La Trémoille

Extraits des comptes.. 157 à 166
Pièces justificatives.. 167 à 194

I. — 1511, 3 septembre. Chinon. — *Contrat de mariage de Jacques de La Trémoille, seigneur de Bommiers, et d'Avoye de Chabannes*............................ 169

II. — 1511, 2 octobre. « Chaulmes-lès-Buzancoys ». — *Jacques de La Trémoille réclame le château de Persigny* 169

III. — 1511 (v. s.), 22 février. Blois. — *Don par Louis XII à Jacques de La Trémoille, seigneur de Bommiers, des lods et vente de fiefs échus à sa femme* 170

IV. — 1511 (v. s.), 19 mars. — *Renvoi par Jacques de La Trémoille de son gouverneur de Dammartin* 172

V. — 1513, 9 novembre. Amiens. — « *Articles du propos et parolles qui furent en Amiens entre le seigneur d'Entraigues et frère Nicolle de Voisins* », *au sujet d'Avoye de Chabannes* 173

VI. — 1513 (v. s.), 9 janvier. — *Constatation de parenté à un degré prohibé entre le seigneur de Bommiers et sa femme* 190

VII. — 1514. — *Noms de témoins qui déposèrent dans le procès de divorce de Jacques de la Trémoille, seigneur de Bommiers, et d'Avoye de Chabannes* ... 192

TABLE

DES NOMS DE PERSONNES ET DE LIEUX

ADENET, brodeur, 142.

AGEN (évêché d'), XIII.

Agen, ancienne capitale de l'Agénois, actuellement chef-lieu du département de Lot-et-Garonne.

ALBRET (Charlotte d'), femme de César Borgia, duc d'Urbin, XI, 130.

Charlotte d'Albret était fille d'Alain, sire d'Albret, surnommé le Grand, et de Françoise de Blois, dite de Bretagne. P. Anselme, VI, p. 214.

ALBRET (Jean d'), roi de Navarre, XI.

Jean d'Albret, fils aîné d'Alain d'Albret et de Françoise de Blois, épousa Catherine de Foix, reine de Navarre. P. Anselme, VI, p. 215.

ALENÇON (monsieur d'), 81.

Charles, duc d'Alençon, mort en 1525.

ALEXANDRE, contresigne un mandement de Louis II de La Trémoille aux auditeurs de ses comptes, 98.

ALLEMAGNE (ambassade de Louis II de La Trémoille en), 49.

AMBOISE (ville d') 11 — 14, 19, 26, 98, 107, 114.

Amboise, chef-lieu de canton du département d'Indre-et-Loire, arrondissement de Tours.

AMBOISE (cardinal d'), XIV.

Georges d'Amboise, dit le cardinal d'Amboise, né en 1460, mort à Lyon au monastère des Célestins, le 25 mai 1510.

AMBOISE (Françoise d'), femme de Pierre II, duc de Bretagne, VI, 18, 25, 26.

Françoise d'Amboise, née en 1427, était fille de Louis d'Amboise, vicomte de Thouars, prince de Talmont, et de Marie de Rieux. Elle fut élevée à la Cour du duc de Bretagne et épousa le prince Pierre, IIe du nom, qui la mena à Guingamp. Ce prince devint jaloux et maltraita sa femme qui souffrit avec une patience héroïque ses mauvais procédés ; mais, ayant reconnu sa faute, il lui en demanda pardon. Pierre II devint duc de Bretagne après la mort de son frère et se fit couronner à Rennes avec sa femme. Après la mort de son mari, arrivée en octobre 1457, Françoise d'Amboise eut à subir différentes épreuves qui ne firent qu'accroître sa sainteté. Elle prit l'habit de carmélite dans le monastère des Trois-Maries, près de Vannes, où elle mourut le 4 octobre 1485. L'abbé Barrin, *Vie de la bienheureuse Françoise d'Amboise, duchesse de Bretagne, fondatrice des Carmélites*. Bruxelles, 1704. — Dom Lobineau, *Les vies des saints de Bretagne. La bienheureuse Françoise d'Amboise*, t. III, pp. 225 à 229. Edition de l'abbé Tresvaux.

Amboise (monsieur Ingerger d'), 27.

Ingerger II d'Amboise, mari de Jeanne de Craon, était fils d'Ingerger I d'Amboise et de sa deuxième femme Isabeau de Thouars. P. Anselme, vii, p. 121.

Amboise (Jacqueline d'), femme de Jean de La Trémoille, seigneur de Jonvelle, 26-28.

Jacqueline d'Amboise était fille d'Ingerger II et de Jeanne de Craon.

Amboise (Louis, sire d'), vicomte de Thouars, prince de Talmont, vi, 11-14, 16-19, 25-28, 107, 114.

Louis d'Amboise, vicomte de Thouars, était fils d'Ingerger II d'Amboise et de Jeanne de Craon. Il épousa en premières noces Marie de Rieux et en secondes Colette de Chambes, fille de Jean de Chambes, seigneur de Montsoreau en Anjou, et de Jeanne Chabot. Colette de Chambes devint la maîtresse de Charles, duc de Guyenne, frère de Louis XI. Voir *Louis XI et Colette de Chambes*, par l'abbé A. Ledru, Angers, Germain-Grassin, 1882, in 8º de 63 pages.

Amboise (Marguerite d'), femme de Louis Iᵉʳ de La Trémoille, vi, ix, xiii, xv, 11-14, 18-20, 24, 107.

Marguerite d'Amboise était fille de Louis d'Amboise et de Marie de Rieux.

Amboise (Pierre d'), frère d'Ingerger II, 27.

Amboise (Pierre V d'), évêque de Poitiers, 151.

Pierre d'Amboise, évêque de Poitiers, était fils de Pierre d'Amboise, seigneur de Chaumont, et d'Anne de Bueil. P. Anselme, vii, p. 124.

Amelin (Guillaume), marinier, 126.

Amiens (ville d'), 173, 188, 189.

Amiens, ancienne capitale de l'Amiénois, chef-lieu du département de la Somme.

Amiens (couvent des Minimes d'), 173, 188.

Amiral (l'), 112, 126.

En 1487 l'amiral de France était Louis Malet, sieur de Graville.

Voir, Graville (le sire de).

Amiral (l'), 97.

En 1522, l'amiral de France était Guillaume Gouffier, seigneur de Bonnivet.

Amirale (madame l'), 181-183.

Amy (André), « maistre maczon de l'ouvraige de l'esglise Nostre-Dame ou chasteau de Thouars », 64.

Ancenis (traité d'), vi.

Ancenis, chef-lieu d'arrondissement du département de la Loire-Inférieure. En 1468, un traité y fut conclu entre Louis XI et le duc de Bretagne, François II, qui s'engagea à servir le roi de France envers et contre tous.

Ancre (ville d'), 188.

Ancre, petite ville du département de la Somme, appartint successivement aux maisons de Coucy, de Montmorency, de Nesles et d'Humières. Elle fut érigée en marquisat en faveur de cette dernière (1576). Concino Concini l'acheta en 1610 et elle passa après la mort de Concini dans la maison de Luynes. Louis XIII l'érigea en duché-pairie en juin 1620 sous le nom d'Albert qu'elle porte encore actuellement.

Angers (ville d'], vii, 59.

Angers, chef-lieu du département de Maine-et-Loire.

Angle (receveur de la baronnie et châtellenie d'), 144.

Angleterre (bourse d'), à Lisbonne, 119.

Angleterre (fromages d'), 119.

Angleterre (ambassadeurs du roy d'), reçus en 1519, par Louis II de La Trémoille dans son hôtel des Creneaux à Paris, 81.

Angleterre (ambassade d'), arrivée à Blois en 1505, 152.

Angleterre (grand-chambellan d'), 81.

Angleterre (grand- commandeur d'), 81.

Angleuze (Claude d'), femme de Galois de Sallezard, 192.

Angoulême (le comte d'), 112.

Charles d'Orléans, comte d'Angoulême, époux de Louise de Savoie dont il eut deux enfants: François qui monta sur le trône de France et Marguerite, reine de Navarre. Charles d'Orléans mourut le 1er janvier 1496.

Angoulême (duchesse d'), 130, 152, Voir, Savoie (Louise de).

Angoulême (Marguerite d'), 152.

Marguerite d'Angoulême, duchesse d'Alençon, reine de Navarre, née à Angoulême le 11 avril 1492, morte à Odos le 21 décembre 1549. Fille de Charles d'Orléans, comte d'Angoulême, et de Louise de Savoie, elle épousa en 1509, Charles III, duc d'Alençon. Veuve en 1525, elle se rendit en Espagne auprès de son frère François Ier alors prisonnier. Marguerite épousa en 1527, Henri d'Albret, roi de Navarre, et laissa de ce second mariage une fille Jeanne d'Albret.

Angoumois (province d'), xi, 114.

Anguzeau (Nicolas), marchand, 121.

Anjou (province d'), xi, 114.

Anjou (sénéchal d'), 108.

Anjou (Louis d'), bâtard du Maine, époux d'Anne de La Trémoille, vii, 149.

Louis d'Anjou, bâtard du Maine, baron de Mézières, seigneur de Saint-Aubin, gouverneur et sénéchal du Maine, était fils de Charles Ier d'Anjou, comte du Maine.

Anjou (duchesse d'), 130. Voir, Savoie (Louise de).

Annete, femme de chambre de Madame de La Trémoille, 38.

Anquetil (Pierre), écuyer, maître d'hôtel de Louis Ier de La Trémoille, 22, 23.

Anthoine, 43.

Anthoine, « boteiller », 119.

Appellevoysin (messire Jacques d'), chevalier, 14.

La famille d'Appelvoisin, originaire d'Italie où elle était connue sous le nom de Palavicini, s'est établie en Poitou avant

1160. Voir *Armorial de Touraine*, par Carré de Busserolle, page 69.

ARBAULDI, « prothonotaire », 141.

ARDENNOYS (Jehan), marinier, 126.

ARDRES, X, 91, 92.

Ardres, chef-lieu de canton du Pas-de-Calais, arrondissement de Saint-Omer. C'est dans une plaine située entre Ardres, possession française, et Guines qui appartenait à l'Angleterre, que se tint en 1520 la célèbre entrevue dite du camp du Drap d'or entre Henri VIII et François Ier. Les deux princes arrivèrent le 1er juin l'un à Ardres, l'autre à Guines, mais ce ne fut que le 7 juin qu'ils se rencontrèrent. Voir sur ce sujet les *Mémoires* de Martin du Bellay.

ARGENTON (seigneur d'), 28, 32. Voir, COMMYNES (Philippe de).

ARGERY (Vincent d'), valet de chambre du cardinal Jean de La Trémoille, 155.

ARPAJON (damoiselle Charlotte d'), 194.

ARRAS (ville d'), 117.

Arras, sur la Scarpe, capitale de l'Artois, chef-lieu du département du Pas-de-Calais.

ATHON (Mathurin), capitaine de Luçon, 110.

AUCH (ville d'), 54.

Auch, sur le Gers, ancienne capitale de l'Armagnac, chef-lieu du département du Gers.

AUCH (archevêque d'). Voir, LA TRÉMOILLE (Jean de).

AUCH (Clavaire d'), 140.

AURAY (ville d'), *Aurré*, 121.

Auray, à l'embouchure du Loch, chef-lieu de canton du département du Morbihan, arrondissement de Lorient.

AUTRY (Charlotte d'), femme de Jean, bâtard de La Trémoille, VII.

AUVERGNE (province d'), XVI, 108.

AUVERGNE (comte-dauphin d'), 41, 108.

AUVERGNE (Guillaume d'), armurier à Tours, 39.

AUXONNE (château d'), 63.

Auxonne, sur la Saône, chef-lieu de canton du département de la Côte-d'Or, arrondissement de Dijon.

AVAILLOILLES (François d'), écuyer, sieur de Roncée, 155.

Les noms de François, d'Hector et de Charles d'Availlolles se rencontrent souvent dans les documents du *Chartrier de Thouars*. Au dire d'une note de la Bibliothèque nationale, *Pièces originales*, tome 151, *dossier d'Availlolles* 3059, nos 2 à 7, les d'Availloles, sieurs de Roncée, étaient du diocèse de Tours.

6 décembre 1519, « noble homme « François d'Availlolles, seigneur de Négron », traite avec Martin Claustre, pour l'exécution de trois tombeaux dans l'église de Notre-Dame du château de Thouars. *Chartrier de Thouars*, p. 35.

1520 à 1543. Hector d'Availlolles, sieur de Roncée, commissaire ordinaire des guerres du roi. Bibl. nat. *Pièces originales*, t. 151, *d'Availlolles* 3059, nos 2 à 7.

1521 (v. s.), 25 février, de Vitré. Lettre écrite par François d'Availlolles à Louis II de La Trémoille, au sujet du mariage de son petit-fils avec Anne de Laval. *Chartrier de Thouars*, ms. Volume, *François de La Trémoille. Lettres*.

Après 1525. « Hector d'Availlolles, « chevalier, seigneur de Ronsée, dépose « qu'il étoit avec Louis, seigneur de La

« Trémoille, lorsqu'il fut tué à la bataille
« de Pavie, étoit son maistre d'hostel, et
« y fut pris prisonnier, et y demeura
« aussi prisonnier François, seigneur de
« La Trémoille, (petit-) fils de Louis. »
Preuves de l'Histoire de la maison de La Trémoille, 2ᵉ partie (ms.) p. 706.

1532, 10 novembre. François d'Availlolles, seigneur de Roncée et de Négron, remplace François de La Trémoille pour porter le bras droit du derrière de la chaire d'intronisation de Jean Ollivier, évêque d'Angers. Marchegay, *Choix de documents inédits sur l'Anjou*, 2ᵉ fascicule, pp. 60 et suivantes.

1533, 19 décembre. Lettre de François d'Availlolles, seigneur de Roncée, datée de Paris, au vicomte de Thouars. Marchegay, *Lettres missives originales du XVIᵉ siècle*, p. 109.

1534. François d'Availlolles, seigneur de Roncée, maître d'hôtel du vicomte de Thouars, touche 300 livres tournois de gages. *Chartrier de Thouars*, p. 60.

On lit dans un compte : « Le XXVIᵉ de
« janvier 1540 (v. s.), baillé au jeune
« Ronssée, gouverneur de monseigneur
« le prince (Louis III de La Trémoille),
« deux escuz solleil, pour porter un pac-
« quet de lettres à Monseigneur (Fran-
« çois de La Trémoille)... »

1551. « Charles d'Availlolles, sieur de
« Roncée et de Launay », donne quittance au comte de Benon.

A une date qui nous est inconnue, François d'Availlolles écrivit à François de La Trémoille, vicomte de Thouars, la lettre qui suit :

« De Mazières, ce jeudi matin, XXIIIᵉ
« de mars,

« A Monseigneur.

« Monseigneur, assoyr arrivèrent mes-
« seigneurs voz enffants en ce lieu, faisans
« très bonne chère, et ont très bien dormy
« toute ceste nuict et dorment encore.
« » Nous sommes contraincts actendre le
« charryot et charrestier qui demeurèrent
« à Partenay, et nous fault louer des
« charrestes à beufs pour les aller quérir,
« parce qu'il n'y a cheval ausdicts char-
« ryot et charrestes qui vaille rien, et ne
« peurent seullement tyrer leurs char-
« restes toutes vuydes. S'il est possible,
« nous yrons ce jourd'hui coucher à
« Eschiré, et espère, Monseigneur, que,
« o l'ayde de Dieu, nous ferons tous en-
« semble si bien nostre devoyr que nous
« vous rendrons mes seigneurs voz
« enffans en bonne santé. Je vous envoye
« les lettres que madame la Grand Mais-
« tresse vous escript et vous promectz,
« Monseigneur, qu'elle a eu grand regret
« à leur partement.....

« Monseigneur, je prye Nostre-Sei-
« gneur vous donner en santé très bonne
« vie et longue.

« De Mazières, ce jeudi matin, XXIIIᵉ
« de mars,

« Vostre très humble et très obéissant
« serviteur,

« F. D'AVAILLOLLES. »

Après la mort du vicomte de Thouars, François d'Availlolles écrivit à Anne de Laval, à Craon, une missive où nous relevons ces lignes : «... Madame, le bruit
« est que le Roy vient à Chinon, et y fera
« quelque séjour pour courir le cerf. Sy
« je puis entendre quelque chouse de
« nouveau, vous en avertiré... De vostre
« maison de Roncée, ce Xᵉ décembre. —
« F. d'Availlolles ». *Chartrier de Thouars*, ms.

AVALLON (ville d'), 131.

Avallon, sur le Cousin, chef-lieu d'arrondissement du département de l'Yonne.

AYRAUDE (Perrine), 96.

AZAY (.... d'), seigneur de Beaufort, fils de François d'Azay, seigneur d'Entraigues, 177-188.

Azay (François d'), seigneur d'Entraigues, xvi, 173-190.

Azay (Madeleine d'), femme de Georges de La Trémoille, seigneur de Jonvelle, vii, 180, 187.

Bahort (Jacques), capitaine de Château-Gaultier, 110.

Bailly (Guillaume), maître charpentier, demeurant à Saint-Lô, près d'Angers, fait la charpente de la chapelle du château de Thouars, 59.

Balsarin, armurier à Tours, 43.

Barbe de Pempoul (la nef nommée la), 97.

Barbarie (côte de la), 117.

Barbarie: région de l'Afrique septentrionale qui comprend le Maroc, l'Algérie, la Tunisie et la régence de Tripoli.

Bardin (Guillaume), procureur de La Trémoille, 3, 4, 17.

1473, 4 septembre, Sully. — Louis de La Trémoille, « comte de Benon, sei- » gneur de Sully, de Luxon,... conseiller » et chambellan du roy », mânde à son » bien aimé Jehan de Puigaillart », son receveur de La Trémoille, de bailler à Guillaume Bardin, procureur audit lieu de La Trémoille, la somme de 50 écus d'or « pour faire paiement au maistre de » la Maison-Dieu de Montmorillon, » auquel il est respondant... pour l'achat » d'une hacquenée grise à longue queue », achetée dudit maître de la Maison-Dieu.

Chartrier de Thouars. Original parch. signé : « Loys de La Trémoille ».

Bassereau (J....), 146.

Bastart (Louys), procureur de Noirmoutier, 14, 15.

Bauche, gentilhomme de Louis II de La Trémoille, 68.

Baudricourt (monsieur de), 39, 110.

Il s'agit probablement ici de Jean de Baudricourt, seigneur de Choiseul, maréchal de France, qui se joignit en 1465 à Charles de Bourgogne, comte de Charolais, durant la guerre du *Bien public*. Depuis, il s'attacha à Louis XI qui lui donna le collier de l'Ordre de Saint-Michel et le fit gouverneur de Bourgogne. En 1488, il contribua au gain de la bataille de Saint-Aubin-du-Cormier, après laquelle il reçut le bâton de maréchal de France. Il mourut à Blois en 1499 sans enfants d'Anne de Beaujeu, veuve de Philippe de Culant.

Bayeux (monseigneur de), 141, 151, 152. Voir, Prie (René de).

Beaucaire (sénéchal de), 116.

Beaucaire, sur le Rhône, chef-lieu de canton du département du Gard, arrondissement de Nîmes.

Beaufort (comtesse de), 130. Voir Savoie (Louise de).

Beaufort (monsieur de), 181. Voir Azay (... d').

Beaumont (Jacques de), chevalier, seigneur de Bressuire, 28.

Voir sur ce personnage, qui a joué un rôle considérable sous Louis XI, *Histoire de la ville de Bressuire*, par Bélisaire Ledain. Bressuire, 1880, p. 127 et suiv. et l'*Inventaire du château de Thouars du 2 mars 1470*. Saint-Maixent, 1886.

Beaune (ville de), 93, 133.

Beaune (vin de), 82.

Beaune, chef-lieu d'arrondissement du département de la Côte-d'Or.

Beauvau (Bertrand de), seigneur de Précigny, vi.

Bertrand de Beauvau, conseiller du roi, capitaine des châteaux de Tours et d'Angers, bailli de Touraine (1446-1450), mourut à Angers le 30 septembre 1474.

Voir Carré de Busserolle, *Armorial de Touraine*, p. 118.

Beauvau (Jeanne de), femme d'Aymon de Prie, xvi.

Jeanne de Beauvau, femme d'Aymon de Prie, était fille de Charles de Beauvau, troisième fils de Bertrand de Beauvau, seigneur de Précigny, et de sa seconde femme Barbe de Talanges.

Beauvergier (Merlin de Cordebeuf, seigneur de), lieutenant du château de Nantes, 52. Voir, Cordebeuf (Merlin de).

Beauvoys (mademoiselle), 79.

Becdelièvre (Charlot), élu à Chinon, 39, 44.

Charles de Becdelièvre était élu à Chinon en 1492. Voir Carré de Busserolle, *Armorial général de Touraine*, p. 120.

Bellanconne, 122, 123.

Bellebaste (Artus Scolyn, écuyer, seigneur de), 193. Voir, Scolyn (Artus).

Benon (comté de), au gouvernement de La Rochelle, v, 25, 26, 31, 41, 42, 44, 48, 57, 80, 108, 111, 114, 145.

Le 28 septembre 1480, « au Plessiz du Parc », Louis XI voulant reconnaître les bons services de « son chier et féal cousin Loys de La Trimoille » , lui fit remise des droits de rachat dus à cause du « comté de Benon et seigneuries de l'isle de Ré, de Marant, La Chez-le-Vicomte et Mauléon » .

Ch. de Thouars. Orig. parch.

Benon (capitaine de), 109.

Beraudeau (Thomas), receveur de l'île de Ré, 56.

Bernay (Pierre Rideau, seigneur de), 42. Voir, Rideau (Pierre).

Berrie (baronnie de), au pays de Loudunois, v, 23, 24, 27.

Berrier (Jehan), 79.

Berry (province et duché de), xvi, 19, 173, 187.

Berry (bailli de), 108.

Berthin, fauconnier du cardinal de La Trémoille, 144.

Bessay (Thomas de Chargé, sieur de), commis à la défense de l'île de Noirmoutier contre les Espagnols, 101. Voir, Chargé (Thomas de).

Besunce (Jacques de), 80.

Beuille (monsr), 120.

Billart (Jehan), apothicaire de Louis II de La Trémoille, x, 90-92.

Billy (Huguet de), procureur en 1436, de Louis, vicomte de Thouars, 25.

Biscain (navire de), 118.

Blay, quartenier de la nef la Gabrielle, 102.

Bléré, v, 150.

Bléré, sur le Cher, chef-lieu de canton du département d'Indre-et-Loire, arrondissement de Tours.

Blisson (frère Joachim Marilleau, chevalier, baron de), commandeur des commanderies de Saint-Jean de l'Isle-Bouchard et de la Maison-Neuve, en Bourgogne, 73.

Blois (ville de), 128, 151, 170.

Bloys-en-Foye, 94.

Bohier, 116.

Bohier (cardinal), 82.

Antoine Bohier, cardinal, archevêque de Bourges, était d'Issoire en Auvergne et fils d'Austremoine Bohier, baron de Saint-Ciergue, et d'Anne du Prat, tante d'Antoine, cardinal du Prat, chancelier de France.

Boillot (Odo), régent au collège de Navarre, 163-166.

Boysaubin (mademoiselle), 79.

Bollu (maistre Jehan), principal du collège de Navarre, 78, 166.

Bommiers (seigneurie de), v, vii, xv, xvi, 7, 15-18, 22, 39, 154, 159-161, 169, 172, 175, 177, 182, 183, 187, 190, 192.

Bommiers, dép. de l'Indre, arrondissement et canton d'Issoudun. Voir l'art. *Bommiers* dans *Archives d'un serviteur de Louis XI*, p. 157, et *Chartrier de Thouars*, pp. 25, 26, 30, 218.

Vers 1467, « Pierre de Villiers, escuier, » était capitaine de Bommiers pour Louis I de La Trémoille. *Chartrier de Thouars*; vol. Louis I de La Trémoille, n° 27.

Bommiers (Jacques, bâtard de), fils de Jacques de La Trémoille, seigneur de Bommiers, 78, 163-166.

Bondon (couvent de Carmélites du), 18.

Bordeaux (archevêque de), 112.

André, cardinal d'Espinay, archevêque de Bordeaux du 10 avril 1478 au 10 novembre 1500.

Borderie (Colinet), tapissier, 37.

Borgia (César), duc d'Urbin et de Valentinois, xi, 130.

Août 1498. Louis XII, à cause de « la singulière amitié et affection » qu'il a pour son « amé cousin le sire domp Sézar de Borja, en faveur de notre Saint Père, duquel il est prochain parent, » lui donne la « chastellenie et seigneurie d'Issoldun » en Berry.

Arch. nat. JJ 223, fol. 21 v°, n°s xvi, et encore sur la même famille, n°s xvii, xviii et xix.

Borgia (Louise), duchesse de Valentinois, femme de Louis II de la Trémoille, xi, xii, 77-79, 91-97, 101-103, 130, 134.

Bossé (Jchan de Garguesalle, seigneur de), vii.

Carré de Busserolle dans son *Armorial de Touraine*, p. 396, attribue à la famille de Garguesalle les seigneuries de Coulaines et de *Pocé*.

Pocé, commune du département d'Indre-et-Loire, canton d'Amboise, arrondissement de Tours.

Botaille (le compère), 68.

Botte (noble homme Bourgonce), xiv, 153.

Boucan (comte de), 113.

« Wolfart de Borfelle, seigneur de la Vere en Hollande, comte de Grandpré en Champagne et de Boucan en Ecosse », épousa par contrat du 17 juin 1468, Charlotte de Bourbon, fille de Louis de Bourbon, Ier du nom, comte de Montpensier, et de sa deuxième femme Gabrielle de La Tour. P. Anselme, t. I, p. 314.

BOUCHAULT (messire Jacques), doyen de la collégiale de Notre-Dame de Dammartin, 172.

BOUCHET (maistre Jehan), 77.

BOULAIN (messire Guillaume), prêtre, 56.

BOULDROUX (Jehan Lemousin, seigneur de) 53.

BOULLET (Guiot), menuisier, travaille à la nef de Louis II de la Trémoille, 60.

BOLOGNE (ville de), XIII, 141.

Bologne, sur le Reno, ville forte d'Italie, capitale d'une province.

BOURBON (madame de), 152.

Anne de France, fille de Louis XI.

BOURBON (Charles de), connétable de France, 81, 133.

BOURBON (Charles, cardinal de), 108.

Charles de Bourbon, fils de Charles Ier de Bourbon et d'Agnès de Bourgogne, né en 1437, archevêque de Lyon en 1446, légat d'Avignon (1465), cardinal (1476), mort en 1488.

BOURBON (Charlotte de), femme du comte de Boucan, 113. Voir, BOUCAN (comte de).

BOURBON (Gabriélle de), femme de Louis II de La Trémoille, x, xi, 29-77, 81, 96, 97, 107, 108, 113, 117, 145, 146.

BOURBON (Gilbert de), comte de Montpensier, fils de Louis de Bourbon et de Gabrielle de La Tour, XVI, 113.

BOURBON (Jehan de), fils de Louis de Bourbon et de Gabrielle de La Tour, 113.

BOURBON (Louis de), comte de Montpensier, XI, 108, 113.

Louis I de Bourbon, comte de Montpensier, épousa en premières noces, Jeanne, comtesse de Clermont, et en secondes, Gabrielle de La Tour. P. Anselme, t. I, p. 314.

BOURBON (Louis de), fils de Louis de Bourbon et de Gabrielle de La Tour, 113.

Ce Louis de Bourbon n'est pas cité par le P. Anselme.

BOURBON (Pierre II, duc de), XVI, 55, 126.

Pierre de Bourbon, connu d'abord sous le nom de sire de Beaujeu, épousa, en 1474, Anne de France, fille de Louis XI, qui devint régente de France pendant la minorité de Charles VIII. Pierre, duc de Bourbon, mourut à Moulin le 8 octobre 1503, ne laissant qu'une fille, Suzanne, qui épousa le 10 mai 1505, Charles II de Bourbon, le futur connétable de France, si célèbre par sa trahison.

BOURBON (Philippe de), seigneur et baron de Busset, XII.

Philippe de Bourbon, chevalier, fils de Pierre de Bourbon, bâtard de Louis de Bourbon, évêque de Liège, épousa Louise Borgia après la mort de Louis II de La Trémoille.

BOURBON-ROUSSILLON (Suzanne de), femme de Jean de Chabannes, XVI.

Suzanne de Bourbon était fille de Louis, bâtard de Bourbon, comte de Roussillon, et de Jeanne, bâtarde de France, fille naturelle de Louis XI.

BOURBONNAIS (duc de), 108.

BOURBONNAIS (duchesse de), XVI.

Bourges (ville de), 182.
— (archevêque de), 78, 151.
— (chancelier de), 90.
— (official de), 184.
— (église des Ancelles à), 95.
Bourgogne (province de), xi, xvi, 73, 130.
Bourgogne (chambellage de), v, 70.
— (gouvernement de), 62, 156.
Bourgogne (Etats de), 72.
— (Nobles de), 70.
Bourlande (Françoys Joubert, seigneur de), sénéchal de l'île de Ré, 56.
Boutet (Odeau), 90.
Boys (Jehan du), dit Riflart, valet de chambre du Roi, 53.
Boysi (cardinal de), 82.
Bran, vi, 14, 107.

Bran, commune de la Charente-Inférieure, arrondissement de Jonzac, canton de Montendre.

Brandois, 32, 107, 109.
Brèche (Jean, bâtard de La Trémoille, seigneur de), vii. Voir, La Trémoille (Jean bâtard de).
Bresdon (monsieur de), 65.
Bresse (comte de), 112.
Bressuire (Jacques de Beaumont, seigneur de), 28. Voir, Beaumont (Jacques de).
Bretagne (amirauté de), xi, 63, 97, 129.
Bretagne (Françoise d'Amboise, duchesse de), vi, 18, 25, 26. Voir, Amboise (Françoise d').
Bretagne (Anne, duchesse de), 53, 66.

Bretagne (François II, duc de), 110, 111.
Bretagne (Jean V, duc de), 24, 25.
Bretagne Pierre II, duc de), 18, 25, 26.
Bretagne (duché de), 23, 32, 53, 113-115.
Bretagne (trésorier de), 65.
Bretagne (Louis II de La Trémoille, lieutenant-général pour le roi en), xi. Voir, La Trémoille (Louis II de), 110, 114, 115.
Breul (Macé Maincet, seigneur du), père d'« Annecte Maincet » deuxième femme de Louis I de La Trémoille, vii.
Bride (Arnaud), canonnier, 117.
Brizay (Jacques de), sénéchal de la Haute et Basse-Marche, xvi.
Brossin (Pierre), capitaine de Craon, 109.

On rencontre Pierre Brossin, « sieur des Roussiers », comme capitaine de Craon, de 1487 à 1498. En mars 1508 (v. s.), Jeanne de Ravenel, veuve de Pierre Brossin, en son vivant écuyer, capitaine de Craon, était en procès en son nom et au nom de ses enfants mineurs avec Jean Bonamy, écuyer, au sujet de prisonniers qui s'étaient échappés du château de Craon pendant la guerre de Bretagne. Arch. nat. X¹ª 147, fol. 121 v°.

Brouage, 47.

Brouage, hameau de la commune de Hiers, canton et arrondissement de Marennes, département de la Charente-Inférieure.

Brulles (mademoiselle des), 79.

Brunay (Jacques de Veilhan, seigneur de), 193.
Bucy (Michel de), archevêque de Bourges, 151.
Buffet (Lyennard), peintre, 93.
Bunet (Henry), quartenier de la nef la Gabrielle, 120.
Bureau (Jehan), sieur de l'Espinaye, 46, 47.
Buron (le), 32, 109. Voir : *Les La Trémoille pendant cinq siècles*, t. 1, p. 254.
Busançois (baron de), xvi, 169, 170, 193.
Busançois (maison de), 177-179.
— (ville de), 178, 179, 187.
Busset (Philippe de Bourbon, baron de), xii. Voir Bourbon, (Philippe de), baron de Busset.

Caen (ville de), vi.
Chef-lieu du département du Calvados.
Calonne (Fabrice), connétable du royaume de Naples, pris au siège de Capoue par Jacques de La Trémoille, seigneur de Bommiers, xv.
Cambray (Guillaume IV de), archevêque de Bourges, mort le 31 août 1505, 151.
Camellot, gentilhomme de Louis II de La Trémoille, 68.
Cande (fief de), 23.
Cande , commune du département d'Indre-et-Loire, de l'arrondissement et du canton de Chinon.

Canier (Loys), mari de Jeanne « nourrisse de monseigneur le prince », 38.
Capoue (siège de), xv.
La ville de Capoue fut prise par l'armée française le 25 juillet 1501.
Cardonne (Jehan-Francoys de), général des finances en Bretagne, 116.
Carmes de Loudun (service aux), pour Gabrielle de Bourbon, femme de Louis II de La Trémoille, 77.
Cassaqualles (lieu de), 118.
Celles (abbaye de), xiii.
Cevrai (Ymbert Louvrier, prêtre, de), 166.
Civray, chef-lieu d'arrondissement du département de la Vienne.
Chabannes (Avoye de), femme de Jacques de La Trémoille, vii, xvi, 160, 162, 163, 169-194.
Chabannes (Jean de), comte de Dampmartin, mari de Suzanne de Bourbon-Roussillon et père d'Avoye de Chabannes, xvi.
Chambon (maistre Jehan), lieutenant de par le roi en Poitou, 28.
Chambret (A...), notaire, 25.
Chambret (J...), notaire, 25.
Chambret (Jehan), 14.
Chamerolles (Lancelot du Lac, seigneur de), gouverneur-bailli d'Orléans, 193.
Champagne (province de), 133.
Champigné, « auprès de L'Isle-Bouchard », 15.
Champigny-sur-Veude, commune du département d'Indre-et-Loire, arrondissement de Chinon, canton de Richelieu.

CHAMPIGNELLES (Avoye de Chabannes, baronne de), 169.

CHAMPIGNELLES (baronnie de), 171.

Champignelles, commune du département de l'Yonne, arrondissement de Joigny, canton de Bléneau.

CHAMPIGNY. Voir, Champigné.

CHANTECOT (seigneurie de), tenue du roi de France à cause de la grosse tour de Sens, 171.

CHANTONNAY (François Serpillon, capitaine de), 109.

Chantonnay, chef-lieu de canton du département de la Vendée, arrondissement de la Roche-sur-Yon.

CHANTRAN, 79.

CHARDON (Jehan), receveur de L'Isle Bouchard, 48, 49.

CHARGÉ (Georges de), gentilhomme de Louis II de La Trémoille, 68.

En 1543, Georges de Chargé est qualifié chevalier, seigneur de Châteauneuf et maître d'hôtel de feu François de La Trémoille. *Inventaire de François de La Trémoille*, p. 2 et 130.

CHARGÉ (Thomas de), sieur de Bessay, 101.

CHARLES VII, roi de France, VI, 26, 27.

CHARLES VIII, roi de France, IX, XI, XV, 43, 107-110, 112-114, 125-129.

CHARLES (Jehan), receveur de Noirmoutier, 99-101.

CHARRY (Loys de), seigneur de Vendosine, 193.

CHARTRES (bailli de), 108.

CHASTAIGNIER (Jehan), capitaine de Marant, 109.

CHASTILLON (seigneur de), 110.

CHATEAU-GAULTIER (seigneurie de), VI, 14, 107, 110.

CHATEAUGIRON (Jean de Derval, seigneur de), 23. Voir, DERVAL.

CHATEAU-GUILLAUME (seigneurie de), V, 5, 22, 39.

CHATEAU-GUILLAUME (capitaine de), 109.

En 1474, le capitaine de Château-Guillaume se nommait Antoine de Rieu. Le 30 juillet 1474, Louis I de La Trémoille mande de Bommiers à son receveur de La Trémoille et de Château-Guillaume de bailler à son « bien amé *Anthoine du* « *Rieu*, escuier, seigneur de La Ferté-« Saincte-Fauste, capitaine desdits lieux « de La Trémoille et de Chastel-Guil-« laume, la somme de » 50 écus d'or, « laquelle somme » il lui a donnée « pour « l'achapt d'un cheval moreau à longue « queue » que ledit Louis I de La Trémoille a « pris et achapté de luy et « donné à » son « fils aisné, Loys de La « Trémoille ».

Chartrier de Thouars. Orig. parch. signé.

CHATEAU-GUILLAUME (procureur de), 17.

CHATEAUNEUF (seigneurie de), 32.

— (capitaine de), 109.

Châteauneuf-sur-Sarthe, chef-lieu de canton du dép. de Maine-et-Loire, arr. de Segré.

CHATEAU-RENARD (seigneurie de), XV, 169. Voir sur Château-Renard : *Les La Trémoille pendant cinq siècles*, t. I, p. 261.

CHAULMES-LES-BUSANÇOIS, 169, 170, 179.

CHAUMONT (seigneur de), 11-13.

CHAUSSEBLANCHE (Michel), patron de la nef la Katherine de La Trémoille, 134.

CHAUTRAY, gentilhomme de Louis II de La Trémoille, 68.

CHAUVIN, demeurant au Croisic, 120.

CHAUVIN (maître Jehan), 14.

CHAVAINIES, 123.

CHAZERAC (Oudet), capitaine de Noirmoutier, 35, 146, 150.

Le 2 août 1507, Gabrielle de Bourbon écrivit de Thouars :

« Receveur de L'Isle-Bouchard, j'escriptz des lettres à Chazerac, lequel conduit le corps de feu mons' d'Aux, que Monseigneur fait amener de delà les mons, lesquelles j'ay donné charge au porteur vous laisser pour les porter audit Chazerac. Et pour ce enquerrez vous bien par tous ceulx que trouverez qui viendront du quartier devers Lion, et quant saurez qui s'approchera de L'Isle Bouchart, portez luy lesdictes lettres jucques à huit ou dix lieues, près dudit lieu de L'Isle. Et n'y faictes faultes.

« Escript à Thouars, le IIe jour de aoust (1507).

« Gabriele de Borbon. »

Chartrier de Thouars. Orig. pap.

CHAZERAC (Pierre de), lieutenant d'Auxonne, 63.

CHEMYNART (maître Jehan), 72.

CHENU (Etienne), sieur du Croiset, 5, 7, 8.

CHEVREDUS (maître Jehan), 76.

CHINON (ville de), xvi, 39, 44, 169, 176.

Chef-lieu d'arrondissement du département d'Indre-et-Loire.

CHIRROZ (Etienne), capitaine de la nef de Gabrielle de Bourbon, 45-47, 117-120.

CHOISY, gentilhomme de Louis II de La Trémoille, 68.

CHYPRE (fil d'or de), 78.

Chypre au Kybris, grande île de la Méditerranée. Pendant la période du moyen âge, « on trouve à Chypre des produits manufacturés de toute sorte. Le travail de l'airain et de l'or filé, le tissage des toiles, des draps de soie et de laine, tels que le baudequin, le boucassin, le camelot, le diaspre, le satin et la serge, y occupent, avec l'exécution des broderies polychromes, destinées aux orfrois, une population ouvrière très nombreuse et très habile ». V. Gay, *Glossaire archéologique.*

CIVRAY. Voir, Cevrai.

CLAURELLE (Clémence), femme de Guillaume de La Lande, vitrier, 96.

CLAUSTRE (Martin), « tailleur de ymages, » fait marché pour « la sépulture et une tombe de la duchesse de Valentinois », 94, 95.

CLAVEAU (Jehan), marchand, 61, 102.

CLERJAULT (Jehan), receveur d'Olonnes, 45-47.

CLERMONT (François de), archevêque d'Auch, xiv.

* En juillet 1527, par lettre datée d'Ecouan, François Ier légitima son « bien amé Tristan de Clermont, natif de la ville de Romme », âgé d'environ seize ans, écolier en l'université de Paris, « engendré de messire Françoys de Clermont, arcevesque d'Aulx, cardinal du Sainct-Siège appostolique, légat d'Avignon, et de Bernardine Cardelle, lors solue ».

Arch. nat. JJ 243, fol. 86 v°, n° 316.

CLERMONT (Louis de Bourbon, comte de Montpencier et de), 108, 110.

COESMES (messire Jehan de), prêtre, serviteur du cardinal de La Trémoille, 154.

Jean de Coesmes, fils cadet de François de Coesmes, seigneur de Lucé au Maine, et de Jeanne Turpin, devint « prothonotaire de Nostre saint Père le Pape » et mourut en avril ou mars 1513. Dans son testament daté du 27 mars, après Pâques, 1513, il demanda à être enterré dans l'église de Vivy en Anjou. Son neveu, Charles de Coesmes, seigneur de Lucé et de Bonnétable, servit plus tard dans la compagnie d'hommes d'armes de Louis II de La Trémoille. Voir *Les Coesmes, seigneurs de Lucé*, par V. Alouis et A. Ledru, deuxième partie.

Coëtivy (Louise de), femme de Charles de La Trémoille, prince de Talmont, XII, 58, 64.

COMBOUR (Jean de Derval, seigneur de), de Châteaugiron et de Rougé, 23. Voir, DERVAL.

COMMINES (Philippe de), seigneur d'Argenton, conseiller de Louis XI, 23, 24, 28, 32.

CONFLANS (baronnie de), v, xv, 169, 172.

CORBIE (ville de), 173, 188.

Chef-lieu de canton du dép. de la Somme, arr. d'Amiens.

CORBIE, 172,

CORDEBŒUF (Merlin de), seigneur de Beauverger, lieutenant du château de Nantes, 52, capitaine de Thouars, 109.

CORINTHE (raisin de), 87.

COSME (ville de), en Italie, 122, 123.

COTEREAU (Jehan), procureur de l'île de Ré, 56.

COULAINES (Jehan de Garguesalles, seigneur de), VII.

COURAULT (Pierre), palefrenier, 37, 57.

COURCELLES (baronnie de), v. Voir, *Les La Trémoille pendant cinq siècles*, t. I, p. 263.

COURCY (Galloys de Sallezard, seigneur de), 192.

COURTENAY (seigneurie de), 169, 171.

COURTIN, 120.

CRAON (ville de), 32, 44, 45, 114.

— (capitaine de), 109. Voir *Les La Trémoille pendant cinq siècles*, t. I, p. 264 à 268.

CRAON (monsieur de), 7, 19, 45.

Georges de La Trémoille, seigneur de Craon, second fils de Georges, sire de La Trémoille, et de Catherine de L'Ile-Bouchard.

CRIQUEBŒUF (Anthoinette de), 194.

CROCHET (Roullet), 82.

CROISET (Etienne Chenu, sieur du), 5.

CURTON (seigneur de), 110.

CURZON (terre), VI, 14, 32, 107.

DAMAS (raisin de), 87.

— (eau de), 88.

DAMONT, 110.

DAMPMARTIN (comte de), XVI, 159, 161, 169-172.

DAMPMARTIN (comtesse de), 174, 175, 191.

DAMPMARTIN (collégiale Notre-Dame à), 172.
DASSY (François), 97.
DAUPHIN (hôtel du), à Paris, 89, 90.
DAUPHINÉ (marbre blanc du), 94, 95.
DAVID (Guychart), 71.
DERVAL (monseigneur Jehan de), de Combour, de Châteaugiron et de Rougé, 23.

Voici quelques renseignements sur les familles de Derval et de Rougé, puisés aux Archives et à la Bibliothèque nationale.

1321 (v. s.) 11 février. « Monsr James de Rougé et Monseigneur Nicolas Le Roy, chevaliers... » Arch. nat., X 1e I, n° 18.

1344, juin. Le roi Philippe donne à « Jehan, sire de Derval, chevalier », 500 liv. de terre sur les seigneuries « de Goulaine et de l'Espine » confisquées sur « feu Olivier, jadis sire de Cliczon ». Arch. nat JJ, 75, n° 135, fol. 70. *Ibid.*, n° 256, fol. 133 v°. — Ce Jean, sire de Derval, était fils de Bonabbes, sire de Derval, et de sa seconde femme Aliénor de Châteaubriand.

1348, 30 juin. Procès en Parlement entre Aliénor de Derval, dame de Bressuire, fille de Bonabbes, sire de Derval, et d'Aliénor de Châteaubriand, sœur de Jean de Derval, contre Bonabbes de Rougé, chevalier. Arch. nat. X¹ᵃ 12, fol. 245.

1350, 28 mai et 10 juin. Suite du même procès dans lequel on trouve des filiations de la famille de Rougé pendant le XIVe siècle. Arch. nat. X¹ᵃ 12, fol. 186 et 187, 392.

1351, (v. s.), dernier jour de février. Quittance de Bonabbes, sire de Rougé et de Derval, scellée de son sceau. Ecu écartelé ; aux 1 et 4, une croix pattée ; aux 2 et 3, deux fasces. Bibl. nat. Tit. *scell. de Clair*, t. 98, p. 7609, n° 17. Orig. parch.

1354, 30 juillet. Paris. Quittance de « Bonabbes, sire de Rougé et de Derval, chevalier banneret », pour les guerres de Bretagne. *Ibid.* p. 7625, n° 50. Orig. parch.

1352, (v. s.), 6 mars. « La Guierche ». Quittance de « Veron de Rougé, escuyer », pour ses gages et ceux « des genz d'armes et archers » de sa compagnie, pour les guerres « ès parties de Bretaigne, d'Anjou et du Maine, souz le gouvernement de monsr de Craon, lieutenant du roy ès-dites parties ». Bibl. nat. Tit. *scell. de Clair*. t. 98, fol. 7625, n° 48. Orig. parch.

1373, novembre. Charles V rend à son féal conseiller Bonabbes, seigneur de Rougé et de Derval, les biens qui avaient été donnés à Robert Knolles par Jean de Montfort. Arch. nat. JJ. 105, n° 297, fol. 159.

DIEPPE (ville de), 72.

Dieppe, chef-lieu d'arrondissement du département de la Seine-Inférieure.

DIJON (ville de), 78-80, 93, 97-99, 131-133.

DIJON (bailli de), 122, 123.
— (receveur de), 72.

DISSAY, 72.

Dissay, commune du département de la Vendée, arrondissement de la Roche-sur-Yon, canton de Mareuil.

DODIERNE (Guillaume), 120.

DONZENAC (baronnie de), v.

Donzenac, commune du département de la Corrèze, arrondissement de Brives.

DOUÉ (baronnie de), v, 64, 149, 150.
— (capitaine de), 109.

Doué, chef-lieu de canton du département de Maine-et-Loire, arrondissement de Saumur.

DUBRÉ (Grégoire), 172.

Dupin (Simon), « amballeur », 121.
Dupuys (Robert), 82.

Ecolle-en-Bourbonnais (château d'), 107.

Ecolle, hameau de la commune de Brout-Vernet, département de l'Allier, arrondissement de Gannat, canton d'Escurolles.

Edouard IV, roi d'Angleterre, vi.
Empereur (armée de l'), Charles-Quint, 133, 134.
Entraigues (seigneur d'). Voir, Azay (François d').
Escoulan (Regnault), charpentier, 121.
Estissac (Amaury d'), vi.
Estourneau (Odet), capitaine de Château-Guillaume, 109.
Estrèves (Galloys de Sallezard, seigneur d'), 192.
Etampes, x.

Chef-lieu d'arrondissement des dép. de Seine-et-Oise.

Etampes (Richard, comte d'), 24, 25.

Le P. Anselme, dans sa *Généalogie de la maison d'Estampes* (t. vii, p. 543), ne cite pas Richard, comte d'Etampes.

Falaise (ville de), vi.

Falaise, chef-lieu d'arrondissement du département du Calvados.

Faulcon (Charles), maître d'orfévrerie du roi, 159-162.
Faulcon (Loys), orfèvre à Tours, 159-163.
Ferrare (le cardinal de), assiste à l'entrée de Louis XII à Milan, xiv.
Fichepain (Robert), 102.
Filz (Perrot de), marchand, bourgeois de La Rochelle, 119, 121.
Flavigny (un des religieux de l'abbé de), qui guérit des fièvres, 72.
Florence (fil d'or de), 68.
Foix (comte de), 116.
Fontenay, 16.

Fontenay, sur la Vendée, chef-lieu d'arrondissement du département de la Vendée.

Fou (seigneur du), 112.

Yves, seigneur du Fou en Poitou, gentilhomme de Bretagne, chevalier, conseiller et chambellan du roi Louis XI, devint grand-veneur de France et mourut le 2 août 1488. Il avait épousé Anne Mourande qui lui donna plusieurs enfants. (P. Anselme, t. viii, p. 703.) Une branche de la famille du Fou s'établit dans le Maine dès le XIVe siècle, où elle posséda Noyen-sur-Sarthe, La Plesse-Chamaillard, Pirmil, etc.

Fouchier (Pierre), marinier, 121.
Fougères (ville et château de), xi, 23, 53, 113, 114, 127.

Fougères, chef-lieu d'arrondissement du département d'Ille-et-Vilaine.

Fourmaulx (détroit de), 124.
Fourrier (la fille du), 96.
François Ier, roi de France, x-xii, 68, 71, 72, 80, 82, 92, 93, 97, 129-131.
François de Paule (frère), 175.

Au mois d'août 1490, Charles VIII octroya à son « cher et bien amé Andréa de Alesso, natif de la ville de Paulle, ou royaume de Naples », l'autorisation d'acquérir des biens en France et de tester. Cet Andréas de Alesso, neveu de frère François de Paule, était venu en France, après son oncle, sur les instances de Louis XI.

Arch. nat. JJ. 221, fol. 57, n° 87. Voir, *Les La Trémoille pendant cinq siècles*, t. I. p. 293.

Fromenteau (monseigneur de), va à l'enterrement de monseigneur de Bourbon, 54, 55.

Fumée (Louis), juge ordinaire de la Châtellenie de Thouars, 11-14.

———

Gabriel (magister de monseigneur le prince de Talmond), 36.

Gallant (Jehan), orfèvre à Tours, 43, 44.

Garguesalle (Jean de), seigneur de Coulaines et de Bossé, épouse « Annete Maincet », dame du Breul, veuve de Louis I de La Trémoille, vii, viii, 38, 39.

Garnier (Jacques), lieutenant des Sables, 121.

Garrot, 41.

Gatinais (Me Jehan de Salazard, archidiacre de), 192.

Gavaston (messire Barthélemy de), chanoine de l'église métropolitaine d'Auch, 155.

Gençay (baronnie de), v, xv, 169, 190. Voir : *Les La Trémoille pendant cinq siècles*, t. 1, p. 275, article Gençay.

Gênes (taffetas rouge de), 69.

Genyou, messager, 72.

Georges, 43.

Georges (Guillaume), charretier, 37.

Gernelay (Jehan de), grand archidiacre de Narbonne, 14.

Gille (Jehan), lieutenant du bailliage de Dammartin, 172.

Girard, marchand à Paris, 142.

Girauld (Pierre), receveur de Sainte-Hermine, 15, 16.

Godefroy (le neveu du capitaine), venant d'Allemagne, 72.

Godin (Loys), tailleur, 92.

Goland (Jehan), receveur de Talmond, 46, 47.

Gouffier (Claude), mari de Jacqueline de La Trémoille, fille de Georges de La Trémoille, seigneur de Jonvelle, et de Madeleine d'Azay, vii.

Grand-Jehan, fauconnier du cardinal de La Trémoille, xiv, 143.

Graville (Louis Malet, sire de), amiral de France, 112, 116, 126.

Voir sur ce personnage : *Notice biographique sur Louis Malet de Graville, amiral de France*, par P.-M. Perret, Paris, Picard, 1889.

Grenoble (ville de), 94.

Chef-lieu du dép. de l'Isère.

Grignon (Martin), vigneron, 48.

Grimault (seigneur de), sénéchal de Beaucaire, 112, 116.

GUÉNIVEAU (Alexandre), prêtre, demeurant à Doué, 64.
GUERRANDE (ville de), 115.
    Guérande, chef-lieu de canton du département de la Loire-Inférieure, arrondissement de Saint-Nazaire.
GUERRY (J...), 31.
GUERRY (Pierre), 96-99.
GUIBÉ (Jehan), vice-amiral de Bretagne, pour Louis II de La Trémoille, 63.
GUIBERT (maistre Jehan), 53.
GUICHARDIN, IX.
    François Guichardin, célèbre historien italien, né à Florence ainsi que son neveu Louis Guichardin.
GUINES, V.
    Guines, chef-lieu de canton du département du Pas-de-Calais, arrondissement de Boulogne.
GUINES (capitaine de), 81.
GUYENNE (Louis II de La Trémoille, amiral de), XI, 62, 128, 129.
GUYENNE (Regnault de Moussy, vice-amiral de), 98, 99, 132.
GYÉ (sire de), maréchal de France, 126.
    Pierre de Rohan, seigneur de Gyé, maréchal de France, était le second fils de Louis de Rohan, seigneur de Guémené, et de Marie de Montauban qui devait épouser en secondes noces Georges de La Trémoille, seigneur de Craon.
GYNARLEY (Jacques de), 66.

HAMEAU (Mathurin), valet de chambre de Louis II de La Trémoille, 36.

HAMEL (Jehan du), capitaine de Pithiviers, 193.
HANNELLE (Pierre), 14.
HARCOURT (Guillaume de), chevalier, seigneur de Tancarville, 28.
HARFLEUR (ville de), VI.
    Harfleur, ville du département de la Seine-Inférieure, arrondissement du Havre, canton de Montivilliers.
HARMERYE, 117.
HENRI VIII, roi d'Angleterre, 81, 82, 92.
HENRY, peintre à Tours, 40.
HENRY (Olivier), 121.
HERVÉ (Jehan), marinier, 121.
HONNORAT (maistre), médecin à Chinon, 176.
HOUSSET (RENÉ), barbier et valet de chambre de Louis II de La Trémoille, 36.
HULLOT (Jehan), brodeur à Tours, 40, 44.
HUSSON (Charles de), comte de Tonnerre, mari d'Antoinette de La Trémoille, fille de Louis I de La Trémoille et de Marguerite d'Amboise, VII, 22.

ISSOUDUN (ville d'), VII, 19.
    Issoudun, sur la Théols, chef-lieu d'arrondissement du département de l'Indre.
ITALIE (voyage de Louis II de La Trémoille en), 59, 180, 182.

Jaquelin (P...), 192.
Jacques, maître queux du Roy, 86, 89, 90.
Jaqueron (maître Estienne), 79.
Jard (abbaye de), xiii.
Jarrouceau (Jean), licencié en lois, 14.
Jehanne, femme de Loys Canier, nourrice de monseigneur le prince, 38.
Jehanny, 26.
Jérusalem (Charles VIII, roi de France et de), 124.
Jonvelle (Georges de La Trémoille, seigneur de), mari de Madeleine d'Azay et fils de Louis I de La Trémoille et de Marguerite d'Amboise, vii, 180.
Joubert (François), écuyer, seigneur de Bourlande, sénéchal de l'île de Ré, 56.
Joubert (Pierre), sellier, 70.
Jove (Paul), historien, ix.
Jules II, pape, xiii, 152, 153.
Junyer (Lyenard), capitaine du Puybellyart, 110.
Jusqueau (François), taillandier de Louis II de La Trémoille, 36.

Laage (Charles de), capitaine de Lussac, 109.
La Basse-Guerche (châtellenie de), en Anjou, 39, 149. Voir sur La Basse-Guerche, commune de Chaudefons, C. Port, *Dictionnaire historique de Maine-et-Loire*, t ii, p. 323.

La Basse-Guerche (André Le Jay, capitaine de), 110.
Labbé (maistre Jehan), 25.
La Bessière (sieur de), gentilhomme de Louis II de La Trémoille, 66, 68.
La Brelingue, 119.
La Brosse, page de Louis II de La Trémoille, 67.
Lac (Lancelot du), seigneur de Chamerolles, gouverneur-bailli d'Orléans, 193.
La Caille (métairie de), 51.
La Catherine de La Trémoille (navire,) 134.
La Chapelle (Anne de), dame de La Roche-Tiercelin, 194.
La Chapelle (Pierre de), sieur des Peaux, 72, 80.
La Chapelle-Barroyn, 68.
La Chapelle d'Angillon, 97.

La Chapelle d'Angillon, chef-lieu de canton du département du Cher, arrondissement de Sancerre.

La Chaume (terre), vi, 14, 120.
La Chaussée (damoiselle Anne de), 194.
La Chaussée (Denis de), 194.
La Chaussée (Lancelot de), 194.
La Chaussée (seigneurie de), 194.
La Chèze-le-vicomte, 32, 110.

1484, précompte. « En la dicte sei-
« gnourie de la Chèze a chastel tout
« ruyneux, où n'y a logis qui guaires
« vaille. Aussi y a droit de chastellenie,
« foires et marchés. Contre le dict chas-
« tel de la Chèze, à ung get de pierre,
« est le prieuré du dict lieu, aussi fortiffié,

« où les hommes du prieur sont subgietz
« à faire guet, et est le dict prieur et ses
« hommes exempts de la dicte seignourie
« de La Chèze. Et y a en la dicte sei-
« gnourie fourest de boys de coppe, en
« laquelle a droit de garenne deffens à
« toutes bestes et belles chasses à grousses
« bestes. » *Chartrier de Thouars, ms.
Louis I de La Trémoille ; succession et
partages.*

La Chèze (G... de), 162.

La Crossonnière (Loys de), capitaine du Buron, 109.

La Flèche (ville de), 113, 114.

La Flèche, sur le Loir, chef lieu d'arrondissement du département de la Sarthe.

La Forest (... de), maître d'hôtel de Louis II de La Trémoille, 152.

La Gabrielle (la nef), 117-120.

La Garde (André de), 161.

Lage-Bernard (Guillaume Lignaud, seigneur de), 35, 109. Voir, Lignaud (Guillaume).

La Grenetière (abbaye), xiii.

La Guierche, gentilhomme, 179.

La Jumellière (Lyepart de), capitaine de Benon, 109.

La Lande (Guillaume de), vitrier, 96.

La Lande (Guyon de), écuyer, capitaine de Marueil, 35, 109.

Lalemant (Hannequin), fauconnier de Louis II de La Trémoille, 37.

Lalement (Jehan), receveur-général de Normandie, 5, 8.

Ce Jehan Lalement est probablement le même personnage que « Jehan Lalement, marchant, demeurant à Bourges », qui, en 1482, est nommé dans l' « Ordre des funérailles de Georges de La Trémoille, seigneur de Craon ». Voir : *Archives d'un serviteur de Louis XI*, p. 138.

La Maison-Neuve (commanderie) en Bourgogne, 73.

La Maison-Neuve, hameau de la commune de Précy-sous-Thil, département de la Côte-d'Or, arrondissement de Semur.

La Marche (sénéchal de), xvi.

La Mechelière (village), 120.

La Mote (Jean de), procureur en la Court de Parlement à Paris, 23.

La Motte-Feuilly (château de), où Martin Claustre, « tailleur d'ymages, » doit faire un tombeau pour la duchesse de Valentinois, 95.

La Motte-Saint-Pryvé (Antoine de Sorbies, seigneur de), 172.

Langlays (Guillaume), 161.

Lannoy (Jehan de), 33.

La Palice (Jacques de Chabannes, seigneur de), général français, xv.

La Pellequenant (seigneur de), 112.

La Possonnière (terre de), 149, 150.
— (capitaine de), 109.
— (receveur de), 75, 76.

Voir : *Dictionnaire historique du dép. de Maine-et-Loire* par C. Port, t. III, p. 162.

La Quarte-Persillière (terre), 23.

La Riole (prieuré de), membre de Saint-Benoît, xiii.

La Rivière (Charles de), mari d'Isabeau de La Trémoille, v.

La Rivière (monsieur de), 84, 93. Probablement Adam de Ravenel, sieur de La Rivière. Voir, Ravenel, (Adam de).

La Rivière (Guillaume de), cuisinier de Louis II de La Trémoille, 37.

La Rochelle (ville de), 56, 60, 119-121.

La Rochelle (forêt de), 60.
— (gouverneur de), 108.

La Roche-Tiercelin (Anne de La Chapelle, dame de), 194.

La Roussière (Olivier de), 45.

La Rue (Jeanne de), concubine de Louis Ier de La Trémoille, vii.

Las (messire « Galays de Sallezard », seigneur de), 192.

Lasseigne (Petit-Jehan de), fauconnier du cardinal de La Trémoille, 144.

La Tour (Gabrielle de), femme de Louis de Bourbon, xi, 108, 113.

La Tousche (Charlot de), capitaine de l'Ile-Bouchard, 109.

La Trémoille (seigneurie de), 22, 32, 44, 46, 57, 80.

La Trémoille (bailli de), 14, 22.
— (capitaine de), 109.
— (procureur de), 3, 4, 17, 21, 22.

La Trémoille (receveur de), 3, 4, 21, 22.

La Trémoille (Anne de), femme de Louis d'Anjou, bâtard du Maine, et fille de Louis Ier de La Trémoille et de Marguerite d'Amboise, vii, 149.

La Trémoille (Antoinette de), épouse de Charles de Husson, fille de Louis I de La Trémoille et de Marguerite d'Amboise, vii, 21, 22, 39.

La Trémoille (Catherine de), abbesse du Ronceray, fille de Louis Ier de La Trémoille et de Marguerite d'Amboise, vii.

La Trémoille (Charles de), prince de Talmont, tué à la bataille de Marignan, xi, 36, 51, 53, 54, 57, 59, 63, 67, 68, 71, 72, 75, 130. Voir son article dans, *François de La Trémoille et Anne de Laval*, pp. 150-152.

La Trémoille (François de), fils de Charles de La Trémoille, prince de Talmont, 92, 134. Voir son article dans, *François de La Trémoille et Anne de Laval*, pp. 153-165.

La Trémoille (Georges de), v, 13, 14, 190. Voir, *Les La Trémoille pendant cinq siècles*, t. i, pp. xiii-xxiii.

La Trémoille (Georges de), fils de Georges de La Trémoille et de Catherine de L'Isle-Bouchard, vi. Voir, *Archives d'un serviteur de Louis XI, Introduction* pp. i-vi et 191-200.

La Trémoille (Georges de), seigneur de Jonvelle, fils de Louis Ier de La Trémoille, et de Marguerite d'Amboise, mari de Madeleine d'Azay, vii, 107.

La Trémoille (Isabeau de), femme de Charles, seigneur de La Rivière, v. Voir : *Les La Tremoille pendant cinq siècles*, p. 286.

La Trémoille (Jacqueline de), épouse de Claude Gouffier, fille de Georges de La Trémoille, seigneur de Jonvelle, et de Madeleine d'Azay, vii.

La Trémoille (Jacques de), seigneur de Bommiers, marié avec Avoye de Chabannes et fils de Louis Ier de La Trrémoille et de Marguerite d'Amboise, vii, xv, xvi, 39, 107, 154, 159-194.

La Trémoille (Jean de), seigneur de Jonvelle, 27, 28. Voir, *Les La Trémoille pendant cinq siècles*, t. i, pp. 286-288.

La Trémoille (Jean, cardinal de), archevêque d'Auch, évêque de Poitiers, vii, xiii, xiv, 33, 54, 107, 137-145, 149-156.

La Trémoille (Jean, bâtard de), fils de Louis Ier de La Trémoille et de Jeanne de La Rue, vii.

1461, 17 août. Bommiers. — « Loys, « seigneur de La Trémoille, de Sully et « de Luxon », mande à « Michau Gaulte-« reau » son « chastellain et procureur « en » l' « isle et seigneurie de Noirmous-« tier », de bailler à son « cher et bien « aimé Jehan, bastard de La Trémoille, « escuier, gouverneur de Craon, sei-« gneur de L'Abregement, la somme de « 200 écus d'or du coing du roy », qu'il lui avait prêtée « à son grand besoin et « nécessité. »

1474, 11 décembre. — « Jehan, bas-« tard de La Trémoille, dit Chamerolles, « cappitaine de Bommiers, certifie à « messieurs les auditeurs des comptes de « Jehan de Puygaillard, receveur de La « Trémoille et de Chasteauguillaume », que, par « le commandement de noble « et puissant seigneur monseigneur de La « Trémoille » , il s'est « transporté par « plusieurs et souvant effoiz », avec des serviteurs dudit seigneur de La Trémoille et « chevaulx, chiens et oyseaulx », à « Castelguillaume et Saint-Civran ».

Chartrier de Thouars. Pièces parch. et pap.

Jean fut légitimé par Charles VIII, au mois de janvier 1485. Voir H. Filleau. *Dict. des familles de l'Ancien Poitou*, Tome ii, p. 751.

La Trémoille (Louis Ier de), v-vii, ix, xiii, xv, 3-7, 13-24, 107.

La Trémoille (Louis II de), vi-xii, 18, 23, 29-156.

La Trémoille (Marguerite, bâtarde de), épouse de Jean de Sallezard, 190.

Marguerite, bâtarde de Georges, sire de La Trémoille, dame de Saint-Fargeau, fut mariée à Sully, le 31 octobre 1441, avec Jean de Sallezard, ou de Salazar, célèbre capitaine espagnol, seigneur de Saint-Just, de Marcilly, de Montagu, etc., qui se distingua dans les guerres de l'époque. Elle mourut en 1457.

Laurence, femme de chambre de madame de La Trémoille, 38.

Laurencin (Claude), 71.

Laval (ville de), 45, 108, 110.

Chef-lieu du dép. de la Mayenne.

La Valete, marchande de draps de soie, 49.

La Valteline, 122, 123,

Pays de l'Italie septentrionale entre le lac Côme et l'Adda.

La Ville (Simon de), 57, 58, 62, 72, 76, 77, 96.

La Voute (terre), 23.

Le Bacle, gentilhomme de Louis II de La Trémoille, 68.

Le Bourcier (notaire), 25.

Le Breton (Yves), 118.

Le Camus (Guillaume), marchand pelletier, 142.

Le Camus (Simon), queux de madame de La Trémoille, 37.

Le Clerc (Jean), procureur de Jean de Derval, 23.

Le Clerc (Jehanne), « fille à marier, » 96.

Le Cluseau, 91, 92.

Le Conte (maistre Adam), prêtre, aumônier du cardinal de La Trémoille, 154, 155.

Leconte (J...), 161.

Le Croisic, (ville), 115, 118, 120.

Le Croisic, chef-lieu de canton du département de la Loire-Inférieure, arrondissement de Saint-Nazaire.

Le Doulz (Jehan), 83, 89.

Le Galloys de Villiers. Voir, Villiers (le Gallois de).

Le Gras (Guillaume), capitaine de La Chèze-le-Vicomte, 110.

Le Gras (Rolant), écuyer, 149.

Le Jay (Jehan), capitaine de La Basse-Guierche, 110.

Le Jay (Pierre), capitaine de Sully, 109.

Le Majour (Yvon), forgeur d'artillerie, 60.

Le Marchant (Jacques), 118.

Le Masle (Hugues), vicomte de Mortain, 139, 141, 151, 154, 155.

Le Mast (Guillaume), 118, 120.

Lemousin (Guillaume), sénéchal de Noirmoutier, 144.

Lemousin (Jehan), seigneur de Bouldroux, 53.

Lendit (foire du), à Paris, 57.

La foire du Lendit se tenait chaque année, en juin, le mercredi avant la fête de Saint-Barnabé, et les jours suivants, entre le village de La Chapelle et Saint-Denis, dans un lieu appelé le Champ du Lendit. On ignore l'origine précise de cette foire. L'abbé de Saint-Denis, qui percevait des droits considérables sur les marchandises, y avait un logement et y jugeait les différends survenus entre les marchands. L'évêque de Paris, avec grande solennité et grand nombre de reliques, ouvrait la foire et donnait une bénédiction qui lui était payée à raison de 10 livres parisis. Les marchandises qu'on apportait à cette foire consistaient en tapisseries, merceries, parchemin, vieux habits, lingerie, pelleteries, cuirs, chaudrons, souliers, instruments aratoires, coffres, chanvre, etc. Il s'y trouvait aussi des changeurs, orfèvres, marchands de draps, épiciers, regrattiers, taverniers. Cette foire fut transférée en 1444 dans le bourg de Saint-Denis.

Le 19 octobre 1371, Charles V accorda une rémission à Jehannin Héron. Celui-ci était allé au dernier Lendit « avec « Phelippe de Vassal qui tenoit l'imposi-« tion du dit Landit, pour savoir s'il por-« roit aucune chose gaigner, et lui estant « au dit Landit », il rencontra « le frère « de Perrin de la Prévosté, auquel il aida « à vendre certains dras qu'il avoit, et « après ce qu'ilz furent venduz », il s'en « alla parmi les champs dudit Landit et « trouva un appelé Phelipot de l'Espine, « tondeur, auquel il pria qu'il lui aidast « à acheter un bon drap sanguin que il « lui convenoit avoir pour faire robes « d'unes noces, et lequel Phelipot ala « avec lui en plusieurs lieux, et s'adrecè-« rent à un marchant de Harefleu, nom-« mé Pierre Le Vasseur, duquel il acheta « 2 demiz draps sanguins pour le pris de « 37 frans, et après ce que le dit marchant « lui ot demandé son nom et sa demeure,

« il » se nomma « Jehannin Filleul, neveu « maistre Regnaut Filleul, et demourant « emprès Saint-Merry à Paris, et ainsi » fut « escript, et lui furent les diz dras « bailliez à la seurté dudit Phelippot ». Jehannin Héron emporta ses draps « jus- « ques à l'ostel que l'en dit le Chauderon, « près des Blanz-Manteaux à Paris, où ils « furent une nuit et un jour ou deux, « après ce que le dit tondeur le querroit « pour le faire mectre en prison, jusques « à ce qu'il eust paié les dis draps, lesquels « il lui avoit fallu paier au marchant ». De l'hôtel du Chaudron, Jehannin Héron s'en alla « aux Augustinz et y fit porter les dis « draps en la chambre d'un frère appelé « frère Mireligande, en laquelle ils furent « trouvés et baillés au marchant. Et pour « ce que » le dit Héron « se estoit advisé « nommer Jehannin Filleul, et qu'il avoit « destornez yceulx draps », il fut pris et conduit au Châtelet « par le commande- « ment du prévost, et depuis rendu, comme « clerc, à l'évesque de Paris, son ordi- « naire ». Ce fut de ces prisons, où il était détenu depuis le 15 juillet, qu'il fut tiré par la clémence du souverain. Arch. nat. JJ 102, n° 144, fol. 52.

LE PICQUART (J...), 26.

LE PRÉVOST (maistre Denis), médecin de Louis II de La Trémoille, 35.

Un des médecins de Gabrielle de Bourbon, femme de Louis II de La Trémoille, se nommait Vincent de Serre. Gabrielle fit un don par testament à « Vincent de Serre, docteur en médecine ».

Chart. de Thouars. Quittance dudit Vincent de Serre, du 22 janvier 1516 (v. s.).

LE PRINCE, 84.

LE PUY-BELIARD, v.

— (capitaine du), 110.

LE PUY-NOTRE-DAME, 40.

Dép. de Maine-et-Loire, arr. de Saumur, canton de Montreuil-Bellay.

LE ROY (Guillaume), pâtissier, 37.

LE SAINT (messire Rolland), prêtre natif d'Auray, diocèse de Vannes, 121.

LE SEAU (Allain), breton, maître charpentier, constructeur de la nef de Louis II de La Trémoille, 59.

LES CRENEAULX (terre), 23.

LESGUIER (Pierre), marinier, 120.

LES MONTILS-LÈZ-TOURS, 20, 21, 110, 112, 114-116.

L'ESPINAY, 65.

L'ESPINAYE (Jehan Bureau, sieur de), 46, 47.

LES SABLES, VI, 14, 120.

— (lieutenant des), 121.

LES SABLES D'OLONNES, 45, 46, 126.

LIGNAUD (Guillaume), écuyer, seigneur de Lage-Bernard, capitaine de Noirmoutier, 35, 109.

Guillaume Lignaud, seigneur de Lage-Bernard, de Lâge-Bardon et de La Buxière, époux de Guionne de Pressac, succéda à son frère aîné Perrot Lignaud, mort sans enfant, dans les biens de sa famille en 1473. Le 15 mars 1473 (v. s.) il avoue tenir de Louis I, sire de La Trémoille, comte de Benon, à cause de son château de Lussac-les-Eglises à foi et à hommage lige et sous le devoir d'un éperon doré à chaque mutation de seigneur et vassal, son hôtel et hébergement de Lussac, sa terre de Lignaud, le pré du Rys, la dîme de la Jallebosse et son vieil hôtel de Lâge-Bernard, sis en la paroisse de Brigueil-le-Chantre.

Chartrier de Comacre. Papiers de la famille de Lignaud de Lussac.

L'ISLE (seigneur de), 110, 112.

L'Ile-Bouchard, (baronnie et ville de), v, 15, 19, 48-55, 71, 74, 75, 103, 146.

L'Ile-Bouchard (receveur de), 48, 49, 72, 74, 146.

L'Ile-Bouchard (commandant de), 72.

L'Ile-Bouchard (commanderie de), 73.

La baronnie de l'Ile-Bouchard, dont le château était bâti sur la Vienne, fut apportée dans la maison de La Trémoille par Catherine de l'Ile-Bouchard, dame dudit lieu, de Rochefort-sur-Loire, de Doué en Anjou, de Gençay en Poitou et de Selles en Berry. Catherine épousa Georges de La Trémoille, veuf de Jeanne, comtesse d'Auvergne, le 2 juillet 1427, et non en 1425 ou en 1429, comme l'ont affirmé tous les généalogistes. Celle-ci était alors veuve en premières noces d'Hugues de Châlon, deuxième fils de Louis de Châlon, comte de Tonnerre, et en secondes noces de Pierre de Giac, qui, pour contracter cette union, avait, dit-on, empoisonné sa femme, Jeanne de Naillac. S'il faut ajouter foi à Sainte-Marthe, Catherine aurait eu un premier mari avant Hugues de Châlon, Jean, seigneur des Roches en Anjou. Cette alliance n'est indiquée ni dans le P. Anselme, ni dans Moréri, ni ailleurs. Le P. Anselme a commis une autre erreur à son égard en la faisant mourir en 1474. L'état original de la dépense faite pour son enterrement fut arrêté le 30 juillet 1472. *Chartrier de Thouars*, pp. 22 et suivantes.

On lit dans un précomte de 1484 : « Le chastel de l'Isle-Bouchart est une « belle place, telle que chacun scet, et « est le dict lieu de l'Isle, baronnie an- « cienne. »

Le document suivant rappelle un fait arrivé à l'Ile-Bouchard.

1489 (v. s.) janvier, Paris. — « Charles, « etc., savoir faisons, etc., nous avoir receu « l'umble supplicacion de Guillaume Jou- « bert, filz de Guillaume Joubert, con- « tenant que, le xxvie jour de novembre « derrenier passé, ung nommé Denis, ser- « viteur en lacquois d'un nommé Gré- « goire, archier, et autres gens de guerre « de la compaignie du seigneur de La « Trémoille, se vindrent loiger au lieu de « l'Isle-Bouchart, en l'ostel dudit père « dudit suppliant, et eulx estans ainsi « loigez pour ce que les paiges desdites « gens de guerre avoient la clef d'un es- « table dont ledit père avoit à besoigner, « icelle clef ausdits paiges demanda, qui « luy respondirent qu'ilz ne l'avoient « point. Et après l'un desdits paiges « nommé Lancement dist qu'il l'avoit et « depuis dist que non avoit. A ceste cause « ledit père dudit suppliant dist ausdits « paiges qu'ilz estoient mauvais garsons « de eulx moquer ainsi de luy. Sur ces « parolles, l'un desdits paiges tira sa dague « et en voult fraper ledit Joubert père, ce « que voyant ledit suppliant osta ladite da- « gue audit paige, laquelle ledit père osta « audit suppliant et la gecta sur l'un des « lictz de la chambre et enmena ledit sup- « pliant en la cuisine dudit hostel ; et eulx « estans en ladite cuisine, ledit Denis le « lacquois survint tout esmeu en deman- « dant qui estoit celluy qui avoit batu les- « dits paiges. Et ledit Joubert père res- « pondit : « Ne vous chaille, il n'y a riens « batu. Et ledit Denis dist en jurant le « sang de Nostre-Seigneur qu'ilz avoient « esté batus et qu'il sçauroit qui ce avoit « fait ; et pour ce qu'il s'approuchoit en « tirant une rapière qu'il avoit, ledit sup- « pliant qui tenoit une payelle sur le feu « pour faire des œufz, dobtant que ledit « Denis voulsist tuer sondit père se mist « entre deux et de ladite paelle receup « ung cop que ledit Denis cuida asséner « sur luy ou sur sondit père ; et dobtant

« ledit suppliant que ledit Denis qui
« tenoit sadite rapière toute nue ne feist
« quelque mauvais cop saisit ledit Denis
« par dessus les bras et le rebota jusques
« au degré de la chambre où estoient
« lesdits paiges, qui incontinent descen-
« dirent quatre ou cinq tenens chacun
« une dague toute nue en leurs mains
« dont ilz donnèrent plusieurs grans
« coups sur la teste et bras dudit sup-
« pliant jusques à grant effusion de sang ;
« et eulx estans ensemble audit conflict
« et ainsi que lesdits suppliant et Denis
« s'entretenoient, le paige dudit Grégoire,
« cuidant de sadite dague tuer ledit sup-
« pliant, asséna son cop au col et au-
« dessus de l'oreille dudit Denis, et
« quant ledit suppliant, qui n'avoit
« aucun baston, vist le sang, il lascha
« icelluy Denis et s'enfouyt en la rue,
« qui fut poursuy par ledit paige, mais
« ne le peust actaindre. Et depuis, et xl
« jours après, ledit Denis est allé de vie à
« trespas, dont ledit suppliant s'est absen-
« té, requérant, etc. Pourquoy, etc., au
« bailly de Touraine, etc.
« Donné à Paris, ou moys de janvier,
« l'an de grâce cccc iiiixx et neuf, et de
« nostre règne le septiesme.
« Arch. nat. JJ 225, fol. 191 verso, n°
« 906. »

Le 27 février 1494 (v. s.), « Françoys,
« humble abbé de Nostre-Dame de Tur-
« penay », confesse avoir reçu « de noble
« et puissant seigneur, monseigneur de
« l'Isle-Bouchard, par les mains de Jehan
« Chardon, son recepveur, le nombre
« de » 36 « sextiers myne de sel, arré-
« raiges de » 26 « sextiers, en quoy le
« dict seigneur » était tenu chaque année
à la dite abbaye.

Charles VIII vint deux fois au château
de l'Ile-Bouchard, en 1493. Ce fait ressort du document suivant :

« Je Pierre Lochet, clerc de despance
« de Monseigneur (de La Trémoille), cer-
« tiffie... que la femme de Jehan Chardon
« a baillé, au moys de novembre mil IIIIc
« IIIIxx et treze, pour la despence des
« chevaulx du maistre d'ostel Laville, de
« monsieur de Chantrezac, Le Bacle,
« l'escuier Guiot, l'escuier de cuisine, et
« le tapissier, actandans de Roy, retour-
« ner de Châteaulerault à L'Isle-Bou-
« chard, le nombre de » 46 « bouesseaux
« d'avoyne, sans comprendre autre plus
« grand nombre que Guillaume Joubert
« bailla au premier veaige que le Roy fist
« au dict lieu du dict Isle-Bouchart....
« Tesmoing mon seing manuel cy mis, le
« premier jour de janvier mil IIIIc IIIIxx
« et quinze. (Signé) P. Lochet. »

1493, 22 août — 1498 (v. s.), 11 mars.
« Frère Jehan de Salleignac, religieux de
« monsieur Sainct-Benoist », est « prieur
« du prieuré de Sainct-Ambroys de
« L'Isle-Bouchart. »

1498. « Le lundi XXVIIIe jour de may,
« l'an mil IIIIc IIIIxx dix-huit, les mas-
« sons commancèrent à besongner au
« bastiment du chasteau de L'Isle-Bou-
« chard, dont les noms s'ensuivent :
« Premièrement, Jehan Bouguereau,
« maistre masson... » Au mois d'octobre
« suivant, les travaux n'étaient pas
« terminés.

1513, 28 mars. « Gilles Descartes, cha-
« noine et trésorier de l'Eglise de Tours,
« confesse avoir receu » du seigneur de
L'Ile-Bouchard, par les mains de son receveur, 82 livres 1/2 de cire neuve, à lui
due chaque année, à cause de sa dignité,
par le seigneur de L'Ile, « le jour et feste
« Sainct-Maurice ».

1514. « Mises faictes par moy Françoys
« Piffre, receveur de L'Isle-Bouchard,
« pour faire faire l'auratoire de la chap-
« pelle du chasteau du dict lieu de L'Isle,
« commencée le dixiesme jour de juing,
« l'an mil cincq cens et quatorze.. A paié
« le dict receveur pour une vittre mise à
« la fenestre de la dicte chappelle, dessus

« l'autel Sainct-Clémens, en laquelle a
« ung crussifix et les armes de Monsei-
« gneur (Louis de La Trémoille) et de
« Madame (Gabrielle de Bourbon), et
« aussy pour une vittre mise à la dicte
« chapelle devers le jeu de paulme, la-
« quelle a esté faicte de partie de la
« viesgle vittre, la somme de XLV s.....
« (Signé) Gabrielle de Borbon ».

1517. A la fin du mois de novembre, les écluses de l'Ile-Bouchard furent « rom-
« pues et desmolies par la force des glas-
« ses qui ont naguères esté en la rivière
« de Vienne et qu'ilz s'en allèrent le
« XXIIIIe jour de novembre » 1517.

1519 (n. s.). François, dauphin de France, fils de François Ier et de Claude de France, étant né le 28 février 1518, Louis II de La Trémoille ordonna des joutes (*Le tournoy de monseigneur le Dauphin*) en son honneur, dans son château de L'Ile-Bouchard, au commencement de l'année 1519. Nous apprenons ce détail par le « Papier de la mise faicte à L'Isle-
« Bouchard, pour les joustes », où se
« trouve entre autres curieux détails :
« Mardi, XIIIe jour de janvier mil V^c et
« dix-huit (v. s.), achapté de Geoffray
« Palu, le nombre de soixante et douze
« planches pour les lisses et faire les
« paulx des dictes lisses, à II s. III d.
« chacune planche, et pour ce, cy — VIII
« liv. II s. »

1519, 16 avril. Un nommé Gillet Oison, de L'Ile-Bouchard, qui avait dérobé « ung
« soc, en ung ayreau, « fut condamné à
« estre mis au collier, pour ceste foy,
« ayant le dict soc sur la teste, et luy »
« fut enjoinct de bien se gouverner et de
« non plus estre larron, sur paine d'estre
« pugny corporellement à l'esgard de
« justice. »

Le 31 mai de la même année 1519, Baudouine, détenue dans les prisons de L'Ile-Bouchard, fut « condampnée à
« estre fustigée baptue par les carrefours
« de la dicte ville et fauxbourgs de L'Isle-
« Bouchard, ce faict, estre mise au
« collier affin qu'elle soit veue et con-
« gneue, et, après ce, à avoir l'une des
« oreilles coppées pour une moitié par
« le bout d'abas, pour ce qu'il y a ap-
« parence que, autrefois, elle a esté mar-
« quée, combien qu'elle dit que la grosse
« vérolle luy a mengé ce qu'il luy
« deffault de ses oreilles, et » fut « ban-
« nye de la dicte seigneurie à perpé-
« tuité. »

1519, juillet. Réparation des halles et de l'auditoire de L'Ile-Bouchard.

1519, 31 décembre. « René Charpen-
« tier, prestre, vicaire de l'église mon-
« sieur Sainct-Pierre de L'Isle-Bouchart,
« confesse avoir eu et receu de Françoys
« Piffre, receveur du dict lieu, la somme
« de » 49 s. tourn. « pour avoir visité le
« corps Jhésus-Crist, en la chappelle du
« chasteau, deux foiz le moys, et dict par
« chacune visitacion une messe en ladicte
« chappelle, laquelle somme il a pleu à
« Monseigneur (Louis II de La Trémoille)
« ordonnez par chacun an pour faire la-
« dicte visitation... »

1519 (v. s.) 18 février. Louis II de La Trémoille fait savoir « que, pour les
« bons et agréables services que » lui
« a faiz, par cy-devant, Anthoinete Mau-
« sabrée » et pour ses services futurs, il lui donne « quinze septiers de blé, moy-
« tié froment et moytié seigle, deux
« pippes de vin, une pippe de noix, et
« cent soulz tournois en deniers, le tout
« par chacun an, sa vie durant, » à prendre sur la terre du Plessis, dépendant de L'Ile-Bouchard, « à en jouir la dicte
« Mausabrée quand elle se retirera à sa
« maison et qu'elle ne sera plus au servi-
« ce » du dit vicomte de Thouars. — Le Plessis, d'après le précomte de 1484, « fut une belle maison ancienne, où il
« n'a plus que le logeys au mestayer et
« la grange ; il y a garenne à connilz

« telle quelle, et des boys taillys èsquelx
« il y a de beaux lais, montant en tout
« bien cent arpens, le taillys vault de X
« ans en X ans XL livres, les pasnaiges
« des grans boys, quand ilz rencontrent,
« vault C s., ces choses peuvent monter
« C s. par an. Il y a clox de vigne, con-
« tenant ung arpent et demi ou environ,
« vallant XXX s. par an. Il y a une belle
« gaingnerie bien garnie de noyers et
« fruictiers, et du pré à cuillir VI char-
« restées de fain, laquelle gaingnerie
« puet valloir communs ans XL septiers
« de bléz par quart. Il y a d'autres boys...
« qui ne sont pas de grant prouffit, et
« n'y a point de taillys, et le glan s'en
« vent avec les autres, et montent environ
« VII arpens. »

1522. Dans un compte pour des réparations à L'Ile-Bouchard, il est question de « la librairie » du château. Le 29 août de la même année, un vitrier du nom de Besnard restaure les fenêtres du dit château.

1582, 7 avril. « Roulet Gastepye, marchand vitrier, demourant à Chinon, » donne quittance pour des travaux de son métier, exécutés à L'Ile-Bouchard.

1592, 25 juillet — 1601, 21 février. Cinq quittances données par « Jean Fleury, ministre de l'esglise reformée, « recueilli en ce lieu de L'Isle-Bouchard », de la somme de 50 livres tournois, « pour « demie année de la pansion annuelle » que lui fait le duc de La Trémoille sur sa terre de L'Ile-Bouchard.

1618-1620. Quittances de Perillau, « pasteur de l'église réformée qui se « recueille à L'Isle-Bouchard ».

Tous les ans, pour se conformer aux dernières volontés de Catherine de L'Ile Bouchard, on devait célébrer 30 messes dans la chapelle du château, « savoir est « quinze à la Conception de Nostre-« Dame, et aultres quinze au jour et « feste madame saincte Katherine, et par « chacun jour des dictes festes, troys « messes solennelles à diacre et soub-« diacre, avecques vigiles de mors. » *Chartrier de Thouars*, ms.

L'Isle-Bouchard (Catherine de), femme de Georges, sire de La Trémoille, v, vi. Voir, *Les La Trémoille pendant cinq siècles*, t. i, p. 292.

Lislergier, (seigneurie), 23.

Lisbonne (bourse d'Angleterre à), 119.

Liversay (Sainct-Jehan de), près de Niort, 176, 188.

Loches (ville), 128.

Loches, chef-lieu d'arrondissement du département d'Indre-et-Loire.

Lochet (Pierre), secrétaire de Louis II de La Trémoille, 36.

Logier (Jehan), notaire à Sully, 27.

Loingault, secrétaire du cardinal de La Trémoille, 155.

Loquet (François), pâtissier du roy, 86.

L'Ospitault (port de), 60.

Loudun (ville de), 54, 77, 103, 104.

Chef-lieu d'arr. du dép. de la Vienne.

Loudun (pèlerinage de Notre-Dame de Recouvrance à), 54.

Louis XI, roi de France, vi, xi, 16, 17, 19, 20, 23, 114, 129. Voir, *Les La Trémoille pendant cinq siècles*, t. i, p. 292.

Louis XII, roi de France, ix, xi, xiv, xv, 51, 52, 59, 60, 65, 67, 127-129, 151, 170, 171, 173, 174, 188.

Loumée (sacristain de), 60.

Louvrier (Ymbert), prêtre de Civray, 166.

Luçon (ville de), v, 15, 16, 110, 149, 155.

Lude (le sire du), 21.

Jean de Daillon, sire du Lude, était fils de Gilles de Daillon et de Marguerite de Montberon. Il naquit à Bourges le 2 juillet 1423. Il eut une telle part aux bonnes grâces de Louis XI que Brantôme dit qu'« il falloit bien qu'il fût quelque « chose de poids, car le roi se connaissait « en gens de bien ». Louis XI appelait ordinairement le sire du Lude son *compère* et *maistre Jehan des habiletez*. Il prit cependant part à la *Ligue du bien public* et encourut la disgrâce du monarque. Dès ce moment Daillon dut se soustraire aux dangers qui le menaçaient. Il est de tradition au Lude qu'il se cacha dans une grotte de la forêt de Maulne, grotte que les paysans appellent encore de nos jours *la cave à Doyon*. Ce réduit fut découvert il y a plusieurs années, alors qu'il servait de demeure à une pauvre famille de dix personnes. M. le marquis de Talhouet le rendit à son état sauvage et y fit placer une inscription qui le signale maintenant à la curiosité des amateurs de légendes. *Le château du Lude*, p. 51.

Jean de Daillon, rentré en grâce, devint chambellan, capitaine de cent hommes d'armes, gouverneur d'Alençon, du Perche, de Dauphiné, de la ville d'Arras et comté d'Artois, lieutenant général en Roussillon et en Picardie. Il mourut en Dauphiné en 1480. Il avait épousé en premières noces Renée de Fontaines, et en deuxièmes Marie de Laval, fille aînée de Guy de Laval, chevalier, seigneur de Loué, et de Charlotte de Sainte-Maure, de laquelle il laissa plusieurs enfants.

Lussac-les-Eglises (baronnie de), v, vii, viii, 22, 109.

Lussac-les-Eglises, commune du département de la Haute-Vienne, arrondissement de Bellac, canton de Saint-Sulpice-les-Feuilles.

Lyon (ville de), 49, 67, 71, 72, 124, 126, 131.

Maguiz (maistre Pierre du Plessis, prêtre, sieur de), 155.

Maillart, 101.

Mailly (Charlot de), capitaine de Doué, 109.

Maincet (Anne), deuxième femme de Louis Ier de La Trémoille, vii, viii.

Maincet (Macé), seigneur du Breul, père de Anne Maincet, vii.

Maine (Louise de Savoie, comtesse du), 130.

Maine (bâtard du). Voir, Anjou (Louis d').

Maison-Dieu (le maître de la), à Montmorillon, 3, 4.

Malescot (Jean), bailli de La Trémoille, 14.

Marans (baronnie de), v, vi, 14, 16, 19, 20, 32, 109.

Marans, chef-lieu de canton du département de la Charente-Inférieure, arrondissement de La Rochelle.

Voici les Instructions données par Louis Ier de La Trémoille à ses procureurs pour « besongner » avec Louis XI au sujet de la cession de Marans et de l'île de Ré.

1470, 16 novembre. Bommiers. — « *Ins-« truction et articles par nous Loys, sei-« gneur de La Trémoille, de Sully, de « Luçon et conte de Benon, et Margue-« rite d'Amboise, damoiselle, dame et*

« contesse des diz lieux, baillée à noz
« chiers et bien amez messire Pierre de
« Brilhac, chevalier, seigneur de Mons,
« notre parent, et maistres Robert de
« Fouillé et Jehan Roger, noz conseillers,
« licenciez en lois, pour besongner avec-
« ques le roy, notre souverain seigneur,
« sur les matières et choses cy après dé-
« clairées. »

« Primo.

« Les diz messire Pierre de Brilhac et
« maistres Robert de Fouillé et Jehan
« Roger se transporteront et yront devers
« le roy, notre dit souverain seigneur, et
« se son bon plaisir et vouloir est de
« parler à eulx lui presenteront noz
« lettres, et nous recommanderont très
« humblement à sa bonne grâce. »

« Item, diront au roy, notre dit sou-
« verain seigneur, qu'il lui a pleu nous
« faire dire et exposer par notre frère de
« Craon que son bon plaisir et vouloir
« seroit bien de avoir de nous les terres
« de Marant et de l'isle de Ré, et pour
« icelles nous bailler récompense bonne
« et suffisant en assiecte d'autres terres
« et de mieulx que ne vallent lesdites
« terres de Marant et de Ré, et que pour
« besongner en la matière notre dit frère
« avoit charge de nous dire que envoies-
« sons de noz gens devers ledit seigneur,
« aians de nous sur ce puissance. »

« Item, diront à notre dit souverain
« seigneur que pour ce que nous desirons
« estre et demourer en sa bonne grâce
« de tout notre povoir et obtemperer à
« son bon vouloir et plaisir, comme
« raison est, et tenir exsoinnées, nous les
« envoions devers lui, et leur avons
« baillé procuracion et puissance pour
« besongner en la matière dessus touchée
« en la forme et manière que cy après
« s'ensuit. »

« C'est assavoir de traicter, pacuffier et
« appoincter avecques notre dit souverain
« seigneur des dictes terres de Marant et
« de l'isle de Ré, et icelles lui bailler,
« cedder, transporter et delaisser pour
« estre et demeurer à tousjoursmais per-
« petuellement propre héritaige dudit sei-
« gneur et de ses hoirs et aians cause. »

« Item, diront à notre dit souverain
« seigneur que, pour les cession et trans-
« port desdictes terres de Marant et de
« l'isle de Ré, nous lui demandons pour
« la recompence d'icelles le comté de
« Gyens et les terres et seigneuries de
« Verron, Yssoldun et Lury, avecques le
« droit du don ou donnacion des offices
« des gabelles, les prouffiz, esmolumens
« et revenues yssans et provenans des
« dites gabelles telz que le dit seigneur
« les comprant par chascun an, ensemble
« les droiz des seaulx, exploitz de justice,
« ressors de vassaulx, les fiefz et autres
« droiz ressortissans et advenans ès
« dictes terres et seigneuries, pour icelles
« exploicter en tout et pour tout sans
« aucune reservacion comme ilz sont
« soubz la main dudit seigneur et sans
« estre subgettes à aucun ressort, sinon
« de la court de Parlement à Paris,
« lesquelles terres et seigneuries il nous
« baillera, ceddera, transportera et
« delaissera pour estre et demourer le
« propre héritaige de nous, ladicte
« Marguerite d'Amboise, et de noz hoirs
« et aians cause, et d'icelles nous fera
« bailler et délivrer, pleine, entière et
« et paisible possession. »

« Item, et parmy ce nous fera notre dit
« souverain seigneur faire pleine et
« entière delivrance de toutes les autres
« terres et seigneuries que, par feu monsr
« Loys d'Amboise, en son vivant,
« viconte de Thouars, nous furent don-
« nées, ceddées, au traicté du mariage
« fait d'entre nous et par ledit ma-
« riage faisant, lequel a sorti effect et a
« esté entre nous consummé, desquelles
« terres et seigneuries, ledit feu monsr

« le viconte avoit retenu à lui l'usuffruit
« sa vie durant.

« Item, aussi que notre dit souverain
« seigneur nous fera semblablement
« faire délivrance de la viconté, terre,
« seignourie et appartenances de Thouars
« et de toutes les autres terres et sei-
« gnouries, qui furent, avoient esté et
« appartenoient audit feu monsr le vi-
« conte en son vivant. »

« Item, et se le bon vouloir et plaisir
« du roy, notre dit souverain seigneur, est
« de vouloir avoir ladicte viconté de
« Thouars, luy diront que nous serons
« contens de la lui bailler... »

Ch. de Thouars : Orig. parch. signé de Louis de La Trémoille et de Marguerite d'Amboise et scellé du sceau de Louis.

MARCILLY-SUR-SEINE, 192.

Marcilly-sur-Seine, commune du département de la Marne, arrondissement d'Epernay, canton d'Anglure.

MARCY (Jacques de La Trémoille, seigneur de), xv.

MAREIL (terre de), 32.

MARENNES (ville de), 121.

Marennes, chef-lieu d'arrondissement du département de la Charente-Inférieure.

MARENNES (Jehan de), 119.

MAREZAC (damoiselle Bonne de), 194.

MARIE (la femme du conservateur) à Poitiers, 176.

MARIE D'ANGLETERRE (la reine), 67.

Fille de Henri VII et d'Elisabeth d'York, Marie naquit en 1497, épousa Louis XII le 9 octobre 1514 ; devenue veuve le 1er janvier 1515, elle se remaria avec le duc de Suffolk, trois mois après.

MARIGNAN (bataille de), XII, XV, 71.

MARILLEAU (frère Joachim), chevalier, baron de Blisson, commandeur de St-Jean de L'Ile-Bouchard et de la Maison-Neuve en Bourgogne, 73, 74.

MAROYSEAU (B...), 162.

MARSEILLE (l'armée de l'empereur devant), 134.

MARSEZAC, écuyer, maître d'hôtel de Louis II de La Trémoille, 35.

MARTIGNAC (Pierre de), 90.

MARTIN (Nouel), fourrier, 37.

MARUEIL (Jehan de), capitaine de La Trémoille, 109.

MARUEIL (sénéchal de), 16.

— (capitaine de) 109.

1484, précompte. « Au dict lieu de Ma-
« rueil a baronnie, et y a ung grant chas-
« teau et spacieulx, vieil et encien, dont
« la muraille est fort caducque et plusieurs
« brèches. N'y a houstel ne demeurance
« où l'on peust se tenir, fors une petite
« chambre sur le portal, lequel portal est
« descouvert, la tour des prisons descou-
« verte, les appentiz du donjon descou-
« vers et la grange du dict chasteau
« descouverte, et en brief demoura tout
« ruyneux si de brief n'y est pourveu, où
« fault une grande mise. » *Chartrier de Thouars, ms. Louis I de La Trémoille; succession et partages.*

MARUELH (Paulle de), maître d'hôtel de Louis II de La Trémoille, 80.

MASSON (COLAS), marinier, 121.

MAULÉON (seigneurie de), V-VII, XV, 27, 28, 31, 50, 170, 172, 174-176, 180, 190.

1484, précompte. « Au dict lieu de
« Mauléon y a belle seignourie et en-
« cienne, droit de chasteau et chastel-

« lenie et baronnie ; le chastel presque
« ruyneulx ; y a une vieille salle qui n'est
« point logée ; tout le surplus du logis est
« long temps a gast et froust. Il y a ville
« clouse, foyres et marchés ; les tours tou-
« tes descouvertes, les aucunes choistes. »
*Chartrier de Thouars, ms. Louis I de La
Trémoille ; succession et partages.*

MAULÉON (abbé de), 59.
— (capitaine de), 109.
MAULÉON (Jacques). Voir, BOMMIERS
(Jacques, bâtard de).
MEANCE (Jacques de), 66-71, 76, 77.
MEILLON (Jacques), 37.
MEILLOYS (messire Denis), chapelain
de Louis II de La Trémoille, 35.
MENART (Anthoine), capitaine de Tal-
mont, 109.
MERILLANE (général), xv.
MÉRON (Jehan), capitaine de Roche-
fort-sur-Loire, 109.

Un Jean Méron est cité dans les lettres
de rémission données le 31 août 1459,
par le roi Charles VII, au sire de Craon,
pour l'arrestation et la détention de Péan
de La Vallée. Voir : *Archives d'un serviteur de Louis XI*, p. 7.

MERVEILLE (Louis), armurier du roi,
66.
MÉRY (madame de), 82, 70.
MESLE (Jehan), prêtre, notaire de la
cour du doyen de Thouars, 61.
MESNAGER (Guillaume), 63.
MÉZIÈRES (monseigneur de), 67, 193.

René d'Anjou, marquis de Mézières,
fils de Louis d'Anjou, bâtard du Maine.

MÉZIÈRES (Louis d'Anjou, bâtard du
Maine, sire de), 149.
MICQUELET (André), 119.

MILAN (ville de), XIV, 71, 75, 130,
153.
MILAN (duc de), xv.
— (duché de), xi, 128.
— (Frères mineurs de), XIV.
MILLON (Mathurin), serviteur du car-
dinal de La Trémoille, 154.
MIREBEAU (ville de), 62, 63, 169, 181,
183, 184, 191, 193, 194.
MIREBEAU (cordeliers de), 183, 189.
MONSIREIGNE (messire Sébastien Ny-
cou, curé de), 155.

Monsireigne, commune du département de la Vendée, arrondissement de
Fontenay-le-Comte, canton de Pou-
zauges.

MONTARGIS (château de), 171.
— (bailli de), 108.
MONTBELIARD (bailli de), 72.

Montbéliard, chef-lieu d'arrondissement du département du Doubs.

MONTFERRANT (sceau de la cour de),
107.
MONTFORT (comte de), 24, 25.

François, comte de Montfort, fils de
Jean V, duc de Bretagne.

MONTFOULOUX (Huguette de), épouse
de Macé Maincet, VII.
MONTJOUEN (Aubert de), gouverneur
de l'île de Ré, 109.
MONTLÉON (Jehannot de), sieur de
Narczay, maître d'hôtel de Louis II
de La Trémoille, 61, 103.
MONTMOREAU (madamoiselle), 79.
MONTMORILLON (Maison-Dieu de), 3, 4.
MONTPENSIER (comte de), xi, 108, 110,
113, 116.

MONTRICHARD (seigneurie de), v, vi, 25.

Montrichard, chef-lieu de canton du département de Loir-et-Cher, arrondissement de Blois.

MOREAU (Jean), secrétaire du roi, 152.
MOREAU (maître Jehan), 66.
MOREAU (Pierre), 119.
MORICAULT, 68.
MORTAIN (Hugues Le Masle, vicomte de), 154.
MOTAIS (Etienne), 57.
MOTAIS (Jehan), commis aux finances de Louis II de La Trémoille, 31-40, 44, 45, 49-58, 62, 65.
MOULINET (Jehan), notaire à Sully, 27.
MOULINS (hôtel de la duchesse de Bourbonnais et d'Auvergne à), xvi.
MOUSSON (Loys), 40.
MOUSSY (Regnault de), vice-amiral de Guyenne, 98, 99, 132, 133.
MOYSEN, 31.
MUSEAU (Jehan du), dit Morlet, 76.

« Me Morelet du Museau, notaire et « secrétaire du roy », était en procès, le 21 juin 1509, avec « dame Claude de Vil- « laines, vefve de feu messire Guillaume « de Courvallon, en son vivant chevalier ». Arch. nat. X¹ᵃ 4850, fol. 640 v°.

Le 30 juillet 1509, « maistre Morelet « de Museau » est qualifié « receveur de « la chambre des comptes », à l'enchère des « terres et seigneuries de Lezigny et « Villarcel ». Arch. nat. X¹ᵃ 4850, fol. 738 v°.

Le 23 août 1509, « me Jehan de Mu- « seau, notaire et secrétaire du roy », était appelant du bailli de Berry contre « Jehan Turpin, Abel Le Roy, Estienne « des Molins le jeune, messire Jehan d'Es- « tampes, chevalier, seigneur des Ran- « ches, Claude Couchon, escuier, et me « Estienne Fradet ». Arch. nat. X¹ᵃ 4850, « fol. 812 v°.

NANTES (ville de), 16, 17, 24, 50, 52, 53, 99, 100, 101.
NANTES (château de), 50-52.
— (receveur de), 116.
— (Louis II de La Trémoille capitaine de), xi, 115, 116, 127.
NAPLES (royaume et ville de), xv, 49, 124.

Frédéric d'Aragon, prince de Tarente, second fils de Ferdinand I, roi de Naples et de Sicile, et d'Isabelle de Clermont, fut couronné roi de Naples et de Sicile, le 26 juin 1497. Dépouillé de ses états en 1501, il fut contraint de se retirer en France où le roi lui donna le duché d'Anjou. Il avait épousé, par contrat du 1 septembre 1478, Anne de Savoie, de laquelle naquit Charlotte d'Aragon, princesse de Tarente, qui fut mariée, le 27 janvier 1500, à Guy XVI de Laval. Frédéric, qui s'était remarié à Isabelle dite Éléonore de Baux, mourut de chagrin le 9 novembre 1504 et ordonna que son corps fût mis en dépôt dans le couvent des frères Minimes du Plessis-lès-Tours. Les huguenots pillèrent le tombeau du roi de Naples, ce qui donna occasion de rédiger le procès verbal suivant :

« Extraict tiré d'un procès verbal faict par devant Claude Barrault, licentié ès loix, conseiller magistrat antien pour le roy au siège présidial de Tours, contenant les plaintes faites par les vénérables et discretz religieux correcteur et couvent des Frères Minimes du Plessis du Parc-lez-Tours, en datte du vingt sixième jour de septembre mil cinq cens soixante deux, duquel extrait la teneur ensuit.

« Aussy nous ont les ditz religieux Correcteur et couvent dudit lieu remonstré leur avoir esté vollé et pillé par les ditz séditieux et rebelles sacrilèges, hereticques, huguenotz, qui ont esté en leur dit couvent durant le temps des dites séditions plusieurs autres de leurs biens meubles de leur dit couvent et entre autres les joiaux qui estoient en leur dit couvent avecq le *corps et cadavre de feu hault et puissant le roi Federich, luy vivant, roy de Napples*, lequel trespassa au lieu des Montilz du Plessis-lez-Tours, au mois de novembre l'an mil cinq cens et quatre, et par luy ordonné par testament de dernière vollonté estre mis et ensepulturé en la dite église des dits Mineurs des Montilz du Plessis-du-Parc-lez-Tours, et qu'il y a esté mis et receu avecq ses bagues et joyaux royaux par les Correcteur et couvent par manière de garde et depost, et aux charges de le rendre et bailler à la dame royne, sa veufve, son filz et autres ses parens et heritiers, toutes les fois et quantes qu'ilz en seroient sommez et requis, et avecq les dites bagues et joyaux qui luy furent delaissez et baillez, et comme ilz sont plus à plain declarez et contenuz par les contractz et obligations et inventaires, qui en ont esté faitz par les notaires qui ont receu le dit contrat et obligation de ce fait et passé en présence des bourgeois et habitans pour lors de ceste ville de Tours et officiers du dit feu seigneur roy Federich, roy de Napples, luy vivant, et aux charges de le rendre, bailler et presenter avecq ses bagues et joyaux, touttes fois et o le bon plaisir du roy, qui pour lors regnoit, qui estoit le roy Louis unziesme (lire 12e) que Dieu absolve et ses predecesseurs, roys de France, desquels joyaux dudit feu roy Federich de Naples la teneur s'ensuit.

« Le dict corps estant en ung cercueil de plomb couvert aussy de plomb, vestu, garny et orné d'un drap d'or frizé et ayant sur luy les vestemens, ornemens, bagues et joyaux qui s'ensuivent, le tout estant en un autre cercueil de bois, couvert de drap d'or frizé.

« Et premièrement, une petite chesne d'or ganie de cinq bagues, deux asses en or, l'une à part de l'autre, ascavoir est une jacquette, une emeraude, une grizolle, une grenade et l'autre se prend et se nomme à vollonté et dévotion.

« Item, une chemise de virlande (Hollande) brodée d'or et soye noire.

« Item, ung prepoint de satin noir.

« Item, une paire de chausses de drap noir.

« Item, le bas d'une chausse de veloux cramoisy allant jusques aux genoux doublée de taffetas cramoisy.

« Item, une paire de soulliers de satin blanc, autrement appellé sandalle royalles au pais de Naples, brodée de fil d'or fin par le dessus et par les bords.

« Item, une paire de pentoufles de pareille etoffe brodée comme dessus.

« Item, une aube, autrement appellée camisot, brodée d'or traict, où la livrée du dict deffunt est du livre qui se bousle du feu et samble qu'il y a en escrit : *Recedant Vetera*, et bordée par les bords de braz d'or traicts.

« Item, une sainture nommée *Cingulum ecclesie* fait à cordons de fil d'or et soie fine cramoisye.

« Item, une dalmatique royalle de satin cramoisy doublé de taffetas cramoisy.

« Item, une tunichelle [1] de diaconot de drap d'or à poil sur soye violette cramoisye brodée par les bords tout à l'entour d'or traict de deux doigs de largeur et les menetyes [2] d'icelle aussy brodées

---

1. Tunicelle, petite tunique.
2. Manches.

d'or traict d'ung doig de largeur ou environ les dites menetyes fermantes à cordons, tout d'or, et doublée toutte la dicte tunichelle avecq les menetyes d'icelle de satin viollet cramoisy.

« Item, au bras gaulche ung manipulo de fasson de manipule de fanon aussy de drap d'or brodé de frange d'or et doublé de satin viollet cramoisy, avecq la croix de soye cramoisy et d'or traversant ledit manipulo.

« Item, une estolle de diacono de pareil drap d'or bordée de pareille frange dudit manipullo, et doublée de pareille doubleure de satin cramoisy viollet.

« Item, ung collet de drap d'or pareil de celuy de la dite tunichelle et doublé de pareille doubleure.

« Item, en la main dextre dudit deffunct, deux anneaux esquelz y a deux cornallynes engravées.

« Item, en la main gaulche, ung autre anneau d'or garny d'une autre cornalline gravée.

« Item, sur la teste dudit deffunct, un bonnet de velours cramoisy doublé de taffetas cramoisy, à l'entour duquel y a une couronne toutte d'or attachée audit bonnet.

« Item, en la main dextre, une pomme garnie d'une croix dessus, appellée monde, d'argent doré, creuse.

« Item, en la main gaulche, ung septre d'argent doré aussy creux.

« Item, une espée d'armes à croix et poumeaux dorez, la pougnée garnie de fil d'or traict et soye viollette, et le fourreau d'icelle de velous noir, et le bout doré.

« Item, une paire d'esperons dorez.

« Item, une portion de cheveux de très haulte et très puissante dame la royne Isabelle, veufve dudit deffunt, qui, en la journée d'hier, luy furent coupez pour mettre sur le dit corps mort de son dit mary, en la présence de nous notaires et de plusieurs autres pour la conservation des droits de la dite dame et autres qu'il appartiendra, ainzy qu'il apparoistra par acte sur ce fait et requis.

« Item, une coupe et couvercle d'argent doré dedans et dehors, garnye de deux aureilles et le dit couvercle garny d'une boucle tenant à iceluy pour couverture d'icelle, en laquelle coupe est le cœur dudit deffunct estant en la main gaulche d'iceluy deffunct.

« Item, ung couessinet couvert de drap d'or estant soubz la teste dudit deffunct. Le tout comme il appert par l'inventaire qui en a esté dès lors faict ledit quinzième jour de novembre mil cinq cens et quatre, et dont lesd. religieux se sont chargez et obligez et leurs successeurs religieux et couvent de representer et rendre le dit corps dudit roy Federich, et joyaux cidessus, à la dite dame la royne, sa femme, ses enfans et autres ses parens, o le bon congé du roy nostre sire, touttefois et quantes qu'ils en seront sommés et requis, comme il est contenu par contract de ce fait et passé en cour royal audit Tours, le quinzième de novembre audit an cinq cens et quatre, par devant Pierre Groussier et Jehan Falaizeau, notaires jurés aud. court.

« Et au regard de l'argenterye, du linge et ornements de l'église, et le linge de la dépendance, les dits religieux nous ont dit et remonstré qu'ilz n'en scauroient donner ny faire appréciacion certaine, ne le semblable des livres, tant de ceux de librairie que de ceux quy estoient en leurs chambres, pour cause que les inventaires d'iceux sont perdus et pris et rompus par les soldats séditieux et huguenotz, et iceux fait brusler.

« Plus nous ont aussi dit et remonstré que pour lors des dits sacagements et brizements faits en leur église et couvent, comme chacun peult scavoir, ilz estoient garniz de leurs provisions de vivres, de quatre muitz de bled froment, de quatre cens d'huille d'ollive, quarente pintes huille de noix, vingt cinq pipes de vin, trois septiers de poix, quatre septiers febves, trois septiers poix chiches, cinq cens fagots, cent rottées gros bois, deux cacques harens, ung cent merlu, demy cent de morue, le tout à eux, pillé, mangé et emporté par lesdits séditieux héreticques et huguenots.

« Et tout ce que dessus, nous conseiller et magistrat susdit, certiffie estre vray, soubz nostre seing manuel cy mis les jour et an que dessus. — Ainsy signé : Barrault - Dumoullin, subtitud de monsieur l'advocat du roy.

« Collation faicte de la presente coppie à l'original, rendu par les notaires royaux à Tours soubzsignés, le vingt-quatrième de décembre M V^c quarente trois [1].

« GORTAYS ? DAVID. »

Chartrier de Thouars. Pièce papier.

NARBONNE (Jehan de Gernerlay, grand-archidiacre de), 14.

NARCZAY (Jehannot de Montléon, sieur de), maître d'hôtel de Louis II de La Trémoille, 61, 103.

NAVARRE (Jean, roi de), frère de Charlotte d'Albret, mariée à César Borgia, XI.

NAVARRE (collège de), à Paris, 78, 163-166.

NAVARRE (Marguerite d'Angoulême, reine de), 152.

NEUVY-PAILLOUX (seigneurie de), XV.

Neuvy-Pailloux, commune du département de l'Indre, arrondissement et canton d'Issoudun.

NEVERS (diocèse de), 193.

NEVERS (madame la douairière de), 97.

NIORT (ville de), 176.

Niort, sur la Sèvre Niortaise, chef-lieu du département des Deux-Sèvres.

NOCHET (Michel), 87.

NOIRMOUTIER (île de), 99, 101, 132, 145, 150. Voir : *Les La Trémoille pendant cinq siècles*, t. I, p. 299.

NOIRMOUTIER (abbaye de), XIII, 145, 149.

NOIRMOUTIER (receveur de), 15, 100, 101, 144, 145, 150.

NOIRMOUTIER (sénéchal de), 14, 144.

NOIRMOUTIER (Guillaume Lignault, capitaine de), 109.

NORMANDIE (province de), 32, 121.

NORMANDIE (receveur général de), 5.

NOTRE-DAME (église de), au château de Thouars, XII, XIV, 59, 62, 64.

NOYER (Regnault du), procureur du roi en Poitou, 28.

NUITS (ville de), 133.

Nuits, chef-lieu de canton du départetement de la Côte-d'Or, arrondissement de Beaune.

NYCOU (Messire Sébastien), curé de Monciraigne, 155.

NYEUL (Guillaume de), 194.

NYEUL (Marguerite de), 194.

---

1. Ce document a été publié en grande partie dans un ouvrage assez rare, intitulé : *Vie de saint François de Paule*, par Olivier de Coste, Paris, 1655, in 4°. — Olivier de Coste, dit frère Hilarion, né à Paris en 1595 et mort en 1661, était arrière-petit-neveu par sa mère de saint François de Paule.

OLONNE, v, vi, 14, 32, 46, 107, 121, 126.
OLONNE (receveur d'), 45-47.
ORAN, 117.

Oran, ville maritime et place forte d'Algérie, chef-lieu du département d'Oran.

ORANGE (prince d'), 128, 129.

Jean II, prince d'Orange, fils de Guillaume VII, prince d'Orange, et de Catherine de Bretagne, était neveu du seigneur de Château-Guyon qui fut battu par le sire de Craon au pont de Magni. Il devint prince d'Orange, sire d'Arlay et d'Argueil, en 1475, après la mort de son père. Ayant abandonné le parti de Louis XI pour celui de la duchesse de Bourgogne, le roi de France fit rendre un arrêt contre lui, le 7 septembre 1477, par lequel il fut déclaré criminel de lèse-Majesté, et banni à perpétuité du royaume. Il se maria, 1º à Jeanne de Bourbon, 2º à Philiberte de Luxembourg, et mourut le 25 avril 1502.

ORLÉANS (ville et diocèse d'), 23, 149, 171, 192, 193.
ORLÉANS (Lancelot du Lac, gouverneur bailly d'), 193.
ORLÉANS (le duc d'), futur Louis XII, roi de France, 116.
ORU (maître Guillaume), 190, 191.
ORVAL (monsieur d'), 90.
OUSSERON (damoiselle Françoise d'), 194.

PANNETIER (René), horloger, 62.
PAPION (Guillaume), receveur de Noirmoutier, 144-146.

PARENT, 112.
PARIS (ville de), 51, 57, 66, 68, 77, 78, 81, 91, 126, 128, 142, 150, 170.
PARIS (Chambre des comptes de), 21.
PARIS (hôtel de La Trémoille à), x, 81.

L'hôtel de La Trémoille, situé rue des Bourdonnais, était connu au XIVᵉ siècle sous le nom de *Grande Maison des Carneaux*, ou, pour parler le langage moderne, de *Grande Maison des Créneaux*. Quelques historiens font remonter l'origine de ce logis seigneurial jusqu'à la seconde moitié du XIIIᵉ siècle. Par contrat du 1ᵉʳ octobre 1363, Philippe, duc d'Orléans, second fils de Philippe de Valois et frère de Jean le Bon, fit l'acquisition, on ne sait de qui, pour la somme de deux mille livres d'or, de la maison des *Carneaux*. Cette propriété fortifiée avait une grande importance ; elle s'étendait en largeur depuis le marché aux pourceaux jusqu'à la rue Béthisy, et en profondeur depuis la rue des Bourdonnais jusqu'à la rue Tirechape.

Le premier possesseur connu du manoir des Créneaux mourut le 1ᵉʳ septembre 1373, laissant pour veuve Blanche de France, fille posthume de Charles le Bel et de Jeanne d'Evreux, sa seconde femme. C'est sans doute par une conséquence du mariage de Philippe avec Blanche que la tradition populaire donna à cet édifice le nom de *Maison de la reine Blanche*.

Peu de temps avant sa mort, le duc d'Orléans vendit son noble hôtel des Créneaux à Guy VI de La Trémoille.

Le samedi 11 octobre 1393 « après « disner, Jehannin Ledoulx, povre enfant « de l'aage de XVI ans, ou environ » alla « en la rue des Bourdonnois, devant « l'ostel » de l'« amé et féal chevalier et « chambellan » du roi, « Guy de La Tré- « moille. Quand il fut devant le dit hos- « tel, il vit et apperçut que en y jouoit à

« la paulme, et là se arresta et entra ou
« dit hostel, et avec lui un autre jeune
« filz de l'aage de XIIII ans, ou environ,
« nommé Jehannin Courtois. Et quand
« ilz furent au dit jeu de la paulme, le dit
« Jehannin Courtois dist » à Ledoux
« que, ès robes de ceulz qui jouoient à la
« paulme, avoit une bourse qui estoit ata-
« chée à un pourpoint, où il avoit un
« signet, et aussi y avoit un autre pour-
« point qui estoit à un escuyer appellé le
« Bastard, où il pendoit une autre bourse,
« en laquelle avoit six escuz d'or et deux
« verges d'or, et deux blans de huit de-
« niers la pièce ». Ledoux dit alors à
« Jehannin Courtois que il prinst la dite
« bourse et argent, et que il le alast atten-
« dre, quant il auroit prinse la dite bourse,
« en l'ostel des Communs, soubz les
« pilliers des halles de Paris ». Les deux
jeunes larrons exécutèrent habilement
leur projet. Courtois s'empara de la bourse
du Bastard, en se dissimulant derrière son
compagnon, et se rendit ensuite « soubz
« les pilliers des halles ». Afin de ne pas
attirer l'attention des joueurs, Jehannin
Ledoux resta au jeu de paume. Mal en
advint. Quand le Bastard reprit son pourpoint, il s'apperçut du vol. Interrogé, Ledoux dut avouer la vérité entière et conduire l'écuyer dans le lieu où Courtois
attendait la venue de son complice. Les
deux voleurs furent conduits au « Four
« l'Evesque ». Ils obtinrent des lettres de
rémission de Charles VI, datées de Saint-
Ouen, octobre 1393. Arch. nat. JJ 145,
n° 65, fol. 31.

Le 12 septembre 1405, Jean de Bavière,
dit Jean-sans-Pitié, évêque de Liège, ame-
na des hommes d'armes à Paris. Après
qu'il eut prêté serment, à la porte Saint-
Denis, entre les mains de Pierre des
Essarts, prévôt de Paris, de ne point tour-
ner ses armes contre le roi de France, ou
contre les habitants de sa capitale, il des-
cendit et « fut logé en l'ostel de La

« Trimoulle », où il y avait alors une
galerie, un pré et un jardin. Sauval,
t. II, p. 138.

En 1411, la maison aux Créneaux, que
le peuple appelait aussi l'*Hôtel des Preux*,
appartenait à Georges de La Trémoille.

« Peu de temps après l'entrée des Bour-
guignons à Paris (1418), Pierre Emery,
bon marchand de Paris, qui avait la confiance du connétable d'Armagnac, fut
chargé d'enlever les chaînes des rues de
Paris. Après sa fin tragique à la Concier-
gerie, on retrouva chez lui 29,356 livres
de fer en verges et en petites pièces, que
l'on déposa partie à la halle au blé, partie
dans l'hôtel de La Trémoille. » *Journal
d'un Bourgeois de Paris*. Edition A. Tue-
tey, p. 101, note 1.

Il résulte d'un compte des confiscations
de la prévôté de Paris, rapporté par Sauval, que le manoir de la rue des Bourdonnais fut vendu à Jehanette Alexandre
et qu'en 1421, il était habité par Jean de
La Trémoille, seigneur de Jonville, frère
de Georges. En 1438, Louis de La Vo-
drière, chevalier, qui y est établi, en paye
la rente à Jean de La Trémoille.

Lorsque Charles VII rentra en possession de sa capitale, les détenteurs de cet
hôtel, en vertu d'un appointement, en
date du 28 mars 1437, furent obligés « de
« s'en départir et d'en laisser joïr maistres
« Adam de Cambray, premier président
« au Parlement, et Gilet de Vitry ». Arch.
nat. X 1 à 1482, fol. 15 v°. — *Journal
d'un Bourgeois de Paris*, pp. 2 et 3.

Au mois de janvier 1499, Louis II de
La Trémoille donna, dans son splendide
hôtel de la rue des Bourdonnais, qu'il
venait de faire rebâtir, une fête magnifique
à l'occasion du mariage de Louis XII
avec Anne de Bretagne. On croit que
c'est dans ce même hôtel que naquit
Charlotte-Catherine, fille de Louis III
de La Trémoille, mariée en 1586 au prince
de Condé, chef du parti protestant.

Après la mort de Louis III de la Trémoille, 25 mars 1577, son manoir changea de condition en même temps que de maître. Parmi les personnages illustres qui l'habitèrent alors, on remarque Antoine du Bourg, président du Parlement et chancelier de France sous François Ier, le chevalier Pomponne de Bellièvre et son petit-fils, le président de Bellièvre.

L'hôtel de La Trémoille, après avoir été successivement palais et hôtel, n'était plus, dès le règne de Louis XV, qu'une maison bourgeoise habitée par des commerçants. Il était à cette époque connu dans le quartier sous le nom de *la Couronne d'or*, appellation dont le négoce avait affublé son portail en 1738. Vendu, comme propriété nationale, vers 1790, il fut démoli en 1841. La maison qui remplace la splendide demeure d'autrefois porte le n° 11 de la rue des Bourdonnais.

Un document du trésor des chartes nous apprend que Guy de La Trémoille avait acquis dans « la rue de Joy, près de « la poterne Saint-Pol, » l'hôtel de Hugues Aubriot, chevalier, ancien prévôt de Paris. En 1384, le roi racheta cet hôtel pour la somme de 8,000 francs et en fit don à son chancelier Pierre de Giac. Arch. nat. JJ 124, n° 318, fol. 181.

PARIS (parlement de), 23, 24.
PARIS (évêque de), 78, 82.
PAVIE (bataille de), XII, 103.
PEAUX (Pierre de La Chapelle, sieur des), 72, 80.
PERETZ (Pérot de), capitaine de la nef de Louis II de La Trémoille, 78.
PERONNEUT (Etienne), mulletier 36.
PERONNEUT (Pierre), mulletier, 36.
PERRELLES (Nicolas de), 63, 67, 72.
PERSIGNY (château de), 170.
PETIT (André), 120.

PETITE (Marie), femme du trésorier Jehan Lalement, 7, 8.
PETIT-JEHAN (la fille du), l'apothicaire, 96.
PETRUS, épiscopus Sistaricensis, 152.
PICARDIE (province de), VI, 153.
PICQUIGNY (traité de), entre le roi de France et Edouard, roi d'Angleterre, VI.
PIENNES (sire de), 126.
PIERRE (maître), 141.
PIERRE, receveur de L'Ile Bouchart, 146.
PIFFONS (seigneurie de), 171.

Piffons, commune du département de l'Yonne, arrondissement de Joigny, canton de Villeneuve-le-Roi.

PIGNAGNET, palefrenier, 3.
PILET (Guy), 14.
PINET (Etienne), clerc de dépense de Louis II de La Trémoille, 98.
PIOU (messire), 183.
PITHIVIERS (Jehan du Hamel, capitaine de), 193.

Pithiviers, sur l'Essonne, chef-lieu d'arrondissement du département du Loiret.

PLAISANCE (Jacques de), 63.
PLESANCE (Jehan), serviteur de madame de La Trémoille, 81.
PLESSIS (Pierre du), prêtre, curé de Sainte-Cécile, sieur de Maguiz, 155.
PLOMB (lieu du), 119, 121.
POITIERS (Jean de La Trémoille, évêque de), XIII, 143-154.
POITIERS (Pierre V d'Amboise, évêque de), 151. Voir, AMBOISE (Pierre V d').

Poitiers (ville de), 26, 42, 141, 143, 144, 176.
Poitiers (évêché de), 121, 142-144, 151, 191.
Poitiers (official de), 28.
Poitiers (université de), 134.
Poitou (lieutenant du roi en), 28.
— (procureur du roi en), 28.
— (province de), xi, 114.
— (sénéchal de), 15, 108, 175.
Pontremolli (comte de), xv.
Pot (Guy), chevalier, premier chambellan de Charles VIII, 125.
Potin, 117, 119, 120.
Potin (messire Louis), prêtre, chantre de la collégiale de Saint-Ythier de Sully, 22, 23.
Poulyart (noble homme Nicollas), 161.
Poupineau (Michel), 146.
Prahec (seigneurie de), 149, 190.

Prahec (Deux-Sèvres, arr. et cant. de Niort) avait appartenu à Gauthier, comte de Brienne, duc d'Athènes, connétable de France, du chef de sa seconde femme Jeanne, fille de Raoul I, comte d'Eu. Jeanne, qui épousa en secondes noces Louis II, comte d'Etampes, mourut sans enfants. Ses biens passèrent à sa nièce Marie de Sully, femme de Guy VI de La Trémoille.

Le 22 juillet 1474, Louis I de La Trémoille, petit-fils de Guy VI, donna à son « bien amé messire Jehan Gerin, prestre », son secrétaire et serviteur, les biens provenant de la succession de « feue Marion La Championne », mère de « feu Jacques le bastard de La Trémoille, en son vivant seigneur de Prahec... » *Ch. de Thouars*. Orig. parch.

Prés (Jehan Rideau, seigneur de), 42.

Pressigny (seigneur de). Voir, Beauvau (Bertrand de).
Prévost (Jean), trésorier de Louis II de La Trémoille, 43.
Prévost (Pierre), sénéchal de Noirmoutier, 14.
Prie (Aimon ou Edouard de), baron de Busançois, mari d'Avoye de Chabannes, xvi, 170, 177, 178, 179, 190, 193.

Aimon de Prie était fils de Louis de Prie, seigneur de Busançois, et de Jeanne de Salezard ou Salazart, qui était fille de Jean de Salezard et de Marguerite, bâtarde de Georges de La Trémoille.

Prie (Gabriel de), fils d'Aimon de Prie et de Jeanne de Beauvau, xvi, 169, 170.
Prie (Louis de), père d'Aimon de Prie, 190.
Prie (Prian de), protonotaire de notre saint-père le pape, frère d'Aimon de Prie, 170.
Prie (René de), fils d'Aimon de Prie et de Jeanne de Beauvau, xvi, 169, 170.
Prie (René de), évêque de Bayeux, 151.
Provence (province de), 133, 134.
Puibouillard (seigneur de), 68, 72, 77.
Puizay (gouverneur du), 193.
Pusterre (Marie de), veuve « de feu noble homme Bourgonce Botte », xiv, 153.

QUERCU (Guillaume de), prêtre, docteur en théologie, 155.
QUESTIER (Jehan), marchand à Tours, 41.

RAFLART, procureur de la baronnie de L'Ile Bouchard, 74.
RAOUL (Phelipon), marinier, 121.
RASFLART (Jehan), apothicaire, 37.
RAVENEL (Adam de), écuyer, seigneur de La Rivière, maître d'hôtel de Louis II de La Trémoille, 34 ; capitaine de Brandoys, 109,

  Adam de Ravenel, seigneur de La Rivière, était fils de Huguet de Ravenel et de Dauphine Caignon. Il épousa Françoise de Poix, testa le 17 avril 1509 et mourut vers 1517. Il avait eu, entre autres enfants, Jean I de Ravenel, seigneur de La Rivière, et Adam, tué à la bataille de Pavie à côté de Louis II de La Trémoille. Voir, *Inventaire de François de La Trémoille*, p. 198.

RAVENEL (Jean de), 89, 90, 93.

  Jean I de Ravenel, seigneur de La Rivière, fils d'Adam, qui précède, épousa Paule de Chazerac, par contrat de l'année 1516. Jean de Ravenel obtint d'Anne de Laval la survivance de l'état de capitaine que son père Adam exerçait dans les baronnies de Mareuil et de Brandoys.
  Voir, *Inventaire de François de La Trémoille et d'Anne de Laval*, p. 197.

RAYMOND, chapelain du cardinal de La Trémoille, 155.
RAZINES (Pierre de), capitaine de Valognes, 193.

RÉ (île de), VI, 19, 20, 25, 26, 27, 28, 32, 47, 99, 119, 121.
RÉ (gouverneur de), 109.
— (procureur de), 55, 56.
— (receveur de), 55, 56.
— (sénéchal de), 56.
RECHIGNEVOISIN (Pierre de), « tabourineur » de Louis II de La Trémoille, 61.
REGNAULT, 99.
RÉGNIER (Guillaume), bailly de Sully, 53.
REGUER (Jehan), marinier, 126.
REIMS (archevêque, duc de), 125.
RENAZÉ (Etienne), marchand pelletier à Tours, 54.
RENNES (ville de), 116.
  Chef-lieu du dép. d'Ille-et-Vilaine.
RÉVÉREND (Charles), 14.
RHODES (île de), 74, 78.
RICHEBOURG (seigneur de), 110.
RICHEMONT (Arthur de), connétable, 24, 25.
RIDEAU, 96.
RIDEAU (Jehan), 42.
RIDEAU (Pierre), seigneur de Bernay et de Prés, 42.
RIEUX (Marie de), femme de Louis, sire d'Amboise, vicomte de Thouars, VI, 25.
RIGAULT (Pierre), *dit* Taupe, 37.
RIGAULT (messire Pierre), aumônier de Madame de La Trémoille, 35.
ROBELIN (Pierre), marinier, 121.
ROBERTET, 70, 126, 171.
ROBIN (Denis), matelot de la *Gabrielle*, 120.
ROBINEAU, 43.

ROCHECTE (Jehan de), 120.
ROCHEFORT, 32, 44, 52, 60, 75.
— (capitaine de), 109.
Rochefort-sur-Loire, dép. de Maine-et-Loire. Voir, C. Port, *Dictionnaire historique du dép. de Maine-et-Loire.*

ROCHEGANDON, messager, 70.
ROCHES (Guyot des), écuyer, maître d'hôtel de Louis II de La Trémoille, 35.
ROMAINS (roi des), 123.
ROME (ville de), 78, 152, 175.
ROMORANTIN (ville de), 93.
Chef-lieu d'arr. et de canton du dép. de Loir-et-Cher.

RONCÉE (François d'Avalloilles, sieur de), 155. Voir, AVAILLOILLES (François d').
LE RONCERAY (abbaye), en Anjou, VII.
RONDELYNE (Adam), patron de la nef de Louis II de La Trémoille, 78.
ROUEN (fin noir de), 5.
ROUEN (ville de), VI.
ROUGÉ (Jehan de Derval, seigneur de), 23. Voir, DERVAL (Jehan de).
ROUGEAULT (J...), 161.
ROUHAULT, fourrier, 79.
ROUSSEAU (Jehan), barbier de monseigneur le prince, 71.
ROUSSILLON (Jehanne de France, comtesse de), 169, 193, 194.
RUFFÉ (sieur de), 70.
RULLEAU (François), contre-maître de la *Gabrielle*, 120.

SAIN[...] (Jehan), receveur de Dijon, 72.
SAINT-AUBIN-DU-CORMIER (bataille de), IX, 124.
SAINT-AVYS (Me Jehan de), 81.
Il s'agit probablement ici de Jean de Saint-Avy, protonotaire du Saint-Siège, abbé de N.-D. des Pierres, au diocèse de Bourges. Voir sur ce personnage, *Inventaire de François de La Trémoille et d'Anne de Laval*, p. 201.

SAINT-BENOIT-SUR-LOIRE (abbaye de), XIII, 151.
SAINT-CONTENT « en l'évesché de Poictiers », 121.
SAINT-CYVERAIN (Louis I de La Trémoille, seigneur de), 22.
SAINT-FARGEAU. Voir, SAINT-FREGEAU.
SAINT-FREGEAU (gouverneur de), 193.
SAINT-GERMAIN-EN-LAYE, 97, 98.
SAINT-HILAIRE-DE-TALMONT (paroisse de), 120.
SAINT-JACQUES DE COMPOSTELLE (pèlerinage de), 55, 56.
SAINT-JEAN-DE-LIVERSAY (abbaye de), 176, 188.
SAINT-JOUYN (monsieur de), 143.
SAINT-JUST (Louis I de La Trémoille, seigneur de), V.
SAINT-LAON-DE-THOUARS (abbaye de), XIII.
SAINT-LAUD, (Guillaume Bailly, maître charpentier demeurant à), près d'Angers, 59.
SAINT-LOUP (Louis I de La Trémoille, baron de), V.
SAINT-MARS-LA-PILE, 23.
Dép. d'Indre-et-Loire, arr. de Chinon, canton de Langeais.

Saint-Martin (monsieur de), 5. Voir, Salleignac (Pierre de).

Saint-Martin (abbaye de), à Amiens, 173, 174, 189.

Saint - Martin - aux - Monts (cardinal du titre de). Voir, La Trémoille (Jean de), xiii.

Saint-Maur-des-Fossés, 130.

Saint-Michel-en-l'Herm (abbaye de), xiii.

Saint-Maurice (Avoye de Chabannes, dame de), 169, 171.

Saint-Nicolas (paroisse de), à Blois-en-Foye, 94.

Saintonge (pays de), xi, 114.

Saintonge (sénéchal de), 108.

Saint-Pierre (lieu de), 78.

Saint-Pierre-le-Moustier (bailli de), 108.

Saint-Sauvion, 60.

Saint-Seigne, 79.

Saint-Sever (cardinal de), xiv.

Sainct-Séverin (mademoiselle), 79.

Saint-Vincent (cap de), 118.

Sainte-Cécile (Pierre du Plessis, curé de), 155.

Sainte-Hermine, (terre), 32.
— (capitaine de), 109.
— (receveur de), 32.
Voir, *Livre de Comptes de Guy VI de La Trémoille*, p. 269, et *Inventaire de François de La Trémoille*, p. 202.

Salazard. Voir, Sallezard.

Salezard. Voir, Sallezard.

Sallezard (Galloys de), 192.

Galloys de Sallezard, chevalier, seigneur de Las, mari de Claude d'Angle-uze, était fils de Jean de Sallezard, seigneur de Saint-Just et de Marcilly, et de Marguerite, bâtarde de Georges, seigneur de La Trémoille.

Sallezard (Jacques de), homme d'armes de la compagnie de M. de La Trémoille, 193.

Sallezard (Jean de), seigneur de Saint-Just et de Marcilly, mari de Marguerite, bâtarde de La Trémoille, 190.

Sallezard (Jehan de), archidiacre de Gâtinais, 192.

Jean de Sallezard, archidiacre de Gâtinais, était fils de Lancelot de Sallezard, chevalier, seigneur de Marcilly, et petit-fils de Jean et de Marguerite, bâtarde de La Trémoille.

Sallezard (dame Jehanne de), 170, 178, 179, 181, 190.

Jeanne de Sallezard, femme de Louis de Prie, seigneur de Busançois, était fille de Jean de Sallezard et de Marguerite, bâtarde de La Trémoille.

Sallezard (Lancelot de), chevalier, 192.

Lancelot de Sallezard, chevalier, seigneur de Marcilly, fils de Jean et de Marguerite, bâtarde de La Trémoille.

Sallezard (damoiselle Radegonde de), 193.

Radegonde de Sallezard, fille de Lancelot, seigneur de Marcilly, était sœur de Jean de Sallezard, archidiacre de Gâtinais.

Sallezard (Tristan de), archevêque de Sens, 192.

Tristan de Sallezard, archevêque de Sens, était fils de Jean et de Marguerite, bâtarde de La Trémoille.

SALLIGNAC (Jean de), châtelain de Talmont, 117-120.

SALEIGNAC (Jean), écuyer, garde du château de Noirmoutier, 14.

SALLEIGNAC (Pierre de), écuyer, sieur de Saint-Martin, 5, 7, 8 ; maître d'hôtel de Louis II de La Trémoille, 35.

Pierre de Salleignac, Sallignac ou Salignac, seigneur de Saint-Martin, résida longtemps à Craon. On lit dans un inventaire fait au château de Craon, en 1481 : « En la chambre où couche *monsieur de Saint-Martin* est demouré ung lit garny de traverslit et le chalit d'iceluy et une couverte blanche et rouge ». *Chartrier de Thouars, ms. Fonds Craon.*

SALLEIGNAC, capitaine de Mauléon, 109.

SAULIEU, 131.

Chef-lieu de canton du dép. de la Côte-d'Or, arr. de Semur.

SAUMUR (ville de), 27.

SAVARY (Hardi), chevalier, 25.

SAVARY (Jean), 25.

SAVARY (messire Louis), « chapelain et serviteur ordinaire » de Louis I de La Trémoille, 5.

Messire Louis Savary était fils de « Pierre Savary, escuier, seigneur d'Alest ».

1473, 30 décembre. Bommiers. Louis I de La Trémoille mande au receveur de Château-Guillaume de donner du froment à son « chier et bien amé *Pierre Savary*, escuier, seigneur d'Alest ».

1474, 20 juin. Mandement de Louis I de La Trémoille où il dit qu'il a donné 4 livres 10 sous tournois, prix d' « une pippe de vin rouge ... *au seigneur d'Alest*, père de » sa « commère *Loyse d'Alest* ».

1475, 22 mai. — « Receveur de Chasteauguillaume, baillés et delivrés à « *Pierre Savary*, escuier, père de noz « serviteurs, messire *Loys*, Valentin et « *Loyse Savary*, une pipe de vin vermeil « bon et resonnable, laquelle pipe de vin « luy ay donné pour son boire, pour ce « qu'il ne croist point de vin vermeil ès « vignez du dit Savary ne environ. Si ny « faictes nulle faulte, car tel est mon « plaisir...

« En tesmoing de ce, j'ay signé ceste « sedulle le XXIIe de may l'an mil quatre « cens soixante et quinze.

« LOYS DE LA TRÉMOILLE. »

1475, 1er juin. « Je *Pierre Savary*, seigneur d'Alest, cognois... avoir eu... de Jehan de Puygaillard, receveur de La Trémoille, Chastel-Guillaume, Lussac-lès-Eglises et Saint-Cyvran, une pipe de vin vermeil du creu du dit Saint-Cyvran, laquelle pipe de vin mon dit seigneur (Louis de La Trémoille) m'a donnée... Le premier jour de juing, l'an mil IIIIc LXXV.

« Pierre SEVERY. »

Chartrier de Thouars. Originaux parch.

SAVOIE (grand bâtard de), 82, 90.

SAVOIE (Louise de), mère de François Ier, 79, 81, 93, 130, 152.

SAVOYE (Louis), tambourin, 36.

SAZILLÉ (Tristan de), capitaine de Château-neuf, 109.

SCOLYN (Artus), seigneur de Bellebaste 193.

SEAULME (Jehan), 194.

SÉEZ (évêque de), 155. Voir, TONNERRE (Claude de).

SELLES (abbé de), 149. Voir, LA TRÉMOILLE (Jean de).

SELLES-EN-BERRY, v, 5, 19, 20, 22, 149, 150, 151.

Semblançay (grand-maître), 90.
Sendricourt (monsieur de), 123.
Senlis (ville de), 127.
Sens (ville de), 171.
Sens (Tristan de Sallezard, archevêque de), 192.
Serpillon (François), capitaine de Chantonnetz, 109.
Sforza (Ludovic), 128.
Sforza (Maximilien), duc de Milan, xv.
Sicile (royaume de), 124, 126.
Sigismundus, 153.
Simon (Jehan), fondeur à Nantes, 99, 100, 101.
Sistaricencis (Petrus episcopus), 152.
Sorbies (Antoine de), seigneur de Villemanoche et de la Mote-Saint-Pryvé, gouverneur de Dammartin, 172.
Suisse, 67.
Sully (collégiale de Saint-Ythier de), 23.
Sully-sur-Loire, vii, 3, 4, 8, 21-24, 27, 44, 51.
Sully-sur-Loire (bailli de), 53.
— (capitaine de), 109.
— (receveur de), 51.
Suriecte (Louis), capitaine de Sainte-Hermine, 109.

Taillebourg (navire construit à), 59.
Talmont (seigneurie de), v, vi, xi, xii, 12, 14, 16, 23, 24, 26, 32, 42, 43, 45-48, 57, 80, 99, 107, 121, 126, 145.

Talmont (abbaye de), xiii.
— (capitaine de), 109, 117.
— (forêt de), 32.
— (receveur de), 46.
Tan (Guillaume), taillandier de madame de La Trémoille, 36.
Tancarville (Guillaume de Harecourt, seigneur de), 28.
Tardif (René), 102.
Tardif (Thibault), marchand, 61.
Teste (Jacques), charretier, 36.
Thibault (Guillaume), 172.
Thou (Jacques de), avocat du roi en la cour des généraulx, 23, 24.
Thouars (vicomte et ville de), v, vi, 11-18, 24, 26-28, 31, 32, 41, 42, 44-49, 53-58, 65, 75, 76, 80, 101-104, 108, 111, 114, 130, 134, 145.
Thouars (château de), xii, 52, 59, 62, 64, 80, 96, 150, 151.
Thouars (église de Notre-Dame au château de), xii, xiv, 59, 62, 64.
Thouars (capitaine de), 109.
Thouars (châtelain de), 14.
Thouars (Cordeliers de), 77, 156.
Thouars (doyen de), 61.
Thouars (Louis d'Amboise, vicomte de), 19. Voir, Amboise (Louis d').
Tillon (Pierre), capitaine de La Possonnière, 109.
Tinturier (Robert), fruitier du roi, 86.
Tonnerre (Claude de), évêque de Séez, 155.
Tonnerre (comte de). Voir, Husson (Charles de).
Tonnerre (madame de), Voir, La Trémoille (Antoinette de).

Torsy, 131.
Toulouse (parlement de), 188.
Toulouse (ville de), 189.
Tour (Guillemine du), 96.
Touraine (province de), 23.
Touraine (bailli de), 108.
Tours (ville de), vii, 22, 26, 39, 40, 41, 43, 44, 50, 54, 57, 113, 151, 159-162.
Tours (paroisse de N.-D. la Riche à), 159.
Tours (brodeurs de), 102.
Tours (Etats de), vi.
Trehuet (Colin), archer de la compagnie de monsieur de La Trémoille, 193.
Tresmesnet (messire Geoffroy de), 25.
Troyes (ville de), 133.

Urbin (César Borgia, duc d'), xi. Voir, Borgia (César).
Usson (Jeanne de France, dame), 169.
Usurier (Forien), 96.

Valognes (Pierre de Razines, capitaine de), 193.
Valognes (Jeanne de France, dame de), 169.

Vanerie (Jehan), clerc d'office, 37.
Vannes (ville de), 18.
— (diocèse de), 121.
Vaulx (messire Mathurin de), 194.
Vaulx, (Jean de Villeblanche, sieur de), 137, 139, 141, 142, 155.
Vauvillier (Gallois de Sallezard, seigneur de), 192.
Veilhan (Jacques de), gouverneur du Puizay, 193.
Vendosme (seigneurie de), 193.
Vendôme (monsieur de), 81.
Vendôme (comte de), 110.
Verax (Jacques de La Trémoille, seigneur de), 169.
Vere (marquis de), écuyer, 59.
Véretz, vii, viii, 40.

Dép. d'Indre-et-Loire, canton et arr. de Tours.

Vergier (Perrot du), 86.
Vergy (Louis II de La Trémoille, capitaine du château de), xi, 130.
Verron (fief de), 23.
Vierzon (château et ville de), 19-22.
Vieucourt (seigneur de), 45.

En 1482 « monsieur de La Vieucourt cappitaine et gouverneur de Craon. » *Archives d'un serviteur de Louis XI*, p. 173.

Vignon (Charles), 117, 119, 120.
Villeblanche (Jehan de), sieur de Vaulx, maître d'hôtel du cardinal de La Trémoille, 155.
Villebresme (Macé de), valet de chambre du roi, 141.
Villemanoche (Antoine de Sorbies, seigneur de), 172.

VILLENEUVE, 131.
VILLENEUFVE-LE-ROI, 171.
VILLERNOUL, 86.
VILLIERS (noble personne le Gallois de), 14.
VIREREAU (François de), maréchal, 121.
VISCEMBERG (duc de), 72.
VOISINS (frère Nicole de), 173-190.
VOUSSOIS (seigneurie de), 22.

VOUVRAY (Jehan de), armurier à Tours, 54.

YSAMBART (Haro), hôte du Chantier à Paris, 82.

ZURICH, 122.

ERRATA

Page xv, ligne 3, *au lieu de* Conflans, Sainte-Honorine, *lire* Conflans-Sainte-Honorine.
Page xvi, ligne 5, *au lieu de* Beauveau, *lire* Beauvau.
Page 14, ligne 3, *au lieu de* Ourzon, *lire* Curzon.
Page 21, n° XII, *au lieu de* Guy, *lire* Louis.
Page 23, n° XV, *lire* XIV.
Page 93, deuxième titre, *au lieu de* Romorentin, *lire* Romorantin.
Page 198, n° XII, *au lieu de* Guy de La Trémoille, *lire* Louis de La Trémoille

ACHEVÉ D'IMPRIMER

A NANTES

PAR ÉMILE GRIMAUD

LE XXVIIIe JOUR DE JUILLET

M. DCCC. LXXXII

www.ingramcontent.com/pod-product-compliance
Lightning Source LLC
Chambersburg PA
CBHW070543160426
43199CB00014B/2344